Fälle zum Sachenrecht

Klaus Vieweg

Anne Röthel

德国民商法案例研习译丛

丛书主编：朱晓喆

德国物权法案例研习

第三版

【德】克劳斯·菲韦格
【德】安娜·勒特尔 ◎著

王立栋　任倩霄 ◎译

中国法制出版社

CHINA LEGAL PUBLISHING HOUSE

总序

一、什么是请求权基础案例研习

本套译丛是译介德国民法请求权基础案例研习课的教材。虽然国内文献对此已讨论颇多，[1] 但为本译丛导读，以及考虑到若有读者拟参考本译丛，实践相应的教学方法，因此，我作为丛书主编，再就该课程方法论作些介绍。

了解请求权基础案例研习，须从德国法学教育课程体系说起。德国大学法学教育以科学教育为目标，以实践运用为导向，其课程类型设置包括如下几种类型：[2]（1）大课讲授（Vorlesung）以教师讲解和学生听讲为主。

---

[1] 参见朱晓喆：《请求权基础实例研习教学方法论》，载《法治研究》2018 年第 1 期；卜元石：《德国法学教育中的案例研习课：值得借鉴？如何借鉴？》，载《中德法学论坛》第 13 辑，法律出版社 2016 年版，第 45—57 页；季红明、蒋毅、查云飞：《实践指向的法律人教育与案例分析——比较、反思、行动》，载《北航法律评论》2015 年第 1 辑，法律出版社 2016 年版，第 214—228 页。

[2] 邵建东：《德国法学教育制度及其对我们的启示》，载《法学论坛》2002 年第 1 期；韩赤凤：《当代德国法学教育及其启示》，载《比较法研究》2004 年第 1 期；杜晓明：《德国法学教育简介》，载李昊、明辉主编：《北航法律评论》2015 年第 1 辑总第 6 辑，法律出版社 2016 年版，第 229—232 页。

限于课堂时间和学生人数较多，教师课上较少采用问答方式，课堂互动根据老师的风格而有所不同。（2）专题研讨（Seminar）是教师引导和学生讨论为主的课程。参加课程的学生须在教师指导下作一个专题研究报告并回答教师和参加者的提问。（3）案例研习课（Übung）是撰写案例分析报告、练习适用法律的课程。大课讲授和专题研讨偏重于原理学习，而案例研习课侧重实例训练。该课程要求学生撰写案例研习报告采用“鉴定体”（Gutachtenstil）[1]，即逐一分析法律规范的构成要件，判断案件事实能否涵摄在该规范之下，进而得出是否适用该规范法律效果的结论。如在课堂上或考试中，须于指定时间段内完成案例报告，不用太多引注资料，称为课堂练习；如在课下做案例报告，即家庭作业，要借助更多文献和判例，深化案例解答的科学性，达到与通常的法学研究相同的品质。[2]（4）学习小组（Arbeitsgemeinschaft）是一种配合大课的集体辅导班，大致按民法、刑法和公法学科进行划分，由助教或博士生主持，以解决学习中的难点和进行案例分析训练为主。参加者通常为新生，每个小组人数约 20 人左右。

在上述课程体制中，案例研习课是法科学生每日必修的练习，通过大量的训练，学生们将法条、法学教义、法院判例等转化为其内在的知识和能力，养成法律思维。如科贝尔（Körber）教授说：“领会和理解生活事实，并依据法条、判决和学说去判断其中蕴含的法律争议，即解答案例，是每一位法律人的日常功课。”[3]

民法案例研习课的方法论就是请求权基础分析。关于此，我国学界已经介绍颇多。于此重申其关键要点，以便读者掌握要领。

“请求权基础”（Anspruchsgrundlagen）方法的出发点是对案例提出如下问题，即“谁得向谁依据什么请求什么？”（Wer will was von wem

[1] 与鉴定体对应的是先给出结论，再叙明理由的“裁判体”（Urteilsstil）。Tettinger/Mann, Einführung in die juristische Arbeitstechnik, 4. Aufl., C. H. Beck 2009, S. 126.

[2] Tettinger/ Mann, Einführung in die juristische Arbeitstechnik, 4. Aufl., C. H. Beck 2009, S. 179.

[3] Körber, Zivilrechtliche Fallbearbeitung in Klausur und Praxis, JuS 2008, 289.

woraus？）[1]分析言之：

（1）“谁向谁”（Wer von wem）。请求权是相对权，在回答问题时须明确权利人针对哪一个义务人主张请求权。

（2）“请求什么”（Was）。这一步是审查当事人主张要求什么，例如支付买卖价金、损害赔偿、返还原物等。

（3）“依据什么”（Woraus）。权利人主张的内容须以某个法律规范为基础，能够确立请求权的法律规范称为“请求权基础”。请求权基础包括构成要件（T）和法律效果（R）两个部分。构成要件是适用该法律规定的前提条件，由数个要素组成（可分解为t1，t2，t3……）。法律效果是满足构成要件后得出的后果，一般对应着请求的内容。

明确请求权基础方法的内涵后，还须解释一下案例研习的核心步骤，即“涵摄”（Subsumtion，或译“归入”）。涵摄是审查待决的案件事实是否可归属（Zuordung）在某一法律规范的构成要件之下，并得出法律效果是否发生的结论。在请求权基础案例研习中，其具体步骤是：（1）选择案件事实可能适用的请求权基础规范（T），并就所分析的案例提出“某人可能依此规范向另一人主张某种请求权”的待检验命题；（2）将法律规范分解为各个构成要件（t1，t2，t3……），并逐一与案件事实（s1，s2，s3……）进行比较，判断具体事实是否可归入抽象的构成要件（涵摄）；（3）对每一个构成要件和案件事实的涵摄都进行审查，得出相应的是或否的中间结论；（4）一旦案件事实满足请求权基础规范的每一构成要件，即可得出结论认为发生相应的法律效果（R），即案件当事人的请求权成立；如果欠缺任何一项构成要件，则不发生相应的请求权。可见，涵摄的核心就是亚里士多德的三段论（syllogistischer Schluss），即大前提—小前提—推论。[2]（如下图所示）

---

[1] Heinemann, Übungen im bügerlichen Recht, De Gruyter 2008, S. 6.

[2] Tettinger/ Mann, Einführung in die juristische Arbeitstechnik, 4. Aufl., C. H. Beck 2009, S. 143.

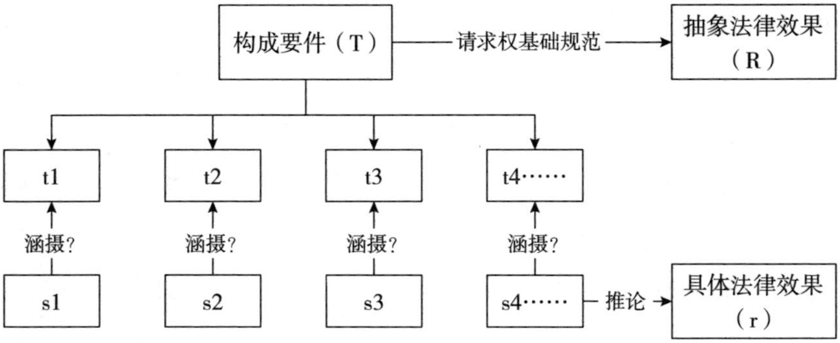

二、如何撰写请求权基础案例研习报告

一份完整的鉴定式请求权基础案例研习报告，包括案件事实和问题（题目）、解题结构（目录）、解题具体步骤和内容（请求权基础的审查）几部分。以下分述之。

1. 案件关键事实的领会和提取

请求权基础案例一般是出题者设计的教学或考试案例。这些案例大都来源于真实的司法裁判，但并不巨细无遗地交代案件情节，而是简洁描述和抽取重要事实，并通常对应着教科书或法典中的某一民法知识板块或制度规整。而且，案例事实本身一般不设争议，不需考虑举证问题。由此可见，请求权基础案例研习并非“法律实务训练课”，而是基础理论练习课，它不是教导学习者如何操作和办理实务案件，而是培养扎实的法律理论功底。

解题者在解题之前，先要审读和把握案件事实，并区分重要的和非重要的情节，尤其是不能遗漏那些具有法律意义的事实。准确把握案件事实，要求解题者须在事实与规范之间不停地“眼光往返流转”：一方面，所要适用的法律规范表明哪些事实是重要的；另一方面，这些事实也决定可适用的规范。[1]

[1] Medicus, Grundwissen zum Bürgerlichen Recht, ein Basisbuch zu den Anspruchsgrundlagen, 8.Aufl., Carl Heymanns Verlag 2008, S. 6.

案例事实的核心要素是当事人之间发生的能够产生权利义务变化的法律事实，如合同、侵权，以及权利义务的标的，如动产、不动产、权利。此外，当事人、时间和地点对于解决案例问题也有辅助作用，涉及行为能力、时效、履行地等。

2. 请求权基础审查的步骤

撰写一份严谨的请求权基础案例研习报告，须遵循如下三个步骤：请求权是否产生？请求权是否消灭？请求权是否可执行？

（1）请求权是否产生？（Anspruch entstanden?）

在这一阶段，首先从积极方面考察，案件事实是否符合（假定）可运用的请求权基础。如果请求权基础构成要件的每一要素都获得满足，可以判定请求权成立。[1] 此处的核心步骤就是“涵摄”。然后，再从消极方面审查，案件事实中有没有权利产生障碍的抗辩事由（权利阻却之抗辩），例如当事人无行为能力、意思表示无效、合同不成立或被撤销、附生效条件的法律行为条件未成就等。[2]

（2）请求权是否消灭？（Anspruch untergegangen?）

这一阶段审查有没有导致已经产生的请求权发生消灭的后果，即考虑权利毁灭之抗辩。例如，合同的清偿、免除、抵销、解除、给付不能、附解除条件法律行为的条件成就等。[3]

（3）请求权可否贯彻执行？（Anspruch durchsetzbar?）

这一阶段审查有没有阻碍请求权执行的事由，即权利障碍之抗辩（私法上的抗辩权）。抗辩权须被告主张才可适用，例如诉讼时效抗辩权（《民法总则》第192条第1款）、同时履行抗辩权（《合同法》第66条）、人身性给付或履行费用过高之抗辩权（《合同法》第110条第2项）等。

以上三个步骤是审查请求权基础的完整要求。当然，在个案中，并

[1] Brox/Walker, AT des BGB, 34. Aufl., Verlag Franz Vahlen 2010, Rn. 856.

[2] Heinemann, Übungen im bügerlichen Recht, De Gruyter 2008, S. 16.

[3] Heinemann, Übungen im bügerlichen Recht, De Gruyter 2008, S. 16.

不总是存在请求权的消灭或请求权执行障碍的事由，因此，在撰写案例研习报告时，请求权的产生必须进行审查。后两个步骤，仅在有案件事实根据时才予以审查。[1] 因此，后两个步骤在案例研习报告中可以根据情况省略。

3. 请求权基础的审查顺序

在同一案件事实中，当事人之间可能发生数项请求权。于此，须依循请求权基础的审查顺序（Prüfungsreihenfolge），逐一考察。德国民法教学中，根据各个请求权基础的特点或优先性考量，通常按照合同请求权—类合同请求权—无因管理请求权—物权请求权—侵权行为请求权—不当得利请求权，这样的顺序进行思考和解题。具体理由如下。

（1）合同请求权

合同要体现私法自治原则，如果当事人之间合同约定了权利义务关系，应首先对其尊重。如果存在其他请求权的可能，会受合同的影响。[2] 具体言之，如果存在合同关系，管理他人事务构成委托（《合同法》第396条），不成立无因管理。如果根据合同关系占有他人之物，通常不发生无权占有（《物权法》第241条），从而排除“所有权人—无权占有人”规则的适用。如果基于合同取得他人财产利益，也不符合不当得利中的“无法律上原因”。而侵权行为的请求权，可能被合同修改或排除（合同约定可以排除侵权行为违法性），或者合同法可能有减轻责任的规定（如《合同法》第374条）或约定。

合同请求权可分为原初的给付请求权和次生的救济性请求权。前者例如《合同法》第60条第1款的履行请求权，《合同法》第135条的买受人交付标的物并转移所有权的请求权、第159条的出卖人价金请求权。后者例如《合同法》第107条的实际履行、采取补救措施、损害赔偿请求权，第111条的瑕疵担保请求权，《合同法》第97条规定解除后恢复

[1] Körber, Jus 2008, 289.

[2] Heinemann, Übungen im bügerlichen Recht, De Gruyter 2008, S. 10.

原状、损害赔偿请求权，以及《合同法》分则规定具体合同的违约救济请求权，于此不一一枚举。

（2）类合同请求权

如果合同未成立或无效、被撤销，但当事人基于缔约磋商应尽到照顾、保护缔约对方权益的义务，若有违反应承担缔约过失责任。由于其接近合同请求权，因而紧随其后予以审查。[1]

根据我国现行民法，类合同的请求权例如：《合同法》第42条规定缔约过失请求权，第43条规定缔约中违反保密义务的损害赔偿请求权；《合同法》第58条、《民法总则》第157条规定合同或法律行为无效、被撤销或确定不发生效力后，发生返还财产、折价补偿、损害赔偿等请求权；《民法总则》第164条第2款规定的代理人与相对人恶意串通，损害被代理人权益，被代理人向二者主张连带责任的请求权；《民法总则》第171条第3款规定的无权代理人因代理未被追认时，善意相对人得请求其履行债务或承担损害赔偿责任。

（3）无因管理请求权

接着审查无因管理请求权，理由如下：无因管理人就管理行为所生之必要费用得向受益人请求偿还（《民法总则》第121条）是一种特殊的法定之债；无因管理的管理人并非侵夺占有或妨碍物权，从而排除物权请求权；无因管理的行为阻却违法，不构成侵权行为；无因管理人因管理他人事务获得财产利益，并非"无法律上原因"，不构成不当得利；无因管理人通常有责任优待（参见《德国民法典》第680条），与其竞合的侵权请求权也同样如此。[2] 例如，《民法总则》第184条规定自愿实施紧急救助造成受助人损害的，救助人不承担民事责任。

（4）物权请求权

物权请求权之所以先于侵权和不当得利请求权审查，首先是因为物

[1] Brox/Walker, AT des BGB, 34. Aufl., Verlag Franz Vahlen 2010, Rn. 842.

[2] Heinemann, Übungen im bügerlichen Recht, De Gruyter 2008, S. 10.

权法中就侵害或妨碍他人之物有特殊规定，从而排除侵权行为或不当得利的一般规定。[1] 例如,《物权法》第107条规定失主有追回遗失物的请求权。再例如,《物权法》第242条至244条规定“所有权人—无权占有人”之间的特殊规则，据此，无权占有人造成物之损害的，恶意占有人承担赔偿责任，由此反面推论，善意占有人不负赔偿责任；善意占有人返还原物时可向所有权人请求支付必要费用；无权占有人无法返还原物，但应当返还由物之毁损、灭失产生的保险金、赔偿金或补偿金。此外，相较于侵权损害赔偿请求权而言,《物权法》上典型的原物返还请求权（第34条）、排除妨碍和消除危险请求权（第35条）、占有保护请求权（第245条）不以过错为要件。

（5）侵权行为请求权

因为侵权行为（包括危险责任）请求权不是其他请求权的前提，故而靠后审查。[2] 在审查侵权请求权之前，须审查是否存在特殊的约定或法律规定。

狭义的侵权请求权仅指损害赔偿请求权。但我国《侵权责任法》采取广义的侵权责任理解，包括保护物权之类绝对权的停止侵害、排除妨碍、消除危险责任，以及非损害赔偿性质的赔礼道歉、消除影响、恢复名誉等责任形式(《侵权责任法》第15条)。此外,《侵权责任法》还有所谓“非真正侵权责任”[3]，包括第23条受益人适当补偿责任、第31条紧急避险的牺牲请求权、第24条和第33条的损失分担责任。上述侵权责任，都可算入广义的侵权请求权。

就请求权基础而言，一般过错的侵权请求权基础是《侵权责任法》第2条第1款和第6条。特殊侵权责任请求权和危险责任请求权基础存

[1] Heinemann, Übungen im bügerlichen Recht, De Gruyter 2008, S. 10.

[2] 王泽鉴:《民法思维——请求权基础理论体系》，北京大学出版社2009年版，第60页。

[3] 张谷:《论〈侵权责任法〉上的非真正侵权责任》，载《暨南学报》2010年第3期。

在于《侵权责任法》第四章至第十一章，于此不赘。

（6）不当得利请求权

不当得利请求权的基本依据是《民法总则》第122条。如果存在合同或无因管理，将会排除不当得利。与物权请求权相比，可能物权人因物权消灭而无法主张原物返还，例如以他人油漆粉刷自己的围墙，但会发生不当得利。严格地说，侵权请求权与不当得利请求权并没有逻辑上的先后顺序，[1] 但相比而言，一般侵权请求权以过错为要件，而不当得利则否。例如，不知他人之物而为处分，获得对价利益。于此处分人因缺少过错而不构成侵权，但成立不当得利。[2] 基于此，最后考虑不当得利请求权。

以上是关于请求权基础审查顺序的一般规律，此外还须补充如下两点。

第一，如果请求权基础审查后，有数项请求权均得成立并可执行，则构成请求权聚合或请求权竞合。前者是指数个请求权可以同时并行主张；后者是指同一给付目的的数个请求权并存，但当事人仅得选择其一行使。[3] 请求权聚合或竞合时，每一请求权的构成要件、举证责任和诉讼时效可能存在差异，案例研习虽是理论训练，但也是为法律实务准备，既反映法律思考的严谨性，也要考虑当事人的利益。因此，案例解题者必须通盘检讨所有可能成立的请求权基础，切勿任意选择一个请求权基础作答。[4]

第二，上述请求权审查的顺序和体系是以民事财产法上请求权为中

[1] Heinemann，Übungen im bügerlichen Recht，De Gruyter 2008，S.10 f. Körber，Jus 2008，289.

[2] 王泽鉴：《民法思维——请求权基础理论体系》，北京大学出版社 2009 年版，第 60 页。

[3] 王泽鉴：《民法思维——请求权基础理论体系》，北京大学出版社 2009 年版，第 130—131 页。

[4] 王泽鉴：《民法思维——请求权基础理论体系》，北京大学出版社 2009 年版，第 134 页。

心构建的。而亲属法和继承法上的请求权并未纳入进来。主要因为在亲属法和继承法上，根据不同法律关系和事实的情状，发生不同种类的请求权或法律效果，不具有可比性。例如子女扶养费请求权和遗产回复请求权，不像财产法上请求权那样可以按照事理的逻辑进行体系性安排。因此，亲属法和继承法的案例研习应具体考虑问题。

4. 案例研习中的法条运用

撰写请求权基础案例研习报告，除依循上述的步骤和顺序外，对于法条的理解和运用也很关键。

在案例研习中，解题者主要围绕请求权基础规范展开，但也不可忽略其他法律规范的运用。例如，根据《物权法》第34条，物权人欲主张对于无权占有人的返还原物请求权，须首先确定物权人是谁。于此，关于物权变动的规定（如《物权法》第9条、第23条）或所有权取得的规定（如《物权法》第106条以下），有助于确定物权的归属。此类规范为“辅助性规范”（Hilfsnormen）。[1] 此外，反对请求权的规定，例如法律行为无效（《民法总则》第153条）、诉讼时效的效力（《民法总则》第192条第1款），在请求权基础审查的每一阶段都可能涉及。此类规范为“反对性规范”（Gegennormen）。[2]

撰写案例研习报告须运用各种法律解释方法，展开法律规范的内涵分析，并为正确地进行涵摄奠定基础。[3] 涉及的法律解释方法包括文义解释、立法目的解释（历史解释）、体系解释、客观目的解释、合宪性解释等。但在很多疑难案例中，解题者可能发现通过法律解释，案件事实并不能准确涵摄进相关法律规范（尤其是请求权基础规范），即存在

---

[1] Medicus, Grundwissen zum Bürgerlichen Recht, ein Basisbuch zu den Anspruchsgrundlagen, 8.Aufl., Carl Heymanns Verlag 2008, S. 11.

[2] Medicus, Grundwissen zum Bürgerlichen Recht, ein Basisbuch zu den Anspruchsgrundlagen, 8.Aufl., Carl Heymanns Verlag 2008, S. 11.

[3] Tettinger/ Mann, Einführung in die juristische Arbeitstechnik, 4. Aufl., C. H. Beck 2009, S. 130.

立法者规整计划的漏洞（公开的漏洞）。简单的法律解释并不足以应付案例解决，需要借助于法律续造方法，包括类推、举重明轻、举轻明重、目的性扩张等。此外，在解释运用法律时，也可能发现虽然案件事实能够涵摄进法律规范，但其实该法律规范的字面含义过宽，根据其目的不宜适用本案，由此发生“隐蔽的漏洞”，须对其进行目的性限缩。

在案例研习中须大量运用法律条文，解题者的法律适用能力得到锻炼，并结合案例留下深刻的印象，非一般教学授课可比。正如王泽鉴教授所言：“背诵记忆法律条文，不求甚解，易于忘记。经由深刻思考，亲身体验应用的条文，将成为法律人生命的法律细胞，终生难忘。”[1]

三、为什么移译本套丛书

如果从法律移植视角考察当代中国民商法的法治化进程，可以发现我国民商法的研究和教育呈现一条从“制度—思想移植”到“法学（法律）方法移植”、再到“法律教育方法移植”的发展轨迹。

首先，20世纪80年代改革开放之初，中国要在一片法治废墟上建立各项法律制度，不可避免地要向法治先进国家学习和借鉴制度规则，并随之引入大量的西方法律思想学说。这一时期，与市场经济配套的民商事法律制度，几乎照搬照抄国外经验，例如担保法、合同法、公司法、证券法等。与此同时，法学研究也主要表现为“立法论”。

继而，大致2000年以来，我国单行民商法律基本齐备后，如何理解与适用这些法律规定成为摆在法学研究者和司法实务者面前的现实问题。于是，以阐述法律规范的涵义和实践运用的“解释论”成为当时之需。这一阶段，源于德国的“法学方法论”（或法律方法论）受到热捧，尤其是拉伦茨、齐佩利乌斯、王泽鉴、黄茂荣等人著述的出版，促进我

[1] 王泽鉴：《民法思维——请求权基础理论体系》，北京大学出版社2009年版，第235页。

国民商法学者开始重视法律解释方法，并将之运用于法律适用。法律的解释与适用必然与具体的部门法教义相结合，由此“法学方法论移植”最终演化为部门法学者对于“法教义学”的共识。

随后，近 10 年来，因年轻一代学者的推动，法学教育领域普遍出现模仿大陆法系或英美法系教学改革的潮流，并主要体现为德国鉴定式案例研习课程的引入。此类课程教学，以法律规范构成要件的分析为起点，以案件事实的涵摄为核心步骤，层层演绎推导出案件具体的法律效果，其教学目的在于培养学生分析法条、查找资料、研究写作等法律人必备的思维和能力。其中以民法上的请求权基础案例研习课流传最为普遍。目前国内开设此类课程的政法院校包括北京大学、中国政法大学、华东政法大学、中南财经政法大学、西南政法大学、上海财经大学等，俨然已成燎原之势。

在上述三个法律移植发展趋势中，法学教育模式的变革是最为根本性的。因为它对于人才培养起到潜移默化的作用，统一法律人的思维模式，提升中国法律人共同体的整体水平和专业地位。尽管目前国内已有此类课程教学实践，但尚未有全面的关于德国民法案例研习课程教材的译著，而不熟悉德语原著的研究者或实践者，只能通过一般介绍或个案翻译管窥德国此类课程方法。鉴于此，本套丛书的策划者希望通过译丛的出版，原汁原味地引进德国民商法的案例研习课程教材，以供国内法学教育者参考和借鉴。

最后，有必要对于本套译丛的背景及意义再作几点交代。2016 年我和沈小军老师与中国法制出版社马颖主任共同策划本译丛时，根据当时邀请到的译者和能够联系到的原著版权，确定第一批书目包括德国民法总论、债法总论、债法分论、物权法、继承法和公司法。现在看来，既然本译丛定位“民商法案例研习课程教材”，今后有必要进一步增补家庭法以及其他商法的教材。

标准意义上的请求权基础案例研习报告的撰写格式，已如上文所述。

但从本译丛的部分作品来看，德国的教材并非千篇一律。例如，民法总论案例教材里先简介相关教义学知识，然后再展开案例研习示范。债法总论案例教材也有不少教义学知识的总结。再例如，继承法案例教材中，有些案例的问题和解题的起始句并不是“谁得向谁依据什么请求什么”，而是根据题目要求，可能是表现为“遗产如何继承？”“遗产管理如何执行？”等问题。这也正说明，其实“请求权基础案例研习”是个笼统的说法，有可能案例分析的对象不是请求权，而是其他待检验的法律效果。因此，用“鉴定体”统称此类案例研习报告或许更具有概括性。

国内政法院校开展鉴定式案例教学的时机已经成熟，本套译丛出版适逢其时。若有读者参考本译丛，探索案例研习教学，编者在此适当做些建议：其一，开课对象最好是学完民法学、对民法原理有初步掌握的学生。以案例研习巩固和熟悉民法知识体系效果较好。其二，开课人数每个班在30人之内，教学要求是书面报告结合课堂讨论。其三，案例研习报告严格要求学术规范包括参考文献和引注，由此提高学生的文献检索和写作能力。其四，案例事实的设计要简明清晰，避免事实不清。所反映的民法知识点，不能过于简单直接；否则沦为“举例”。可以设计一些疑难或障碍，使解题者体会到法律实践问题的复杂性。同时，还得提醒读者注意，鉴定体案例研习只是学习法律的一种日常教学形式，不能将之神化。它其实更多的是一种思考过程的展示，是解题者分析和得出结论之后的报告形式。因此，我们在教学中不能只注重其形式，而忽略了民法原理的实质性学习。

本套译丛的出版有赖各位译者以及出版社的共同努力。丛书的译者都有留德背景，有的取得了德国的法学博士学位，都是有实力的年轻学者。在中国当下出版译著，尤其是教材的译著，从科研精力投入上说并不划算，有的学校连任何成果都不算。从事这个翻译项目的译者更多是凭借着一种对民商法教学的热情和执着。中国法制出版社的马颖主任出于对本套译丛和译者们的认可，积极推动译丛的出版，以及编辑靳晓婷、王雯汀女士的辛苦付出，编者在此一并表示感谢。

上海财经大学法学院教授，博士生导师　朱晓喆

2019 年 8 月 12 日

这本《物权法案例研习》备受读者青睐，这促使我们和出版社在第二版上市后不久即着手筹备新版。利用这次机会，我们不仅考虑了后来收到的建议，还做了一些编辑上的改进。书中所引文献和判决截至 2014 年 5 月。修订工作能够迅速开展，我们要感谢在埃朗根和汉堡的助手们，特别是 Sebastian Egger 和 Jochen Werner。

埃朗根和汉堡，2014 年 5 月

克劳斯 · 菲韦格、安妮 · 罗特尔

第二版前言节录

从我们这本《物权法案例研习》（第一版）的经验来看，一本案例书备受青睐，绝非理所当然。大家——不仅仅是对《物权法案例研习》，也是对我们“物权法三部曲”的整体规划：教材、备考用书、案例研习——的关爱和赞誉对我们来说是一种鞭策，让我们不能满足于更新再版。我们把第一版中原有的 31 个案例扩充到了 38 个。为腾出版面，我们把旧版前面的“物权法懒人包”（Sachenrecht kompakt）挪到了《物权法备考用书》（Vieweg/Regenfus）。在不少地方作了详细解释并添加了与案例相关的“补充说明”。为让读者了解考点的难度等级，我们也根据教科书中可靠的分级作了标识（G= 基础，V= 深化，E= 常考知识，Z= 补充内容）。从各方面来看，本书都不仅仅是“第二版”。

埃朗根和汉堡，2012 年 7 月

克劳斯·菲韦格、安妮·罗特尔

第一版前言节录

法学知识之学习是非常个人化的事情，并没有放之四海而皆准的方法。因此，对一部分人来说，先通过代表性案例了解特殊问题和利益状况，然后再阅读教科书获取更为深入的知识，才是学习物权法这块“法学新天地”的最佳方法（归纳法）。然而，另一部分人却更偏爱传统方法，先通过抽象的理论来理解物权法及其规则和原则的功能，然后再借助案例通过实际操作来检验学到的知识（演绎法）。还有人呢，可能喜欢——根据问题的难度和时间安排——交替使用前面两种方法……

我们的整体规划由三本书组成，本书是其中之一，以 31 个案例涵盖了物权法的主要问题，并把从《物权法》教科书（Vieweg/Werner）提取出的梗概——相当于“物权法懒人包”——放到了前面，供读者温习所学知识。

本书收录的案例，绝大部分是物权法经典案例，可以在联邦最高法院的官方判例集中找到原型。在筛选案例过程中，Johannes Hager 教授（慕尼黑大学）功不可没。考生可能很想了解这些“经典”。根据我们的经验，学生们还不熟悉法官的工作方法，让他们把法院判决转化成考试所需的解题结构（Prüfungsaufbau），有些强人所难，因此，我们把这些判决按考试之需要作了必要的整理，当然，我们并不指望它们成为完美的“解题模板”。因此，我们尽量以判决的裁判理由为基准并且——只在有意义的情况下——收录了其他的请求权基础和学术观点……

埃朗根，2003年5月

克劳斯·菲韦格、安妮·罗特尔

译者说明

1. 中译本系根据原书的第三版翻译。原书无脚注，中译本中的脚注全部是译者注。

2. 本书不是严肃的学术著作，仅仅是一本案例研习书。书中的大部分观点虽与德国的通说一致，但是与学术著作相比，受篇幅和案例研习书本身的特点之限，其论证难谓充分，其观点之取舍亦非纯粹基于学术考量。因此，译者认为，在撰写学术论文时可参考书中分析案例的方法和思路，但应慎重对待其中的某些观点。

3. 案例一、二和三的核心内容是占有保护。国内学界对这部分的探讨稍显薄弱，不论是《物权法》的相关规定还是理论与实务，都与德国存在较大差异。案例四涉及了德国民事诉讼法。因此，前四个案例对国内读者来说会有陌生感。译者建议读者从案例五开始，等熟悉了案例研习的方法之后，再阅读前四个案例。

4. 书中所引的《德国民法典》条文，译者主要参考了以下两个译本：陈卫佐译，《德国民法典》（第四版），法律出版社 2014 年版；台湾大学法律学院、台大法学基金会编译，《德国民法典》，北京大学出版社 2017 年版。部分法律概念的翻译，译者重点参考了以下中文译著：鲍尔 / 施蒂尔纳著，《德国物权法（上）》，张双根译，法律出版社 2004 年版；鲍尔 / 施蒂尔纳著，《德国物权法（下）》，申卫星和王洪亮译，法律出版社 2006 年版；

梅迪库斯著，《德国民法总论》，邵建东译，法律出版社2000年版。在此向以上诸位译者谨致谢忱。上海财经大学法学院朱晓喆教授和博士研究生马强认真通读了翻译初稿，并提出了诸多有价值的改进建议，译者向二位表示诚挚谢意。

缩略语列表

aA	andere Ansicht	其他观点
Abs.	Absatz	款
AcP	Archiv für die civilistische Praxis (Zeitschrift)	《民法实务档案》(期刊)
aE	Am Ende	末尾
AGB	Allgemeine Geschäftsbedingungen	一般交易条款
allg.	allgemein	一般
allgM	allgemeine Meinung	一般认为
Alt.	Alternative	情形
aM	anderer Meinung	其他观点
AnfG	Anfechtungsgesetz	《(德国)撤销法》
Anm.	Anmerkung	注解
arg.	argumentiert	论证
Art.	Artikel	[《(德国)民法典施行法》的]节
BGB	Bürgerliches Gesetzbuch	《(德国)民法典》
BGH	Bundesgerichtshof	(德国)联邦最高法院
BGHZ	Entscheidungen des Bundesgerichtshofs in Zivilsachen	《(德国)联邦最高法院民事判决集》
BImSchG	Bundesimmissionsschutzgesetz	《(德国)联邦无形侵害防治法》
bspw	beispielweise	例如
bzgl.	bezüglich	关于
bzw.	beziehungsweise	或
DAR	Deutsches Autorecht (Zeitschrift)	《德国汽车法》(期刊)
dh	das heißt	也就是说
DWW	Deutsche Wohnungswirtschaft (Zeitschrift)	《德国住宅经济》(期刊)
EBV	Eigentümer-Besitzer-Verhältnis[1]	所有人—占有人关系
EGBGB	Einführungsgesetz zum Bürgerlichen Gesetzbuch	《(德国)民法典施行法》

[1] 原文“Entgeltbescheinigungsverordnung”，经与原作者确认，为“Eigentümer-Besitzer-Verhältnis”之误植。

续表

f., ff.	folgende, fortfolgende	及下条、以下
GBO	Grundbuchordnung	《（德国）土地登记法》
GbR	Gesellschaft bürgerlichen Rechts	民事合伙
gem.	gemäß	根据
ggf.	gegebenenfalls	如果必要的话
GoA	Geschäftsführung ohne Auftrag	无因管理
grds.	grundsätzlich	原则上
GVG	Gerichtsverfassungsgesetz	《（德国）法院组织法》
HGB	Handelsgesetzbuch	《（德国）商法典》
hL	herrschende Lehre	学界通说
hM	herrschende Meinung	通说
Hs.	Halbsatz	半句
idR	in der Regel	通常
idS	in diesem Sinne	在该意义上
iHv	in Höhe von	额度
insO	Insolvenzordnung	《（德国）破产法》
iSd	im Sinne des	在……意义上
iSv	im Sinne von	在……意义上
iVm	in Verbindung mit	结合
JA	Juristische Arbeitsblätter (Zeitschrift)	《法学工作报》（期刊）
JURA	Juristische Ausbildung (Zeitschrift)	《法律学习》（期刊）
JuS	Juristische Schulung (Zeitschrift)	《法学教育》（期刊）
JZ	Juristenzeitung (Zeitschrift)	《法学者报》（期刊）
Kfz	Kraftfahrzeug	机动车
Lkw	Lastkraftwagen	卡车
Lit.	Literatur	文献
mAnm	mit Anmerkung(en)	带注解
MaW	mit anderen Worten	易言之
NJW	Neue Juristische Wochenschrift (Zeitschrift)	《新法学周刊》（期刊）
NJW-RR	NJW-Rechtsprechungs-Report (Zeitschrift)	《新法学周刊—司法判例报告》（期刊）
Nr.	Nummer	项
OLGZ	Entscheidungssammlung der Oberlandesgerichte in Zivilsachen	《（德国）州高等法院民事判决集》
Pkw	Personenkraftwagen	轿车

续表

Rn.	Randnummer	边码
s.	siehe	见
S.	Satz, Seite	句、页
sog.	sogenannt	所谓的
StGB	Strafgesetzbuch	《(德国)刑法典》
StVG	Straßenverkehrsgesetz	《(德国)道路交通法》
UmweltHG	Umwelthaftungsgesetz	《(德国)环境责任法》
uU	unter Umständen	某些情况下
Var.	Variante	情形
vgl.	vergleiche	参阅
WEG	Wohnungseigentumsgesetz	《(德国)住宅所有权法》
zB	zum Beispiel	例如
ZJS	Zeitschrift für das Juristische Studium	《法学学习杂志》
ZPO	Zivilprozessordnung	《(德国)民事诉讼法》

目录

Contents

案例一　遗失物的占有

案件事实

在大型超市M（M责任有限两合公司，M. GmbH & Co. KG）的食品区，顾客K在货架之间发现一张布满灰尘的500欧元纸币。“诚实的拾得人”将纸币交给了超市的负责人，该负责人将拾得纸币的情况记录在了遗失物登记册上，并于次日通知主管机关。由于半年过后仍没有失主前来认领，K请求M返还500欧元纸币，如果不能返还的话，则请求支付25欧元报酬。

K是否享有请求权？

案例变型

上货时雇员A在货架下面发现一块金表。金表属于女顾客S，S在购物时不小心丢了。根据超市M的内部规章，所有雇员都有义务将遗失物交给业务主管（Geschäftsleitung），并要求登入遗失物登记册。A将金表捡起，以便交给部门主管。在去找部门主管的路上，A决定将金表据为己有。A走到更衣室的柜子旁，将金表藏于手提袋里，并在下班后将金表带回家。

金表的占有状态如何？

案例来源及深入学习的提示

BGHZ 101，186=NJW 1987，2812=JuS 1988，72（*K. Schmidt*）=JZ 1988，357 m. Anm. *Ernst*；*Dubischar* JuS 1989，703.

Vieweg/Werner SachenR § 2 Rn. 17 ff.，24 ff.，48；§ 6 Rn. 30 ff.

考点

- 对遗失在商场中的物品（Gegenstand）的占有（深化）

- 法人及人合公司的占有（深化）
- 民法典第978条的类推适用（深化）
- 占有辅助人（基础）

利益状况

店主（Geschäftsinhaber）希望自己能成为店铺内遗失物的占有人，以便向遗失物拾得人主张占有法上的请求权，尤其是返还请求权。拾得人欲对抗这些请求权，从而可以保有遗失物，或至少可以获得报酬。

案例原型的解答

一、K对M的500欧元纸币的返还请求权

（一）基于保管合同的返还请求权（民法典第695条）

若K系基于保管合同将纸币交付给M，那么K随时可以向M请求返还。K和M可能已通过默示的方式就缔结保管合同达成合意。然而，若M早已是店铺内遗失的纸币的占有人，则M可能就没有兴趣再缔结保管合同了。

1. 责任有限两合公司M的占有

有疑问的是，M作为责任有限两合公司，是否有可能已经取得对纸币的占有。多数派观点认为，两合公司作为人合公司[1]，可以通过有代理权的股东代公司行使机关占有（Organbesitz）。股东对物的管领算作两合公司对物的管领。在责任有限两合公司中，有代理权的股东（即所谓的"两合公司的无限责任股东"）是有限责任公司（GmbH），因此是法人。大家都承认，法人也可以享有占有。法人的机关——在有限责任公司中即经理（Geschäftsführer，《有限责任公司法》第35条）——替公司行使占有（机关占有）。经理行使的机关占有算作有限责任公司的占有。责任有限公司是责任有限两合公司的无限责任股东，其占有又算作责任有限两合公司的占

[1] 译者注：在德国法上，责任有限两合公司（GmbH & Co. KG）是两合公司（Kommanditgesellschaft, KG）的特殊形式，属于人合性社团，参见 Saenger, Gesellschaftsrecht (2018), 4. Aufl., Vahlen, S. 214 Rn. 420.

有。因此，M 作为责任有限两合公司，自己可以成为占有人。

2. M 取得直接占有

在失主非自愿地，即非基于自己之意志，丧失其对纸币的直接占有之时（民法典第 856 条第 1 款情形二），M 或许就已成为占有人。对此，须满足民法典第 854 条第 1 款占有取得之要件。

（1）获得对物的实际管领

根据民法典第 854 条第 1 款，直接占有之产生或取得，须 M 获得对物的实际管领。根据交易观念，（这会影响判断），M 对其交易场所（Verkaufsräumen）内——因而处于其支配领域内的——物品享有实际管领。其他人（如顾客、雇员）享有占有的物品不在此限。根据这一观点，M 已原始取得对纸币的占有。然而，遗失物与储存于交易场所内的货物或其他物品不同，M 对遗失物并不知情，在被 K 发现之前，纸币处于对外开放的交易场所。

在这种情形下，对于是否可以成立实际管领，存在争议。

部分文献认为，在这种情况下不构成实际管领。因为，这取决于是否有顾客或雇员实际拾得纸币这样的偶然事件。实际上，顾客发现纸币下落的可能性更大些。因此，若对此作出其他评价，[亦即若认为成立实际管领，] 或许会导致对 [实际管领所必需的] 客观支配之可能性（objektive Herrschaftsmöglichkeit）的要求过低。

依联邦最高法院（BGH）之见，纸币处于 M 的支配领域这一事实即足以导致成立实际管领。至于 M 是否知悉纸币之存在及其位置，对于判断是否成立实际管领并无影响。如果认为只有在占有人知悉物之存在及其位置时才能成立占有，反而有悖于交易观念。具有决定性意义的是，在支配领域内拾得物品的客观可能性。纸币位于货架之间，M 的雇员在补货或保洁时通常可以发现之，因此，M 在客观上可以随时拾得该纸币。就此而言，根据相关判例，应认可 M 的实际管领。

联邦最高法院的观点更符合交易观念，因此予以采纳。此外，文献中的观点无法清楚地界定，何时雇员拾得物品的可能性大，何时顾客拾得物品的可能性大（亦可主张其他观点）。

（2）一定时间内的支配关系

由于已布满灰尘，故纸币在货架下应该已经有一段时间了，此处就不仅仅是物的暂时性支配（Sachberührung），而是一定时间内的支配关系。

（3）占有意思——对物进行管领的自然意思

依通说，根据民法典第854条第1款，占有之取得尚需占有取得人具有建立占有的意思。在建立直接占有时，概括的（generell）、不针对具体物的自然意思即可满足要求，该意思对于关心和熟悉这些关系的人来说，须有可识别性。

M的经理和雇员都没有发现纸币，也就是说，M未能通过其机关获悉纸币之存在及其位置，故此处或许欠缺占有意思。但是，限制第三人取得顾客在店铺内的遗失物，符合店主的利益。如果认为，M只愿意在被［顾客］上交的物上建立占有，那么，这将不利于保护M的权利，也有违生活常理。因此，应认为，概括的占有意思可涵盖无意间进入他人支配领域（Machtbereich）的物品。

（4）因民法典第978条而导致的结论变更

根据民法典第978条，或许会得出其他结论。照此规定，亦可在公共机关的营业场所内"拾得"遗失物（民法典第978条第1款）。根据旧学说，"公共的"这一概念已表明，须有不特定数目的人能够进入相关场所（亦可主张其他观点）。基于对该概念的理解或许可以得出以下原则，即通常情况下，物被遗失在公共场所之后，占有亦随之消灭，唯有如此，他人方可拾得之。

然而，即便根据实际情况应认为机关或交通机构（Verkehrsanstalt）占有遗失物，根据通行之观点，亦可适用民法典第978条以下。因此，与民法典第965条的情况不同，民法典第978条以下并不要求物上不存在他人之占有。因此，不能从民法典第978条中得出一般性的法律思想——公共场所内的遗失物上不存在占有。

（5）中间结论

在纸币被遗失在M的场所内之时，M因其在空间上与纸币关系更为密切且具有概括的占有意思，从而成了纸币的占有人。

3. M在此期间已丧失直接占有

通过拾得纸币，K或许已经成为民法典第965条意义上的拾得人，并因此成为单独直接占有人，这可能导致M已经丧失占有。民法典第965条意义上的拾得要求在K发现纸币时无人占有纸币。然而，本案中，M却对纸币享有直接占有［参见上文之"一、（一）2."］。部分观点却认为，对客观观察者而言，若物品上看似不存在占有并且拾得人认为物品上并无占有，则可以认为已经满足拾得的条件。所以，可以认为K已成为拾得人，并进而可以认为K是单独占有人。

法条之文句（Wortlaut）仅对遗失采客观标准，上述观点与法条文句不符，然而，退一步讲，即便采纳上述观点，此处亦无须考虑K是单独占有人：他在拾得纸币后直接去找商场负责人了。据此可以得知，K承认M享有占有法上的地位。所以，K并不认为无人占有纸币。因此，K充其量只可能享有下级直接占有（unmittelbarer Unterbesitz），而M在此之前已经是上级占有人（Oberbesitzer）。在“拾得”之时，占有媒介关系的基础只可能是K与M间的顾客关系。然而，除了可能会结缔买卖合同之外，顾客通常不愿意建立其他债法上的关系。

因此，在K发现纸币并捡起时，并未导致M丧失其直接占有；K顶多取得共同占有。

4. 结论

由于M已经是纸币的直接占有人，且并未因K发现纸币而丧失其占有，M与K也没有缔结保管合同。因此，基于民法典第695条的请求权被排除。

（二）民法典第985条的所有物返还请求权

1. K享有所有权

K须已经成了纸币的所有人。本案中，须加以考虑的只有基于民法典第973条的所有权取得。对此，须已成立民法典第965条意义上的拾得。由于M作为店主已取得遗失纸币的直接占有，在K捡起纸币时，因纸币上业已存在他人之占有而不能成立拾得。［参见上文之“一、（一）2.”］

2. 结论

六个月后，K亦未能成为纸币的所有人。因此，K不享有基于民法典第985条的返还请求权。

（三）民法典第1007条第1款和第2款的请求权

K亦不能根据民法典第1007条请求M返还纸币。因为K未先于M取得纸币的占有，因此，不具备民法典第1007条第1款的条件。亦不成立基于民法典第1007条第2款的请求权，因为该规定不适用于金钱（民法典第1007条第2款第2句）。

（四）民法典第 861 条第 1 款基于占有保护的占有返还请求权（possessorischer Herausgabeanspruch）

由于 M 没有行使民法典第 858 条意义上的法律所禁止的私力［对此参见案例三之“二、（一）2.”］，亦不成立基于占有保护的占有返还请求权。

（五）对“一”的结论

K 不能请求 M 返还纸币。

二、K 对 M 额度为 25 欧元的拾得人报酬（Finderlohn）请求权

（一）根据民法典第 971 条第 1 款

民法典第 971 条第 1 款规定的报酬请求权的条件为，请求权人（Anspruchsteller）为无人占有的物的拾得人。然而，本案中，物上却存在他人之占有，原因在于，M 已经取得了纸币的占有［参见上文之“一、（一）2.”］。因此，民法典第 971 条不能作为 K 的请求权基础。

（二）类推适用民法典第 978 条第 2 款第 1 句结合第 971 条第 1 款第 2 句

若物被遗失在公共机关的营业场所或公共交通工具上，民法典第 978 条第 2 款第 1 句赋予拾得人报酬请求权，若物品的价值不少于 50 欧元，请求权额度为民法典第 971 条第 1 款中法定报酬的一半。

1. 民法典第 978 条类推适用于私有交易场所

只有民法典第 978 条第 2 款第 1 句之规定可类推适用于面向公众开放的私有交易场所里的遗失物的保护与保管时，K 才可以根据民法典第 978 条第 2 款第 1 句主张权利。暂且不管是否允许类推适用民法典第 978 条（参见补充说明），［假定该请求权成立，那么］该请求权应该是针对 M 的。

2. M 是类推民法典第 978 条的请求权的相对人（Anspruchsgegner）

根据民法典第 971 条第 1 款、第 978 条第 2 款，报酬的债务人及一半报酬的请求权的相对人应为遗失物的受领权人，亦即，失主。因此，报酬请求权并不是针对 M 的。

3. 中间结论

K 对 M 不享有基于民法典第 978 条第 2 款第 1 句与第 971 条第 1 款第

2句之类推适用的支付报酬的请求权。

（三）对“二”的结论

K对M不享有支付报酬的请求权。

案例变型的解答

一、S遗失金表后，金表的占有状态

（一）S丧失占有

起初，S为金表的直接占有人。然而，根据民法典第856条第1款，她却可能已经丧失了占有。因不知道金表被遗失在了何处，从而丧失了重新获得金表的可能性（不考虑偶然情况），即属此类。S并未意识到遗失，因此也不知道遗失在了何处。因此，应该认为S已丧失占有。

（二）M取得占有

与案例原型的情况类似，在S丧失占有之时，M立即取得了金表的直接占有。

二、A拿到金表后的占有状态

在A将金表拾起以后，占有状态可能变为如下情况，即A为自己对金表进行管领，或作为占有辅助人替M进行管领。根据民法典第855条，占有辅助关系之成立须A与M之间存在社会性从属关系（soziales Abhängigkeitsverhältnis），即管领人（Inhaber der Sachherrschaft）须服从他人指示且身处他人的组织部门（Organisationsbereich）中。A作为雇员须服从他人指示并处于某种社会性从属关系中，因此是占有辅助人。M作为占有主人（Besitzherr）仍为金表的直接占有人（参见民法典第855条结尾）。

三、A决定侵占之后的占有状态

然而，随着A决定侵占金表，占有状态可能已经发生改变。占有主人之占有因指示服从关系的终止而终止；占有辅助人自己成为占有人。然而，

仅占有辅助人自己的内心决定，并不足以使A获得占有。而是说，只有占有辅助人以外界可知悉的方式为自己，进而停止替占有主人行使实际管领时，占有主人的占有才会终止。

因此，在本案中，A在决定扣留金表时，尚未成为直接占有人。当A将金表隐藏到手提袋，并因此使其不再想为占有主人M为占有的意思显露于外时，A才成为直接占有人。

四、结论

A是金表的直接占有人。

补充说明

关于案例原型之“二、(二)1.”

根据民法典第971条第1款，纸币的失主为适格的受领权人，若能将此人找出，则须判断是否可以考虑类推适用民法典第978条。为此，须存在违背立法计划的规则漏洞（planwidrige Regelungslücke）及具有可比性的案情：

若遗失物在对外开放的私有场所中已受庇于[私有场所的管理人]，则既不能适用有关在公共机关或机构拾得的规定，也不能适用其他关于拾得的规定，因为不能认为该物上的占有已经消灭[参见案例原型之“一、(一)2.”]。因此，在对外开放的私有场所中捡到遗失物者，根据现行法既无权请求报酬也不能取得物之所有权。对于这样的“拾得人”[1]无法律规定，难谓合理，或许亦非立法者所愿。因此，此处存在违背立法计划的规则漏洞。

在公共机关和机构中的拾得与在对外开放的私有场所中的遗失物“拾得”具有可比性。并无理由让公共机关内的“拾得人”的地位优于对外开放的私有场所的“拾得人”。

从结果上看，类推适用民法典第978条似乎也合乎各方利益。根据民法典第978条第1款第1句，拾得人有义务不迟延地将拾得物上交（比如，上交到商场的失物招领处），拾得人的该义务同样有利于失主，因为失主通常首先会去他所认为的遗失地点询问。考虑到拾得人“在拾得的场所内”

[1] 译者注：此处加引号的“拾得人”不是严格意义上的拾得人。

即可上交，所支出的费用也较少，一半的报酬（民法典第 987 条第 2 款第 2 句与第 971 条第 1 款）亦足以回报拾得人所付出之辛劳。最后，根据民法典第 978 条第 1 款第 2 句排除民法典第 973 条之适用，“拾得人”无法取得最终的所有权，其理由在于，发现无人占有的物的拾得人，为确保其安全并通知公共机关，需要付出更多的辛劳，因此，[取得所有权这种]“奖赏”只应属于拾得人。

因此，民法典第 978 条可类推适用于“拾得”遗失在对外开放的私有场所的物品。

根据通说得出的其他结论，也非常值得赞同。通说指出，过度扩张民法典第 978 条可能会颠倒民法典第 965 条和第 978 条的“原则—例外关系”。此外，本来也要批判性地看待民法典第 978 条对拾得人权利所为之限制，因为这种限制会降低拾得人的诚实度。超出文句，扩大该条的适用范围，更是会加剧这一后果。

然而，只有赞同文献中的通说并否定联邦最高法院判决 [中的观点]，进而认为遗失的纸币无人占有，亦即肯定民法典第 965 条意义上的拾得时，再以拾得人的诚实度作为论据才有说服力：在这种情况下，拾得人才有可能取得所有权或请求足额支付报酬。所以说，适用民法典第 978 条以下，实际上可能会使拾得人的处境更糟，亦即可能降低拾得人的诚实度。相反，若根据联邦最高法院的观点认可 M 的占有——并因此否认民法典第 965 条意义上的拾得，而且不对私有交易场所类推适用民法典第 978 条以下，那么，拾得人既不能获得全额报酬，也不能获得一半的报酬。因此，如果不类推适用民法典第 978 条以下，可能会使“拾得人”的境遇更糟，亦即会降低拾得人的诚实度。

案例二　占有人的自助行为

案件事实

F在18点左右开车去内城。由于找了个半小时仍没找到停车场，F把车停在了M经营的购物中心近乎空置的停车场。停车场是M租来的，上面竖立着一个巨大而醒目的牌子，有如下提示：

“星期一至星期六　6点到21点

仅对顾客和附近购物中心的员工开放

有停车计时器才可停车

停车时间一个半小时

仅允许在指定区域停车！

违法停放的车辆会被拖走，费用自负！”

为执行停车规定，M与拖车兼代收款公司A签订了合同，其部分约定如下：

……

“2. [停车场的]占有人委托A将无权停放的和堵住路的车辆从该土地上拖走或挪开。

3. 在将车拖走之前，A需要查明，该车为无权停放且车主不在车的附近，或车主没有立即同意将车挪开或按规定停车。

4. 在车主将车取回时，由A代[停车场的]占有人收取由此产生的拖车费以及代收拖车费时产生的其他费用。上述收取的费用用以充抵A的承揽报酬债权（Werklohnforderung）。”

20点30分左右，F的车被A拖到了拖车公司的土地上。F于深夜向拖车公司支付了合理的拖车费150欧元及其他费用15欧元。

问题一：是否允许M请人将F的车拖走？

问题二：F可否请求M支付165欧元？

案例来源及深入学习的提示

BGH NJW 2012, 528; 2009, 2530; KG Berlin DWW 2011, 222; AG München NJW 1996, 853; AG München DAR 1993, 30; AG Wedding NJW-RR 1991, 353; AG Neumünster DAR 1987, 387; OLG Karlsruhe OLGZ 1978, 206; AG Heidelberg NJW 1977, 1541; *Koch* NZV 2010, 336; *S. Lorenz* NJW 2009, 1025.

Vieweg/Werner SachenR § 2 Rn. 52, 57, 70 f.

考点

- 驱赶占有侵夺人的条件（民法典第 859 条第 3 款）（基础）
- 费用偿还请求权（基础）
- 民法典第 858 条第 2 款作为民法典第 823 条第 2 款意义上的保护性法律（深化）

难点

基于不当得利及无因管理的费用偿还请求权

根据诚实信用原则排除自助权

利益状况

M 关心的是，是否可以请人拖走违法停放的车辆，且无须负担拖车费。

F 关心的是，能否要回已经支付的 165 欧元。

解答

问题一：M 请人将 F 的车拖走的权利

一、基于正当的无因管理将车拖走的权利（民法典第 683 条第 1 句、第 677 条）

基于正当的无因管理，M 或许有权请受托人 A 将 F 的车拖走。这不构成民法典第 823 条意义上的侵权行为，因为，若是如此将会导致自相矛盾：一方面，民法典第 677 条以下优待正当的无因管理；另一方面，又将该行为作为民法典第 823 条意义上的侵权行为予以制裁。正当无因管理的前提是，在无委托并且无其他权利的情况下，以为他人管理事务之意思，为本人（Geschäftsherrn）之利益且不违反本人真实或可得推知的意思为本人管理事务。

（一）在无委托的情况下，以为他人管理事务的意思管理他人事务

M请人将F的车拖走。这符合民法典第677条意义上的事务管理（Geschäftsbesorgung）。

本来，将车辆移除是车辆保有人及司机F的事，根据民法典第861条第1款与第862条第1款、第823条第2款及第858条第1款，以及类推第1004条第1款及第823条第1款（准否定性请求权，quasi-negatorischer Anspruch），F有义务消除因无权停车而产生的妨害。此外，将车辆拖走亦符合M自己的利益，因为他意欲恢复对停车场的占有。因此，应成立所谓的“兼为他人利益之事务”（auch-fremdes Geschäft），可推定存在为他人管理事务的意思。F未委托M；相对于F，M亦无其他权限。

（二）为本人利益且符合本人意思的事务管理

M并不知悉F的真实意思，故应考虑其可得推知的意思。作为判断“可得推知的意思”的依据，可以考虑本人的客观利益。本案中，尽管把车拖走使得F不再负有排除妨害之义务，但是依照一般生活经验却可认为，若停车不会产生明显过高的费用，则车主不会希望他人有偿移除车辆。因此，将车拖走不符合F可得推知的意思。

根据民法典第679条情形一，若F的义务之履行（将无权停放的车辆移除）涉及公共利益，则F潜在的与此相抵触的意思可能就微不足道了。本案中，F虽无权停车，却将车辆停放在近乎空置的购物中心停车场，这仅仅损害到了M的利益，立即将车拖走亦非为避免危及迫在眉睫的公共利益。因此，不能忽视F潜在的与此相抵触的意思。所以，本案中不成立正当的无因管理，拖车行为不能获得正当化（也可主张其他观点）。

（三）中间结论

M并非真正的、正当的无因管理的管理人，无权请人将车拖走。

二、基于民法典第 859 条的权利

［请人将车拖走的］权利可能来自民法典第 859 条。若正当占有人的占有因法律所禁止的私力遭到妨害或侵夺，则占有人根据本条之规定有权通过自助行为从妨害人手中夺回占有。

（一）M 对停车位（Stellplatz）的占有

在 F 将车驶入停车场（Parkplatz）时，M 须对停车场享有占有（民法典第 854 条）。

占有系人对物的实际管领且占有人须有相应的占有意思，占有之范围依交易观念而定。本案中，依交易观念，即便 M 不在现场，亦应将其视为停车场的直接占有人。

（二）F 通过法律禁止的私力侵夺或妨害占有

任何未经（直接）占有人之同意且未获法律之许可的占有侵夺或占有妨害，均为法律所禁止的私力（民法典第 858 条第 1 款）。考虑到具体被占用的停车位［的实际情况］，F 将车停在该停车位应被视为未获允许的占有侵夺。此外，就整块土地而言，亦构成占有妨害。[1]

（三）M 的自助权

在确定停放车辆既是占有侵夺又是占有妨害之后，应加以检验的是，这会对 M 的自助权带来什么影响。对不动产的占有侵夺适用民法典第 859 条第 3 款（所谓的通过驱赶恢复占有，Besitzkehr in der Form der Entsetzung），在占有妨害的情况下适用民法典第 859 条第 1 款（所谓的占有防卫，Besitzwehr）。

民法典第 859 条第 1 款和第 3 款赋予原占有人一项权利，采取任何必要措施以排除妨害或恢复占有。将车拖走亦属此类措施。

在本案中，对行使自助权的时间范围似乎存有疑问：根据民法典第 859 条第 3 款，对于因车位遭侵夺而恢复占有的情况，只允许在发生侵夺

---

[1] 译者注：也就是说，停车行为对具体车位构成占有侵夺，对整片土地构成占有妨害。

后“立即”（sofort）[恢复占有]。民法典第 859 条第 3 款中的“立即”与相关人员的主观认知或过错无关，这不同于民法典第 121 条第 1 款（不迟延地，unverzüglich）。相反，因对整片土地构成占有妨害而进行的占有防卫（民法典第 859 条第 1 款），却不受时间限制。这样的话，对同一个拖走行为就会有两个不同的时间范围要予以考虑。联邦最高法院以及（可能的）通说以下述方式处理此处时间范围的不一致：若占有防卫的行使同时构成对具体停车位的占有恢复，则占有防卫也应受第 3 款的时间限制。

至于判断“立即”的标准，司法实务赋予占有人一定的时间来了解情况并为采取相应措施做准备，因此，在本案中，受 M 委托的 A 是在[合理的]时间范围内将车拖走的。

（四）权利未因诚实信用原则被排除（民法典第 242 条）

根据诚实信用原则（民法典第 242 条）可以得出，只有在合乎比例要求的情况下，才允许行使自助权。若自助行为会带来巨大的不合乎比例要求的不利益（Nachteil）且其他损害较小（weniger schwerwiegend）的措施亦可同等程度地保护权利人利益，则不允许行使该权利。然而此处却没有（nicht ersichtlich）损害较小且能达到同样效果的措施。

因为 F 的停车行为未妨碍他人并且当时仍有足够的停车位供顾客使用，故须追问，是否得依诚实信用的一般观念，为维护比例原则而禁止行使自助权。然而对此须加以考虑的是，直接占有人可否既不顾法律所禁止的私力的空间范围亦不顾尚有其他土地可供使用之情况，径行对法律所禁止的私力进行防卫。否则，占有人将只能对把车停到最后一个停车位的人行使私力救济权。这样的话，自助权将会形同虚设。

M 让 A 来决定是否将车拖走，而对 A 来说，拖走的车越多，可获得的经济利益越大，这会让人怀疑将车拖走的行为的合法性。然而，M 与 A 之间的约定再加上提示牌已足以具体说明 A 可将车拖走。

三、问题一的结论

一方面，根据民法典第 859 条第 1 款，F 对整块土地构成占有妨害，另一方面，根据民法典第 859 条第 3 款，F 对具体使用的停车位构成占有侵夺，所以，M 有权通过自助行为将 F 的车拖走。

问题二：根据民法典第 812 条第 1 款第 1 句情形一，F 向 M 请求支付 165 欧元的请求权

根据民法典第 812 条第 1 款第 1 句情形一，F 可能对 M 享有偿还拖车费 150 欧元及偿还代收费 15 欧元的请求权。

一、获得利益

F 通过向 A 支付拖车费和代收费，使得 A 对 M 基于合同第 4 项的债权归于消灭。因此，通过 F 的支付行为，M 的债务被免除。

二、通过 F 对 M 的给付

F 的付款行为旨在清偿 M 对 F 的债权，因此，F 向 A 的付款行为构成 F 对 M 的给付。在此情形下，A 起到的作用与“收费窗口”无异。

三、无法律上的原因

另外，F 对 M 的给付须无法律上的原因。若 M 对 F 享有支付拖车费和代收费的请求权，则具有法律上的原因。

（一）根据民法典第 883 条、第 677 条、第 670 条，基于正当无因管理的请求权

本案中［M 所为之］事务管理不符合 F 可得推知的意思［参见问题一之“一、(二)”］。因此，无法以正当的无因管理来作为请求权基础。

（二）根据民法典第 684 条第 1 句、第 818 条第 2 款，基于不正当无因管理的请求权

此外，根据民法典第 684 条第 1 句、第 818 条第 2 款可能会产生退还请求权（Erstattungsanspruch）。对此，F 须已通过 M 的事务管理获得了利益。根据民法典第 861 条第 1 款或第 862 条第 1 款、第 823 条第 1 款、第 832 条第 2 款结合第 858 条第 1 款以及类推适用民法典第 1004 条第 1 款结合第 823 条第 1 款，F 有义务排除妨害，而［由于 M 已请人将车拖走］导致 F 的该项义务被免除。但是，这种义务免除却没有可以退还的价值（民法典第 818 条第 3 款）。因此，不能以不正当的无因管理作为请求权基础。

（三）基于民法典第 823 条第 1 款的请求权

1. 责任成立的事实构成（Haftungsbegründender Tatbestand）

该损害赔偿请求权的要件为：违法且有过错地侵害法律所保护的权利或法益。正当的占有作为“其他法益”（sonstiges Rechtsgut）至少受第 823 条第 1 款的保护。由于 F 在无停车权的情况下仍停车，导致 M 的正当占有遭受违法且有过错的侵害。因此，M 可向 F 请求赔偿所遭受的损失。

2. 责任范围的事实构成（Haftungsausfüllender Tatbestand）

通过将车拖走，A 对 M 享有承揽报酬请求权，其适当的额度为 150 欧元（拖车费），以及支付 15 欧元的代收费的请求权。M 因上述两项债务而蒙受的损失与占有遭受侵害之间存在条件因果关系（äquivalent kausal）及相当因果关系（adäquat kausal）。

M 委托拖车公司是造成损害（其形式为 M 对 A 的债务）的最后一个原因，即便如此，M 请求赔偿的拖车费额度也还是会落入［民法典第 823 条］规范的保护目的（Schutzzweck der Norm）。M 可以认为自己系因他人挑起事端而有必要委托拖车公司，原因在于，法律（民法典第 859 条）允许 M 作出这样的反应。

相反，代收费系结果损害（Folgeschaden），不可归咎（zurechnen）于 F，原因在于，委托代收公司的行为既不能起到预防损害也不起到消除损害的作用，其目的在于方便追讨欠款并通过非诉方式清算损害赔偿请求权。因此，M 不能认为自己因他人挑起事端就有必要委托代收公司。因缺少保护目的之关联（Schutzzweckzusammenhang），代收费不属于可归咎［于 F］的损失（zurechnungsfähiger Schaden）。

3. 中间结论

M 可以根据民法典第 823 条第 1 款、第 249 条第 1 款请求赔偿 150 欧元拖车费。但是，M 无权请求赔偿 15 欧元的代收费。

（四）根据民法典第 823 条第 2 款与第 858 条第 1 款的请求权

根据民法典第 823 条第 2 款结合民法典第 858 条第 1 款，M 的损害赔偿请求权亦可因违反以保护他人为目的的法律而产生。司法实务认为，民法典第 858 条第 1 款属于以保护他人为目的的法律，因为该规范也保护具体个人；而多数文献却认为，该规范仅欲在客观上保障法律平和

（Rechtsfrieden）。F 在无权的情况下停放车辆并因此触犯法律所禁止的私力［参见上文问题一之“二、（二）”］，从而违反了该条以保护他人为目的的法律规范。F 的行为亦是出于故意。责任范围与前面的分析相同，即请求权仅限于赔偿拖车费，不包括代收费。

（五）中间结论

由于 M 对 F 根据民法典第 823 条第 1 款、第 249 条第 2 款第 1 句，或根据民法第 823 条第 2 款和民法典第 249 条第 1 款第 1 句可以请求偿还拖车费，所以，就此而言，F 向 M 所为之给付具有法律上的原因。因此，基于民法典第 812 条第 1 款第 1 句情形一的请求权不能成立。相反，F 支付的 15 欧元的代收费没有法律上的原因，因而可以根据民法典第 812 条第 1 款第 1 句情形一请求返还。

四、问题二的结论

F 对 M 不享有偿还拖车费 150 欧元的请求权，但可以请求偿还 15 欧元的代收费。

补充说明

关于问题一之“一、（一）”

今日之通说已经偏离民法典第 1004 条的文句，按照通说，［受民法典第 1004 条保护的权利］也包括与所有权类似的［其他绝对性］权利（准否定性请求权，quasi–negatorischer Anspruch）。占有属于民法典第 823 条第 1 款意义上的“其他权利”（对此参见后面的补充说明），基于相同的理由，类推适用民法典第 1004 条结合第 823 条第 1 款，至少应保护有权占有。也就是说，在占有受到侵害的情况下，有权占有人享有排除妨害请求权及不作为请求权（Unterlassungsanspruch）。但是，在发生占有侵夺的情况下，应注意特别规定——民法典第 1007 条。

关于问题一之“二、（二）”

与民法典第 862 条、第 1004 条的排除妨害请求权及不作为请求权一样，民法典第 859 条的自助权也是针对侵害人。在停放的车辆对不动产占有造成侵害的情况下，无论如何都应将违法停车者视为侵害人（比如，本案中的 F）。除此以外，根据 BGH NJW 2012，3781，在司机与机动车保有人不一致的情况下，若保有人将车辆交与他人在道路交通中使用，由于保有人可以将车开走并因此掌控侵害源，故亦应将保有人视为侵害人。因保有人将车辆交与他人使用，故亦可将侵害归咎（zurechnen）于保有人，因为违法停车算不上非常规行为。

关于问题二之“一”和“二”

尽管此处是 F 向 A 付款，然而 M 却因付款行为获得民法典第 812 条第 1 款意义上的利益，亦可将 F 对 A 的付款视为法律意义上的给付［参见上文问题二之“一”和“二”］。因为 A 起到的作用跟“收费窗口”无异，根据［A 与 M 的］充抵协议，M 为最终获益人。

即便 M 已将其对 F 的拖车费损害赔偿请求权让与给 A，且在 F 付款之后已转化为不当得利法上的返还清算关系（bereicherungsrechtliche Rückabwicklung），那么，此处的法律状态与上述情况并无不同。BGH NJW 2012，3373 说的就是这个问题。该判决的案情如下：土地占有人已将对违法停车人的拖车费损害赔偿请求权让与给拖车公司并且拖车公司已从违法停车人处超额收取了拖车费。违法停车人请求拖车公司退还超额支付的拖车费。违法停车人因误信［土地占有人与拖车公司间存在债权让与］而向受让人清偿债务。在该案中，联邦最高法院同样不认为给付系向债权受让人而为，因为不然的话违法停车人将承担债权受让人的破产风险。即便土地占有人已将对违法停车人的请求权让与给拖车公司，依联邦最高法院之见，也应向土地占有人请求退还因无法律上原因而超额支付的拖车费。

关于问题二之“三、（三）1.”

对于占有算不算民法典第 823 条第 1 款意义上的“其他权利”，存在争议。在民法典第 823 条第 1 款第 1 句中所明文列举的权利（其他的仅为法益，Rechtsgüter）仅所有权一项。据此，“其他权利”应“与所有权具有相似性”。有观点认为，不应将占有归为此类权利，原因在于，占有仅是纯粹的对物的事实上的支配关系，［与所有权］不具有相似性。

与前述观点相反，另有观点认为，无权占有与有权占有都算是民法典第 823 条第 1 款意义上的“其他权利”，因为这两种占有均可享受纯粹基于占有的占有保护[1]（possessorisch geschützt，参见民法典第 858 条）。通过纯粹基于占有的占有保护，这两种占有对第三人均具有与所有权相似的排他功能。

通说反对上述两种观点，仅承认有权占有属于民法典第 823 条第 1 款意义上的“其他权利”：有权占有与所有权具有相似性，不仅是因为占有拥有与所有权相似的排他功能（Ausschlussfunktion），其也具有所有权拥有的典型的用益功能（Nutzungsfunktion）——只有有权占有可基于本权对物进行用益。

第四种观点亦着眼于用益功能，认为除有权占有人外，有偿的、未被起诉的、善意的无权占有人亦可拥有“其他权利”：尽管后者既不享有［进行占有的］权利，也不享有（比如，债权性的）用益物权（Nutzungsrecht）。然而，若后者已收取用益（Nutzung），根据民法典第 987 条第 1 款、第 988 条、第 990 条第 1 款、第 993 条第 1 款后半句，却可以保有用益。就此而言，后者具有与有权占有极为相近的用益功能，也就是说与所有权同样具有相似性。

不当得利法上的特殊性

在不当得利法上首先面临着这样的问题：占有是否属于民法典第 812 条第 1 款意义上的具有财产价值的“利益”。在给付型不当得利中，不管是对有权占有，还是对无权占有，均应予以肯定。因此，在给付型不当得利的框架内，可请求返还占有。更复杂的问题是，能否［就占有］成立权利侵害型不当得利（Eingriffskondiktion），对此需要有人因请求权人“蒙受损失”而获利。在本应属于请求权人的地位遭受他人之侵害时，通说认为可以成立权利侵害型不当得利。然而，由于仅有权占有（依通说）具有收益归属内容（Zuweisungsgehalt），对无权占有不能成立权利侵害型不当得利。

[1] 译者注：与“基于本权的占有保护”（petitorischer Besitzschutz）相对。

案例三　承租人无权占有与出租人的自助权

案件事实

V将其仓库出租给M，租期为三年。租期结束后，尽管V提出过要求，M还是没有交还仓库。在事先进行了通知之后，V让人堵住了仓库入口。此时仓库虽然空着，M却不能将他人送上门的货物存进去，只能花500欧元短期租用另一个仓库。M向V请求损害赔偿。

M享有哪些请求权？

案例变型一

在租期届满之时，M尚未向V交纳前一年的到期租金，一共1200欧元。在M打算将仓库中价值1000欧元的货物取出以便清仓甩卖时，V让人用挂锁封住了仓库入口。M因此蒙受500欧元的损失。

M享有哪些请求权？

案例变型二

V还将其他商用场所出租给M开餐馆。M直接从V处取用热水。在M好几个月都不交租金之后，V即时解除租赁合同并立即停止供应热水。

M享有哪些请求权？

案例来源及深入学习的提示

BGHZ 79, 232; BGH NJW 2009, 1947; *Baur/Stürner* SachenR § 9 Rn. 31 ff.; *Brehm/Berger* SachenR§4; *Honsell* JZ 1983, 531.

Vieweg/Werner SachenR § 2 Rn. 50, 52, 55 f., 70 f.

考点

- 在请求权人无本权（Besitzrecht）的情况下，因占有遭侵夺而产生的用益损害赔偿（Ersatz des Nutzungsschadens）（基础）
- 出租人的自助权作为排除法律所禁止的私力的事由（基础）
- 中断供应（部分内容属于物权法之外的问题）

利益状况

V的利益在于，将租赁物尽快取回，以便进行其他处分（verfügen）。M已经违约，V不想再承担后续费用。M关心的是，因入口被封而产生的损失能否获得赔偿。在案例变型二中，M关心的是能否继续获得热水供应。

案例原型的解答

一、根据民法典第823条第1款，M对V额度为500欧元的损害赔偿请求权

基于侵权的损害赔偿请求权之成立，须有受民法典第823条第1款保护的权利或法益受到损害。本案中，可以考虑M的占有受到损害。

（一）占有作为民法典第823条第1款意义上的“其他权利”（sonstiges Recht）

有权占有属于民法典第823条第1款意义上的其他权利。然而，约定的三年租期过后，M已不再是有权占有人，而是没有必要保护的恶意的无权占有人，其占有不受民法典第823条第1款保护。（对此参见案例二的补充说明。）

（二）结论

M不享有基于民法典第823条第1款的请求权。

二、根据民法典第 823 条第 2 款结合民法典第 858 条，M 对 V 额度为 500 欧元的损害赔偿请求权

（一）违反以保护他人为目的的法律

1. 民法典第 858 条作为以保护他人为目的的法律

民法典第 858 条是《民法典施行法》（EGBGB）第 2 节（Art. 2）意义上的法律规范，而法律规范至少亦可用于保护个人。因此，原则上可将民法典第 858 条视为民法典第 823 条第 2 款意义上的以保护他人为目的的法律。但民法典第 858 条是否也可为（恶意的）无权占有人提供纯粹基于占有的占有保护（possessorischen Besitzschutz），却有疑问：［若肯定之，则］恶意的无权占有人亦有可能根据民法典第 823 条第 2 款结合第 858 条享有损害赔偿请求权。这会导致民法典第 823 条第 2 款与民法典第 823 条第 1 款［民法典第 823 条第 1 款仅保护有权占有和有保护之必要的无权占有，参见上文"一、（一）"］的保护范围不一致。为确保民法典第 823 条两款规定的一致性，可以考虑在占有人为（恶意的）无权占有人的情况下，不把民法典第 858 条作为民法典第 823 条第 2 款意义上的"以保护他人为目的的法律"。

联邦最高法院的司法实务与此相左，它认为民法典第 858 条对恶意无权占有人来说原则上亦属民法典第 823 条第 2 款意义上的以保护他人为目的的法律。该观点可资赞同，因为民法典第 858 条并不区分有权占有人和无权占有人。

2. 民法典第 858 条的前提：法律所禁止的私力

（1）占有侵夺；民法典第 858 条第 1 款情形一

V 封住了仓库入口，从而彻底且持续性地剥夺了 M 对仓库的管领。至于 M 作为无权占有人是否有义务向 V 返还占有，在所不问。

（2）未经占有人同意（ohne Willen des Besitzers）[1]

本案中，占有之剥夺至少没有经过 M 之同意。

[1] 译者注："未经占有人同意"系指，占有人未以任何方式表示同意（Zustimmung）。MünchKommBGB/Joost（2017），§ 858 Rn. 7.

（3）未获准许（Gestattung）[1]

M 未准许 V 来剥夺占有，也不存在法定的准许。

（4）无须考虑占有本权（keine Berücksichtigung petitorischer Rechte）

基于民法典第 863 条，V 不能以自己享有占有本权为由进行抗辩；根据民法典第 863 条的价值取向，自助行为不得对直接占有人行使，据此，V 也不用考虑基于民法典第 242 条的恶意行为抗辩权（dolo–agit–Einrede）及民法典第 226 条的禁止权利滥用。

3. 违法性

V 的行为具有违法性。由于仓库中已经没有 M 的货物，故 V 亦无法根据民法典第 562 条主张出租人留置权。

4. 过错（民法典第 823 条第 2 款第 2 句）

V 系故意而为。

（二）损害

租期届满后，M 已经无权继续占有仓库。M 作为无权占有人不得因为被剥夺了使用的可能性而主张损害赔偿。否则，其处境将优于依法行事并停止使用仓库时的处境。即便承认民法典第 858 条对无权占有人来说亦可作为民法典第 823 条第 2 款意义上的以保护他人为目的的法律，也不能允许无权占有人主张因被剥夺用益而蒙受损害之赔偿。

（三）结论

M 对 V 不享有损害赔偿请求权。

案例变型一的解答

一、根据民法典第 823 条第 1 款，额度为 500 欧元的损害赔偿请求权

（一）法益受损害

随着租赁关系的结束，M 已不再是仓库的有权占有人，因此根据民法典第

---

[1] 译者注："未获准许"系指，当事人之间的约定或法律规定允许行为人剥夺他人之占有。MünchKommBGB/Joost（2017），§ 858 Rn. 8.

823 条第 1 款不享有基于占有侵夺的损害赔偿请求权（参见案例原型之“一”）。

然而却可以考虑 M 仓储货物的所有权受到损害。

（二）加害行为

V 将仓库封住属于加害行为。

（三）责任成立的因果关系

由于 M 的法益受损是由 V 封住仓库所致，二者间存在责任成立的因果关系（Haftungsbegründende Kausalität）。

（四）违法性

根据民法典第 562 条以下、第 578 条第 1 款和第 2 款，V 可对仓储货物行使出租人质权（Vermieterpfandrecht），须检验的是，V 的加害行为是否可因出租人质权而得以正当化。

因 M 拖欠前一年的租金，基于租金债权（额度为 1200 欧元），V 对仓储货物享有出租人质权（民法典第 562 条第 1 款）。原则上，V 可以将仓储货物转移到自己的场所，以便通过自助行为自力行使出租人质权（民法典第 562b 条第 1 款第 1 句）。然而，若仓储货物是在正常的生意往来中被移出，或者，留下来的货物显然足以保障出租人的权利，则出租人没有自助权（民法典第 562b 条第 1 款第 1 句结合民法典第 562a 条第 2 句）。然而，正常的生意往来不包括清仓甩卖。此外，仓储货物变价之后不足以完全清偿 V 的债权之风险在清仓甩卖之前就已经存在。

然而，只有在承租人已经实际开始转移货物时，才可行使自助权。本案即如此。因此，V 的行为合法。

（五）结论

M 对 V 不享有基于民法典第 823 条第 1 款的损害赔偿请求权。

二、根据民法典第 823 条第 2 款结合第 858 条，额度为 500 欧元的损害赔偿请求权

根据民法典第 823 条第 2 款结合第 858 条，M 可能享有请求权。

（一）违反以保护他人为目的的法律

1. 民法典第 858 条作为以保护他人为目的的法律

民法典第 858 条属于以保护他人为目的的法律［参见案例原型之“二、（一）1.”］。

2. 适用民法典第 858 条的前提：法律所禁止的私力

（1）占有侵夺

通过封住仓库入口，V 剥夺了 M 对仓储货物的占有。

（2）未经占有人同意（ohne Willen des Besitzers）

上述情况之发生，至少未经 M 之同意。

（3）未获准许

本案中，根据民法典第 562b 条第 1 款第 1 句 V 享有自助权，据此，V 自力剥夺仓储货物的占有的行为可能已获准许。

民法典第 562b 条第 1 款第 1 句、第 562 条第 1 款准许出租人为保全租金请求权和损害赔偿请求权而留置承租人放在租赁物中的物品，并通过行使自助权把租赁空间中的负担有出租人质权的物品放到安全的地方。本案中，已经具备行使自助权的条件［参见案例变型一之“一、（四）”］，V 的行为不属于民法典第 858 条意义上的法律所禁止的私力。所以，在本案中，V 未违反以保护他人为目的的法律。

（二）结论

M 对 V 不享有基于民法典第 823 条第 2 款结合第 858 条的损害赔偿请求权。

案例变型二的解答

M 或许可以请求 V 恢复供水。

一、根据民法典第 535 条第 1 款的不作为请求权

无法根据民法典第 535 条第 1 款基于租赁合同的使用给予义务（Pflicht zur Gebrauchsüberlassung）得出 M 享有不作为请求权，因为通过即时终止通知，在中断热水供应时合同已经终止（民法典第 543 条第 1 款、第 2 款第

1 句第 3 项、第 3 款第 2 句第 3 项、第 286 条第 1 款、第 2 款第 1 项)。V 也没有继续供应热水的后合同义务。在具体个案中，若对出租人来说具有期待可能性，根据诚实信用原则可以要求出租人承担继续供应热水的后合同义务。本案中应予注意的是，租赁关系已经因承租人迟延支付租金而被通知终止，而且在承租人未预先支付租金的情况下，出租人须自担费用向承租人供应热水。[在租赁合同已被通知终止的情况下，]若继续供应热水，出租人的损失有扩大之风险，因此，对出租人来说，继续供应热水不具有期待可能性。

二、根据民法典第 862 条第 1 款的不作为请求权

若中断热水供应属于民法典第 858 条第 1 款意义上的“法律所禁止的私力”，从而导致占有遭受妨害（Besitzstörung），则亦有可能成立基于民法典第 862 条第 1 款的不作为请求权。这个问题有争议。部分观点认为，取水与用电属于（受保护的）占有的内容，因为二者可以保障有意义地使用承租场所，故可认为断水可以构成法律所禁止的私力。

与前述观点相反，联邦最高法院否认此处成立占有妨害，并因此而不成立法律所禁止的私力。理由在于，为使用租赁物所必需的供能和供水不属于占有的内容，因此纯粹基于占有的占有保护（possessorischer Besitzschutz）不及于供能和供水：占有为对物的事实上的管领，因此，只有对物的事实上的管领遭受侵害时，才可以认为成立占有妨害。然而，断水的行为既不会妨碍占有人进入租赁场所，亦不会限制基于纯粹占有（bloßer Besitz）的对租赁物的用益可能性。就此而言，这不同于借由心理作用而妨碍用益可能性（einer psychisch vermittelten Beeinträchtigung），如通过发光的广告牌或噪声。借由心理作用而妨碍用益可能性，限制了基于对物的实际管领而进行用益的可能性。相反，中断供电、供气、供水等仅关乎合同约定的给付，并且该给付亦不以对物的实际管领为媒介。即便假定是供应企业自己中断供应，学说中的结论与前述情况亦无二致。并无理由认为在占有法上应将两种情况——企业中断供应和出租人中断供应——区别对待。

因此，中断供应热水并不属于占有妨害。据此，承租人所希望的继续供应热水也不属于停止占有妨害。因此，基于民法典第 862 条第 1 款的不作为请求权不成立，可以考虑的只有债法上的（本案中不成立；参见案例

变型二之“一”）请求权基础。

三、结论

M不享有不作为请求权。

补充说明

关于案例原型之“一”

本案中，也可以考虑基于违反后合同义务（民法典第241条第2款、第280条）的损害赔偿请求权。然而，由于V已经要求M交回仓库，亦已将封堵仓库入口一事通知M，M的行为（即便认为存在后续的特殊合同义务）怎么看都不像是违反义务。M亦不能从民法典第231条中捞到什么好处。尽管民法典第231条的适用范围已经超出了条文的文句，亦可适用于故意超出自助之界限的情况（Selsbthilfeexzess）。然而，即便认为无权占有人可以为被剥夺的用益请求损害赔偿，那么亦无法认为此处存在须予赔偿的损失，理由与［答案中］以民法典第823条为框架的分析相同。

关于案例变型一之“一、（四）”

“正常的生意往来”属于民法典第562a条第2句所称之“惯常生活关系”（gewöhnliche Lebensverhältnisse）的下位情形。

关于案例变型二之“二”

针对一商事租赁合同，联邦最高法院在判决中曾明确表示反对成立占有妨害。然而该判决似乎有弦外之音——对住房租赁至少有作出其他判断的余地。至于如何在法教义学上清楚地证明“因住房租赁合同不同于商事租赁合同，故结论亦应不同”，却非无疑问：由于对物的事实上的管领之范围既不取决于作为基础关系的债务关系，亦不取决于该债务关系的具体安排，因此，［在住房租赁的情况下，］亦不会因占有妨害而成立纯粹基于占有的占有保护请求权（possessorischer Anspruch）。就此而言，至少在对出租人无蒙受重大损害之虞且承租人即将腾出房屋时，似乎仅可考虑根据民法典第242条第2款以权利滥用为由禁止［出租人］中断供应。

欲深入了解纯粹基于占有的占有保护（possessorischer Besitzschutz）和基于本权的占有保护（petitorischer Besitzschutz），可参阅 *Vieweg/Werner* Sachenrecht § 2 Rn. 58 ff. 及 67 ff.。占有请求权之权限范围，请参阅 *Vieweg/Werner* Sachenrecht § 2 Rn. 69 的表格。

案例四　自我交易之禁止与例外

案件事实

为庆祝女儿 Sanna（S）5 岁生日，父母送给她一个价值一万欧元的毕德麦耶风格储物柜（Biedermeierkommode），并手书证明一份。储物柜继续放在自家客厅里。一年半后，强制执行官为父母的债权人扣押了这部储物柜，此时父母已经没有其他财产了。父母为 S 委托的代理律师 R 替 S 根据民事诉讼法第 771 条提起第三人异议之诉（Drittwiderspruchsklage）。

有胜诉的希望吗？

案例来源及深入学习的提示

BGH NJW 1989, 2542; *Hoeren* JuS 1996, 1094.

Vieweg/Werner SachenR § 2 Rn. 29, 31 f.; § 4 Rn. 42, 45.

考点

- 民法典第 181 条的适用范围（深化、基础）
- 父母子女关系作为占有媒介关系（深化）
- 根据《撤销法》[1]，具有撤销之可能性的权利取得（物权法之外的问题）

难点

涉及强制执行法：第三人异议之诉

---

[1] 译者注：《撤销法》全称为：《破产程序以外的债务人法律上行为之撤销法》（Gesetz über die Anfechtung von Rechtshandlungen eines Schuldners außerhalb des Insolvenzverfahrens；简称：Anfechtungsgesetz；缩写：AnfG）。

利益状况

如果能继续保有父母赠与的礼物，符合S的利益。父母的债权人却想对储物柜进行变价，以满足自己的请求权。

解答

如果该诉（Klage）在程序法上具有许可性（zulässig）并且在实体法上具有合理性（begründet），则有胜诉的希望。

一、诉在程序法上的许可性（Zulässigkeit der Klage）

根据法院组织法第23条第1项、第71条第1款，州法院（Landgericht）对本案享有事务管辖权（sachlich zuständig）；系争的价值为一万欧元（民事诉讼法第6条）。对储物柜实施扣押的辖区之州法院对本案享有排他的属地管辖权（民事诉讼法第771条第1款、第802条）。

由于S作为未成年人，无诉讼能力（nicht prozessfähig）（民事诉讼法第51条第1款、第52条结合民法典第104条第1项），故须由父母代理之（民事诉讼法第51条第1款结合民法典第1629条第1款）。根据民事讼法第78条，R在州法院有诉讼实施能力（postulationsfähig），他可代理S提起诉讼。

由于强制执行官通过实施扣押已经启动强制执行程序，且强制执行程序尚未结束，所以，已经具备第三人异议之诉所必需的法律保护之必要。

二、诉在实体法上的合理性（Begründetheit der Klage）

如果S享有民事诉讼法第771条所称之“阻止让与的权利”（ein die Veräußerung hinderndes Recht），并且这一权利未因抗辩而被排除，那么第三人异议之诉即具有实体法上的合理性。

（一）民事诉讼法第771条意义上的阻止让与的权利

在对债务人进行强制执行时，若某权利可以阻止被扣押的标的被归入债务人财产，则该权利为阻止让与的权利。典型情况：第三人异议之诉的原告是被扣押物的所有人。

1. S 对储物柜的所有权

最初，S 的父母是储物柜的所有人。然而，S 可能已经因父母在赠与时所为之处分而取得了储物柜的所有权。

（1）根据民法典第 929 条第 1 句取得所有权

①物权合意

S 取得所有权的前提是：父母与 S 已经就储物柜之所有权移转给 S 达成合意。S 不具有行为能力（民法典第 104 条第 1 项、第 105 条第 1 款），故无法发出达成物权合意（民法典第 929 条第 1 句）所必需之意思表示。但是，S 的父母作为法定代理人却有可能已经代 S 对让与所有权的要约进行了承诺（民法典第 164 条、第 1626 条第 1 款、第 1629 条第 1 款第 1 句和第 2 句）。

然而，由于父母一方面就是行为的当事人，另一方面父母欲同时在该行为中代理 S（所谓“自我交易”，Insichgeschäft），所以，可以根据民法典第 1629 条第 2 款第 1 句、第 1795 条第 2 款、第 181 条排除父母对 S 的代理权。在这类行为中，原则上可以禁止父母代理。

然而，根据民法典第 181 条后半句，如果法律行为系“专为履行义务”，那么结论可能会有所不同。如果父母让与所有权系专为履行根据民法典第 516 条基于赠与合同的义务，即这种情况。这需要 S 与其父母间存在有效的赠与合同。然而，根据民法典第 125 条第 1 句、第 518 条第 1 款第 1 句，由于赠与之允诺（Schenkungsversprechen）仅仅是手写形式，故赠与合同不具有有效形式，此外，这一形式瑕疵只能根据民法典第 518 条第 2 款通过履行而得以补正。然而，完成给付又需要事先存在待履行的义务。因此，无法从民法典第 181 条后半句得出本案允许实施“自我交易”。

然而，除了民法典第 181 条明文规定的例外，还可对该条文进行目的性限缩：在被代理人纯获得法律上利益（民法典第 107 条）的行为中，不应限制通过代理实施“自我交易”，因为，在这种情况下，不存在损及被代理人的利益冲突。由于储物柜的所有权之取得对 S 来说属于纯获得法律上利益，故在这一行为中，父母可以有效代理 S。因此，通过有效地实施“自我交易”，已经达成物权合意。

②民法典第 929 条第 1 句意义上的交付

此外，根据民法典第 929 条第 1 句，所有权之取得尚需交付储物柜。此处所称之交付需要出让人完全丧失占有，并且受让人在出让人的促成之下至少应取得间接占有。然而，本案中，父母仍是储物柜的直接占有人。因此，本案中，出让人未完全丧失占有。由于未完成交付，未能根据民法典第 929 条第 1 句将储物柜之所有权转让给 S。

（2）根据民法典第 929 条第 1 句、第 930 条的所有权取得

S 可能已经根据民法典第 929 条第 1 句、第 930 条取得了所有权。

暂时先不讨论物权合意［参见上文"二、（一）1."］，［欲根据民法典第 929 条第 1 句、第 930 条取得所有权，］须按照民法典第 930 条约定一项占有媒介关系（民法典第 868 条）。本案中，至少可以从父母子女关系中，尤其是从父母对子女财产的照管中（民法典第 1626 条第 1 款）得出法定的占有媒介关系。由于可以从手写形式的所有权让与表示中得出父母的他主占有意思，故可以认为，父母作为他主占有人为女儿占有储物柜的意思已对外公开。

父母与 S 亦就所有权之移转达成了物权合意并且父母在处分之时有处分权。

2. 结论

S 已经成了储物柜的所有人，并因此而享有民事诉讼法第 771 条意义上的阻止让与的权利。

（二）无抗辩

根据撤销法第 11 条，S 可能有义务容忍强制执行。

1. 根据撤销法第 2 条的撤销权

父母的债权人是强制执行的发起人，根据撤销法第 2 条，债权人有撤销权。可以认为，对父母的财产进行强制执行不能（完全）满足债权人，父母的财产状况更是可以为此提供佐证。

2. 根据撤销法第 3 条、第 4 条，可以撤销的法律行为

根据撤销法第 3 条第 1 款，在过去的 10 年之内，为故意损害他人之利益而做出的全部法律上的行为（Rechtshandlung）都可撤销。然而，在本案中却无理由认为父母有损害他人利益的故意。

撤销法第 3 条第 2 款亦与此无关。尽管 S 作为女儿属于撤销法第 3 条第 2 款、破产法第 138 条第 1 款第 2 项意义上"与债务人关系亲密者"，但是，本案涉及的是无偿的法律上的行为（Rechtshandlung）。

然而，或许可以从撤销法第 4 条得出法律行为（Rechtsgeschäft）可撤销。

父母对 S 的赠与属于无偿给付，并且给付之时间距今还不到 4 年。而且，这一赠与也不属于撤销法第 4 条第 2 款意义上价值较小的常见的小额赠与（gebräuchliches Gelegenheitsgeschenk）。因此，应该认为法律行为可撤销。

3. 可撤销的法律后果

根据撤销法第 11 条，若取得权利的行为可撤销，则因该行为而获得的标的应当用于满足撤销权人。根据撤销法第 9 条，[在为债权取得执行名义之前，债权人]亦可通过主张基于行为可撤销的抗辩权（Anfechtungseinrede）来行使这一撤销权。要想让法官在第三人异议之诉中亦考虑这一基于行为可撤销的抗辩权，须由父母的债权人提出。直到现在，债权人还没有提出。

4. 结论

所以，可以不用考虑将赠与行为之可撤销作为抗辩事由对抗 S 之第三人异议之诉。

三、结论

第三人异议之诉在程序法上具有许可性并且在实体法上具有合理性。应宣布不允许强制执行储物柜。

补充说明

关于“二、（一）1.（1）①”

在“自我交易”中，表意人与受领人通常是同一个人，结果导致无法确保意思表示的发出与到达可从外部识别。然而也正是因为考虑到了处分行为（公示原则），才认为有必要让第三人能够从外部识别“自我交易”。在本案中，人们可以通过手书的证明得出债权法上的和物权法上的意思表示，这满足了此处要求的可识别性。

案例五　押金瓶：所有权之归属[1]

案件事实

生产商P在德国市场上做瓶装矿泉水（1.5升）生意。P将矿泉水装入可重复回收使用的塑料瓶里，每个瓶子有0.15欧元的押金。P的瓶子上标有“瓶子有押金”的字样，并带有“GG-Pool”的冲印标记。根据P的一般交易条款，P打算保留瓶子的所有权。此外，一般交易条款中还有如下内容：顾客有义务将空瓶子不迟延地退还给P。

分销商H直接从P处购买其灌装的矿泉水，消费者E又从H处购买之。

E是手工狂人，经常用空瓶子制作花瓶、花盆及其他类似的东西。只有E自己喜欢这些手工作品，因此这些作品并没有什么销售价值。此外,E还常常在空瓶子里装果汁。P请求返还仍由E占有的空瓶子。另外，P还请求E以后别再用瓶子做“工艺品”，也不要再往里面重新装别的东西。

P对E是否享有这些请求权？

案例来源及深入学习的提示

BGHZ 173，159 = BGH NJW 2007，2913，vgl. auch BGH NJW 2007，2912；*Baur/Stürner* SachenR § 55 Rn. 1 ff.，Insbesondere Rn. 5；*Brehm/Berger* SachenR § 7 Rn. 7 ff.，*Medicus/Petersen* BürgerlR Rn. 534a；*Faust* JuS 2007，1059（1060）.

Vieweg/Werner SachenR § 10 Rn. 4；§ 9 Rn. 8 ff.

---

[1]　译者注：德国市场上的部分饮料瓶或啤酒瓶为押金瓶，消费者购买饮料或啤酒时需要支付数额不等的押金。消费者事后可以将空瓶子放入回收机器，并得到相应数额的代金券。同一超市购物时，可以用代金券充当现金，亦可在柜台处兑换成现金。

本案例的原标题“Flaschenpfand”，直译为“瓶子押金”，考虑到本案例的核心问题是瓶子的所有权及占有问题，将其意译为“押金瓶”。

考点

- 瓶子所有权的状况（基础）
- 基于民法典第 985 条的返还请求权（基础）
- 占有的本权（基础）
- 根据民法典第 1004 条的不作为请求权（Unterlassungsanspruch）（基础）

利益状况

P 关心的是，在将瓶子交与他人之时，不会因分销商（此处，分销商 H）或消费者取得瓶子而丧失所有权。E 关心的是，能否同时获得矿泉水和瓶子的所有权。

解答

一、根据民法典第 985 条，P 对 E 返还瓶子的请求权

P 对 E 基于民法典第 985 条的请求权的前提条件为，P 仍是瓶子的所有人并且 E 是瓶子的无权占有人。

（一）P 的所有权

最初，P 是瓶子的所有人。P 却可能已因让与而丧失所有权，H 或 E 因此而取得之。

1. 根据民法典第 929 条第 1 句，因 P 向 H 让与而丧失所有权

H 从 P 处拿到了已灌装好的瓶子。可对这一过程作如下理解：P 已经将瓶子的所有权让与给 H，以后 H 须再将瓶子的所有权回复让与给 P。亦可对这一过程作其他理解：此处转让的仅仅是瓶子的使用权。究竟哪种理解更符合双方意思，应自客观受领人的立场（aus der Sicht des objektiven Empfängers）探求之（民法典第 133 条、第 157 条）。对此，根据联邦最高法院的观点，应考虑如下内容：瓶子是否可因持久性标记而被标明是生产者或运营者的财产，或者，瓶子是否属于无特殊标记的“标准瓶子”（Einheitsflasche），可供不特定的生产者使用。[如果使用的是标准瓶子，] 只有在出售标准瓶子中的饮料时，所有权之移转才可能同时及于瓶装物和瓶子本身。相反，如果使用的是特殊瓶子，其所有权应

仍属于生产者或经营者，即便瓶装物再度被转让，受让人亦不能取得瓶子所有权。[按照这一观点，]生产者与顾客缔结的是特殊使用让与合同（Gebrauchsüberlassungsvertrag sui generis），该合同属于负担行为，对此应类推适用租赁法的规定。

本案中，P使用的是特定化了的瓶子，因为这些瓶子带有“GG–Pool”的标记，在客观上可区别于德国市场上的其他瓶子，人们据此亦可看出瓶子属于特定的生产商。此外，P亦欲根据其一般交易条款保留瓶子的所有权。据此可以得出，不能把H获取瓶子的行为理解为物权合意，更不能认为在交付之后发生所有权转移，易言之，仅能将其解释为纯粹的使用让与。因此，P未因所有权让与而丧失所有权，H亦未因此而取得所有权。

2. 根据民法典第929条第1句，因P向E让与所有权而导致的所有权丧失

亦无须考虑根据民法典第929条第1句E自P处取得所有权，原因在于，P与E没有就所有权移转达成合意。二人间没有直接的业务往来。

3. 根据民法典第929条第1句，因H向E让与所有权而导致的所有权丧失

由于H未能成为瓶子的所有人，故E不能根据民法典第929条第1句取得所有权。

4. 根据民法典第929条第1句、第185条，因H向E让与所有权而导致的所有权丧失

P亦未根据民法典第185条第1款授权H转让所有权，因为P打算——可从一般交易条款得出——保留瓶子的所有权，并因此而未授权分销商转让瓶子的所有权。

5. 根据民法典第929条第1句、第932条第1款第1句结合商法典第366条第1款，因H向E让与所有权而导致的所有权丧失

根据民法典第929条第1句、第932条第1款第1句结合商法典第366条第1款，E可能已经因非权利人H之处分而善意取得瓶子的所有权。

（1）H与E的物权合意

H未明确表示将瓶子的所有权转让给E。然而，根据民法典第133条、第157条从客观受让人的立场来看，或许可将H的行为解释为要约。普通消费者对瓶子上标记的理解，具有决定性意义。至于能否从特殊瓶子上的特殊标记得出结论——瓶子的所有权属于生产商而且生产商亦欲保留所有权，则须作特别说明。

对此，联邦最高法院认为，特殊瓶子的所有权仍属于生产商，且后续的分销商亦不能将瓶子的所有权转让给瓶装物的受让人。少数派观点却持相反立场，认为——在满足善意取得的其他条件时——消费者可以取得瓶子的所有权。

能以所有人的身份任意处置瓶子（民法典第 903 条第 1 句），系消费者利益之所在，可以以此为据支持少数派观点。因此，完全可以这么认为，消费者的利益在于免受基于民法典第 989 条及第 990 条（或者基于民法典第 280 条、第 283 条或第 823 条），或基于民法典第 1004 条的请求权之累。此外，少数派观点亦符合人们对交易的理解：普通消费者通常不知道，饮料供应商有义务将押金瓶子退还给生产商。普通消费者亦不能根据瓶子上的特殊标记认为生产商未打算把瓶子的所有权转让给后面的分销商。因此，从消费者的角度来看，取得了一瓶矿泉水意味着同时取得了瓶装物的所有权（此处即水的所有权）和瓶子本身的所有权。瓶子上的提示——瓶子有押金——同样对消费者不产生影响。消费者可以认为，他可以自由选择退还瓶子并取回押金，还是自己留着、扔掉或销毁瓶子并因此而不要押金了。

即便分销商既未打算将瓶子的所有权转让给消费者，也无权转让，这也不妨碍消费者从客观第三人的立场（民法典第 133 条、第 157 条）将分销商的行为理解为要约，即分销商同时亦有转让瓶子的所有权的意思。E 因接受瓶子而以默示的方式（konkludent）对该要约进行了承诺。

若赞同少数派观点，可以认为 H 与 E 已就所有权之转移达成合意。

（2）交付与交付时合意仍然存在（Einigsein）[1]

H 亦已将瓶子交付给了 E（民法典第 929 条第 1 句、第 932 条第 1 款第 1 句）。此外，在交付之时，H 与 E 的合意仍然存在。

---

[1] 译者注：通常情况下，让与动产所有权的合意是在交付之时达成，如在以现金即时结清的日常交易中。但是在商业往来中，动产所有权让与的两项要素（合意与交付）在时间上却可能会有所区隔。依德国通说，让与动产所有权的物权合意不具有约束力，单方面可以随时撤回。在完成所有权的取得之时，交付与合意这两项要素必须同时具备。参见 Vieweg/Werner, Sachenrecht（2015）, Vahlen, S.112 ff.; Wilhelm, Sachenrecht（2016）, De Gruyter, S. 420 ff.

（3）交易行为

由于 H 与 E 在经济上和法律上都不是同一主体，故成立交易行为。

（4）E 的善意

此外，根据民法典第 932 条第 2 款，E 须非为恶意。[1]E 并非积极知道 H 不享有瓶子的所有权。然而却可以考虑因重大过失而不知道。重大过失是指受让人以极不寻常（in ungewöhnlich großem Umfang）的方式违反注意义务，并且忽视任何理性第三人会注意到的情况。至于判断的标准，则应参照对 E 所属之群体（Personengruppe）的一般要求。E 是“普通消费者”群体中的一员。

从普通消费者的角度来看，瓶装物的所有权与瓶子的所有权是一体的。准确点说，是一次性取得全部所有权。此外，普通消费者也不能根据瓶子上的标记认为瓶子所有权仍属于生产商［参见“一、（一）5.”］。例外情况下，E 负有查明所有权的不真正义务（Nachforschungsobliegenheit），然而本案不属于这种例外情形，因此，就算 E 相信 H 享有所有权，也不构成重大过失。

退一步讲，即便对 H 的所有权不构成善意信赖（对此参见补充说明），至少应肯定 E 对 H 之处分权的善意信赖。作为例外，根据商法典第 366 条第 1 款，对处分权的善意信赖也应受到保护。

（5）非脱手物，民法典第 935 条

根据民法典第 935 条第 1 款第 1 句，对 P 来说瓶子非属脱手物，因为 P 是自愿将瓶子的直接占有转让给 H。然后，再由 H 自愿将瓶子的直接占有转让给 E。因此，不能以民法典第 935 条第 1 款第 2 句为由否定善意取得。

（二）结论

因 P 已经丧失瓶子所有权且 E 已取得所有权，故应排除其根据民法典第 985 条的请求权。由于 E 已经基于法律行为取得了所有权，就不用再根据民法典第 950 条第 1 款通过加工而取得所有权。

---

[1] 译者注：德国民法典第 932 条第 2 款并非将受让人的“善意”作为善意取得的积极要件，而是将受让人的“恶意”作为善意取得的排除要件。易言之，第 932 条第 2 款其实包含了“善意”的证明责任（Beweislast）分配：受让人无须证明自己为善意；由否定善意取得者为受让人的恶意承担证明责任。参见 Staudinger/Wiegand（2017），§ 932 Rn. 38，101，105.

（三）另一备选解题思路（辅助性鉴定，Hilfsgutachten）

若赞同联邦最高法院的观点，否定E的善意取得，那就要检验E是否已经通过加工（民法典第950条）取得了——被改造成了艺术品的——瓶子的所有权。由于E的艺术品根本没有出卖价值（Verkaufswert），加工的价值（加工的价值 = 新物的出卖价值 – 原材料的价值）明显低于原材料的价值，因此E不能根据民法典第950条第1款取得所有权［关于因加工而取得所有权，参见案例十四的原型之“一、（二）3.（2）②（aa）”］。

因此，接下来需要考虑，E是不是占有人以及E是否享有占有之本权或有抗辩权以对抗P的返还请求权。

1. E的占有

E是瓶子的占有人。

2. 占有之本权

（1）根据民法典第986条第1款第1句情形一，质权作为自有的、绝对的占有之本权[1]

占有人可以根据民法典第1024条基于质权而享有自有的、绝对的占有之本权。对此，须P已经将瓶子出质给了E。然而，因未就在瓶子上设定质权达成物权合意而不成立质权：“瓶子之押金”并非为担保金钱之债而出质某物（民法典第1204条以下的常见情形）。恰恰相反，它是为了确保返还瓶子而交押金。因此，生产商的返还请求权才是被担保的债权。该请求权通过在押金上设定的“非常规质权”（其形式为现金保证金，Barkaution）获得担保。因此，未能成功地在瓶子上设定质权。

因此，亦不能借助民法典第1204条得出E享有占有之本权。

（2）根据民法典第986条第1款第1句情形一，自有的债权性权利作为占有之本权

因在二人间不存在合同关系，E无法以自有之债权性权利作为占有之本权来对抗P。因基于买卖合同的占有之本权只有相对效力，亦即只在H和E之间有效（债务关系的相对性），故E与H的买卖合同无法为E提供可用于对抗P的占有之本权。

---

[1] 译者注：按德国民法典第896条第1款第1句之规定，占有之本权分为两类，一是占有人自己本来就享有的占有之本权，二是占有人自其前手继受来的占有之本权。

（3）根据民法典第 986 条第 1 款第 1 句情形二，继受的占有之本权（abgeleitetes Recht zum Besitz）

可以考虑 E 是否能主张自 H 处继受来的占有之本权。其前提为，H 享有可用于对抗 P 的占有之本权而且有权将占有托付给 E。H 的占有之本权首先可能来自前文所称之“特殊使用让与合同”［参见上文之“一、（二）1.”］。然而，这一占有之本权却有时间限制，仅限于通常情况下销售瓶装水以及退还空瓶子所需要的时间。在 P 请求 E 返还空瓶子时，H 的占有之本权难谓继续存续，因为，没有必要再保护 H 因占有瓶子而获得的利益。

因 H 已经不享有占有之本权，故 E 不能自 H 处继受取得之。

（4）基于民法典第 273 条的留置权作为占有之本权

基于民法典第 273 条的留置权能否作为民法典第 986 条意义上的占有之本权，存在争议。联邦最高法院肯定之，并指出，民法典第 986 条对可以对抗返还请求权防御手段作了“一劳永逸式的”规定（abschließend regelt），故它应包括所有可以对抗返还请求权的权利。

然而，文献中多数派观点认为，民法典第 273 条的留置权不能作为占有之本权，并指出，留置权属于独立的、可以直接对抗民法典第 985 条的请求权的权利。以下内容支持该观点：在诉讼上，法院会因留置权而判决同时履行，而民法典第 986 条意义上的占有之本权只会导致法院驳回起诉。

（5）中间结论

若赞同文献中的观点，则 E 不享有占有之本权。

3. 留置权

E 或许可以以民法典第 273 条的留置权对抗 P 的返还请求权。其前提为，E 基于同一法律关系享有对待请求权（Gegenanspruch）。本案中，可以考虑以偿还押金的请求权作为对待请求权。

有疑问的是，请求偿还押金的请求权是否仅能基于各自的合同关系，也就是说，E 是否只能向卖家 H 主张请求权，抑或，E 是否也可以向 P 主张该请求权。

依联邦最高法院之见，按照意思表示的客观内容（nach objektivem Erklärungsinhalt），应对瓶子上的标记“押金”作如下理解：P 作为生产商有义务回收瓶子并退还押金。“押金”的概念中包含了有约束力的承诺，即在退还押金时回收瓶子。P 的意思表示并非仅针对其合同相对人，也不应仅限于其顾客。从意思表示的解释中可以得出，不管谁占有瓶子并把瓶子退回来，P 都愿意跟他订立旨在退还押金的合同。因此，按照这一观点，E 对 P 享有对待请求权，其形式为偿还押金请求权，因两个请求权间存在关联性（Konnexität），E 能够以之对抗 P 的返还请求。

4. 结论

若 E 行使基于民法典第 273 条的抗辩权，则 P 在退还瓶子押金的同时，可对 E 主张基于民法典第 985 条的返还请求权（参见民法典第 274 条）。

二、根据民法典第 1004 条第 1 款第 2 句，P 对 E 的不作为请求权

（一）侵害 P 的所有权

如果赞同联邦最高法院的观点，认为 P 未将瓶子的所有权转让给 H，亦未因消费者 E 取得所有权而丧失所有权，那么，可以考虑基于民法典第 1004 条第 1 款的请求权。下文是“备选解题思路”（辅助性鉴定）。

本案中是否成立对所有权的侵害，取决于 E 是否对空瓶子进行了改造以及进行了何种改造，才制作出了花瓶或类似的东西。比如，若 E 把瓶子剪开了，则属于以损害的形式对瓶子造成直接的有形干涉（körperliche Einwirkung），并因此而成立所有权侵害。

然而，对于 E 未改造瓶子仅重装果汁的情形，可能会有其他结论。E 在瓶子里重装果汁不属于对瓶子的实物（Sachsubstanz）进行侵害。然而，民法典第 1004 条意义上的所有权侵害却不必然以对物的有形干涉为前提。申言之，以所有人所不欲的方式使用之，亦属于对所有权的侵害（参见民法典第 903 条）。E 擅自在瓶子中重装果汁并——违背 P 的意思——未把空瓶子退回，属于以所有人所不欲的方式使用之。

在消费者正常使用之后尽快收回瓶子，系 P 之所愿。依联邦最高法院之见，将瓶子称为“押金瓶子”即已清楚地向消费者表明了 P 的意愿。从客观受领人的角度亦不能从押金瓶子的概念得出消费者享有选择权，即他可以自由选择将瓶子退还给 P 或者选择舍弃押金（所谓的“补偿权”，Ersetzungsbefugnis）。这不符合收取押金的目的。对于本案中已特定化了的、可重复使用的瓶子，押金的目的恰恰在于确保瓶子能退还给所有人 P。即便消费者在用尽瓶装物之后，不将 P 的瓶子退到回收系统，他也不

必担心有人请求退还瓶子，但是，我们却不能据此得出消费者有补偿权。这是由饮料销售——大宗交易——的特点决定的，它不能正当化消费者的补偿权。

（二）继续侵害的隐忧

因为 E 在过去已将瓶子制成工艺品并且亦曾多次重新灌装，故有继续侵害之虞。

（三）请求权相对人即侵害人

E 因改造瓶子或重新灌装对瓶子的所有权造成了侵害，因此，本案中 E 是侵害行为的直接实施人。

（四）侵害的违法性

P 无义务容忍 E 所造成的所有权侵害，因此亦不能根据民法典第 1004 条第 2 款排除 P 的请求权。

（五）结论

根据民法典第 1004 条第 1 款第 2 句，P 对 E 享有不作为请求权。

补充说明

少数派观点亦有说服力，为照顾少数派观点，我们对联邦最高法院的原始案例进行了改编。为简化案情，未详述全部的交易环节，仅以生产商、分销商和消费者为例。

关于“一、（一）5.（4）”的说明

根据民法典第 932 条第 2 款，是否构成善意，仅考虑受让人是否信赖出让人的所有权。相反，善意地信赖处分权，亦即根据民法典第 185 条第 1 款善意地相信非所有人享有处分权，不受保护。商法典对此设有例外。商法典第 366 条第 1 款亦保护对分销商处分权的善意信赖。之所以扩大保护范围，乃是因为在商事交往中，生产商或供货商延长的所有权保留（verlängerte Eigentumsvorbehalte）过于司空见惯。就此而言，若分销商或熟知商事交易习惯的其他人善意地信赖出让人的所有权，通常系因重大过失而不知［出让人无所有权］。这样的话，实际上等于排除在商事交往中根据民法典第932条以下善意取得。

本案中，由于受让人不是商人[1]，原则上不必考虑分销商的货物是否附有所有权保留，所以，在本案中不用考虑上述问题。易言之，一般情况下，至少应允许私人买家把卖家（分销商）当作所有人。

[1] 译者注：指德国商法典第1条意义上的“商人”（Kaufmann）。

案例六　瑕疵同一及所有物返还

案件事实

A是其叔父O的单独继承人。在检视遗产时，A在其叔父的阁楼中发现了一个花瓶。A以为它是个不值钱的废品，就决定找机会把它卖掉。在跳蚤市场上A以50欧元的价格把花瓶卖给了B并让与所有权。A喜不自胜，觉得捡了个大便宜。其实，A眼中的“废品”是一件贵重的古代花瓶，卖给收藏家的话，可以卖2000欧元。当他从妈妈那里得知此事时，之前的欣喜烟消云散。A立即向B表示要撤销之前的交易并请求返还花瓶。

A能否向B请求返还花瓶？

案例变型

与案例原型一样，A先是检视了一番阁楼中的遗产。他打算处理掉所有不值钱的东西，但保留贵重的古董。他把一个看似不值钱的花瓶以50欧元的价格卖给了B。在卖给B后不久，妈妈告诉他，被卖掉的花瓶是一件古董，自1850年起就是他们的传家之宝，他叔父非常希望A能好好珍藏这件值钱的宝贝。A把这些情况讲给了B听，并表示要撤销交易且请求返还花瓶。

A能否向B请求返还花瓶？

案例来源及深入学习的提示

Baur/Stürner SachenR § 5 Rn. 5 ff.; *Brehm/Berger* SachenR § 4 Rn. 27 ff.

Vieweg/Werner SachenR § 4 Rn. 15; § 2 Rn. 58, 67 ff.

考点

- 瑕疵同一（基础）
- 基于占有的返还请求权和基于本权的返还请求权（基础）

难点

涉及民法总则中的撤销

利益状况

A关心的是，无论如何都要把花瓶要回来。B却想保留花瓶，或者，如果他一定要返还花瓶的话，至少要把价金要回来。

案例原型的解答

一、基于民法典第985条，A对B的花瓶享有返还请求权

根据民法典第985条，A可能对B享有返还请求权。对此须具备所有物返还请求权之基础（Vindikationslage）。

（一）A的所有权

所有权本来属于O，因O死亡，A作为单独继承人，根据民法典第1922条第1款通过概括的权利承受（Gesamtrechtsnachfolge）取得了所有权。

然而，A却可能已经通过所有权让与将花瓶的所有权转让给了B，从而丧失了所有权（民法典第929条第1句）。

1. 物权合意

A与B为让与所有权，分别作出了相应的意思表示。然而，A却可能已经有效地撤销了其意思表示，并因此溯及既往地使其归于消灭（民法典第142条第1款）。

（1）撤销事由

有效的撤销首先需要具备撤销事由。本案中，可以考虑的撤销事由只有民法典第119条第2款：据此，A须对花瓶在交易上重要的特性产生错误认识。除了物的自然品质之外，对评估物在交易中的价值有意义的事实或法律关系也属于交易上重要的特性。相反，价值或价格本身只是对物作估值的结果而已，因此不属于交易上重要的特性。

本案中，A不知道花瓶是一个古代花瓶。因此，他不仅对花瓶的价格产生了错误认识，也对花瓶在交易上重要的特性——“古代”（因为可能

影响估值）——产生了错误认识。

（2）撤销的意思表示

A 向 B 表示要撤销交易（民法典第 143 条第 1 款）。根据民法典第 133 条和第 157 条进行解释时需要查明，撤销的意思表示是否也应涵盖物权合意。

对 A 的表示应作如下理解：他欲使对花瓶所发生的一切统统失效。鉴于外行通常不知道负担行为与处分行为的区分，而是认为只有一个统一的法律行为，应该将其意思表示解释为同时针对买卖合同及所有权让与。因此，A 也对物权合意作了撤销的意思表示。

（3）撤销期限

A 在得知真相后立即表示撤销，因此符合期限要求（民法典第 121 条第 1 款）。

（4）错误与意思表示之间有因果关系

只有在错误与作出意思表示之间存在因果关系时，才可以根据民法典第 119 条第 2 款进行撤销。

本案恰恰在这一点上有疑问。因为，对于物权合意的内容来说，被让与物的价值无关紧要。因此，在坚持分离原则的情况下，该错误与意思表示的作出之间没有因果关系。因此，物权合意不能被撤销，从而继续有效。

2. 交付

花瓶已经被交付给了 B。

3. 合意仍然存在

在进行交付之时，A 与 B 的合意仍然存在。

4. 处分权

A 作为所有人享有处分权。

（二）中间结论

A 已将所有权转让给 B，从而已丧失所有权，故不能根据民法典第 985 条请求返还花瓶。

二、根据民法典第 812 条第 1 款第 1 句情形一，A 对 B 的请求权

根据民法典第 812 条第 1 款第 1 句情形一，A 可能享有花瓶返还请求权。

（一）获得利益

B 获得了花瓶的所有权和直接占有。

（二）通过给付

利益之获得须基于 A 的给付。给付系指为履行债务而有意且有目的地增益他人财产。本案中，A 将花瓶交付给 B 并让与所有权，系有意而为且旨在增益 B 的财产。

（三）无法律上的原因

最后，财产之增益须无法律上的原因。

作为法律上的原因可以考虑 A 与 B 缔结的买卖合同。该买卖合同却可能因 A 已作出撤销的意思表示，从而自始无效。前文已确认，民法典第 119 条第 2 款意义上的撤销事由成立，且 A 亦已根据民法典第 143 条第 1 款作出了撤销的意思表示。根据民法典第 133 条和第 157 条对意思表示进行解释可以得出，A 除了打算撤销物权合意外，也打算撤销买卖合同［参见上文之“一、（一）1.（2）”］。对于买卖合同来说，性质错误与意思表示的作出之间有因果关系，因为，若 A 知道花瓶的特性——“古代”，则不会以 50 欧元的价格缔结买卖合同。

因买卖合同已被有效撤销而自始无效（民法典第 142 条第 1 款），故自始不存在法律上的原因。

（四）法律后果

根据民法典第 812 条第 1 款，B 应返还所获利益。也就是 B 必须把对花瓶的直接占有返还给 A。除此之外，虽然本案没有明确问及，B 还应回复让与花瓶的所有权（die Vase rückübereignen）。

（五）中间结论

在采纳余额说（Saldotheorie）的情况下，只有在 A 同时偿还价金时，A 才可以根据民法典第 812 条第 1 款第 1 句情形一请求 B 返还花瓶（本案没有问及回复让与所有权）。

三、A对B根据民法典第861条第1款的返还请求权

从民法典第861条第1款也可能得出A享有返还请求权。

(一)通过法律所禁止的私力进行的占有侵夺

对此，根据民法典第861条第1款，A的占有须因法律所禁止的私力遭侵夺。A系有意使B取得花瓶的直接占有，因此排除法律所禁止的私力。

(二)中间结论

因不存在法律所禁止的私力，A根据民法典第861条第1款的请求权不成立。

四、A对B根据民法典第1007条第1款的返还请求权

可以考虑民法典第1007条第1款的返还请求权。

(一)动产

花瓶属于动产。

(二)A以前享有占有

此外，A以前须对花瓶曾享有占有。根据民法典第857条，通过法律上的拟制，首先，在O去世之后，A已经取代O的占有地位，后来A因获得占有（Besitzergreifung）而成为花瓶的直接占有人。

(三)B现在是占有人

现在B是直接占有人。

(四)恶意

最后，适用民法典第1007条第1款的前提为，返还义务人在取得占有之时对占有本权之瑕疵存在恶意。这需要根据民法典第932条第2款和第142条第2款来认定。B须明知或因重大过失不知道买卖合同可撤销。本案中，B在取得占有时认为，他基于买卖合同有权占有花瓶。亦无理由认为，B必须知道A的错误及买卖合同因错误而可撤销。因此，B非为恶意。

（五）中间结论

因 B 对占有本权的瑕疵不存在恶意，民法典第 1007 条第 1 款的返还请求权不能成立。

五、A 对 B 根据民法典第 1007 条第 2 款的花瓶返还请求权

返还请求权可以根据民法典第 1007 条第 2 款产生。

（一）前提

花瓶是动产。A 是花瓶以前的占有人，B 是现在的直接占有人［参见上文之“四、（一）至（三）”］。

然而，基于民法典第 1007 条第 2 款的请求权之成立，须物在请求权人处脱手（abhanden gekommen）。然而，在本案中，A 是自愿将花瓶交付给 B 的。

（二）中间结论

因花瓶不是脱手物，故亦排除基于民法典第 1007 条第 2 款的请求权。

六、A 对 B 根据民法典第 823 条第 1 款的花瓶返还请求权

最后还可以考虑民法典第 823 条第 1 款结合民法典第 249 条第 1 款的请求权。然而，没有理由认为 B 损害了他人之法益（Rechtsgut）。所有人让与所有权的行为不构成民法典第 823 条第 1 款意义上的受让人侵害他人法益。

由于不存在法益侵害，根据民法典第 823 条第 1 款结合民法典第 249 条第 1 款的返还请求权不成立。

七、结论

在 A 同时偿还价金时，根据民法典第 812 条第 1 款第 1 句情形一，A 可以请求 B 返还花瓶（本案没有问及回复让与所有权的问题）。

案例变型的解答

一、A对B根据民法典第985条的花瓶返还请求权

根据民法典第985条，A可能享有返还请求权。对此须具备所有物返还请求权之基础（Vindikationslage）。

（一）所有权

根据民法典第1922条A通过继承已经取得了所有权，继而A又通过民法典第929条第1句将所有权让与给B，从而可能已经丧失了所有权。

A与B已就花瓶所有权的移转达成合意。然而有疑问的是，是否可以通过撤销而溯及既往地使物权合意归于消灭（民法典第142条第1款）。

1. 撤销事由

作为撤销事由可以再次考虑民法典第119条第2款，A因错误而未认识到花瓶是“古代”的花瓶，而“古代”这一特性在交易上具有重要性。

2. 撤销的意思表示

A的撤销的意思表示也可涵盖物权行为［参见上文案例原型之“一、（一）1.（2）”］。

3. 撤销期限

A遵守了民法典第121条第1款的撤销期限。

4. 错误与意思表示间有因果关系

有疑问的是，错误与意思表示的发出之间是否存在因果关系。若A早已正确地认识到花瓶是古代花瓶，则他就不会转让花瓶，而是将其作为“传家宝”（Familienerbstück）珍藏起来。因此，该错误不仅与负担行为间存在因果关系，而且，若A已知真相也不会将花瓶的所有权让与他人，因为他想自己留着花瓶。因此，错误与处分行为之间也存在因果关系（亦可主张其他观点）。

因此，A有效地撤销了物权合意。因此，A仍是花瓶的所有人。

（二）B的占有

B是花瓶的直接占有人（民法典第854条第1款）。

（三）无占有之本权

最后，相对于 A，B 不享有占有之本权。本案中，占有之本权仅可能基于 A 与 B 缔结的买卖合同产生。撤销［的对象］亦包括旨在缔结买卖合同的意思表示，因为若 A 已知“古代”这一特性，则不会缔结买卖合同。

因此，买卖合同因有效的撤销而自始无效，不能再提供占有之本权。

（四）中间结论

根据民法典第 985 条，A 可以向 B 请求返还花瓶。因 B（目前）尚未主张基于民法典第 273 条的抗辩权，故该请求权的可执行性不受限制。

二、A 对 B 根据民法典第 812 条第 1 款第 1 句情形一的花瓶返还请求权

除此以外，A 亦可根据民法典第 812 条第 1 款第 1 句情形一主张返还请求权。

A 有意且有目的地增益 B 之财产，这使 B 取得了花瓶的直接占有。由于买卖合同已被撤销，不能再作为本案法律上的原因。

因此，在同时偿还价金的前提下（余额说），A 可以根据民法典第 812 条第 1 款第 1 句情形一向 B 请求返还花瓶。

三、其他返还请求权

本案中，根据民法典第 861 条、第 1007 条第 1 款、1007 条第 2 款、第 823 第 1 款结合第 249 条第 1 款，返还请求权也不成立（参见案例原型）。

四、结论

A 既可以根据民法典第 985 条也可以根据民法典第 812 条第 1 款第 1 句情形一向 B 请求返还花瓶。若采纳余额说，只有在同时偿还价金的情况下，A 才可以主张根据民法典第 812 条第 1 款第 1 句情形一的请求权。

补充说明

关于案例原型之"一、(一)1.(2)"

也可以在撤销事由的框架下检验错误与意思表示间的因果关系。解题时，我们在后面单独检验因果关系，这是为了让结构更直观。也可以提前检验期限和请求权相对人，随后再将撤销事由与因果关系问题一起讨论。

关于案例原型之"二"

因撤销而导致民法典第 812 条意义上的法律上原因之消灭，究竟应主张民法典第 812 条第 1 款第 1 句情形一的不当得利返还请求权（非债清偿不当得利返还请求权），还是主张民法典第 812 条第 1 款第 2 句情形一的不当得利返还请求权（给付目的嗣后消灭的不当得利返还请求权），却有争议。主张第一种观点的是以撤销自始发生效力（民法典第 142 条第 1 款）为依据，反对者（比如，Wieling Bereicherungsrecht § 3 III. 2.）则认为在不当得利法中不能适用该原则。该争议主要会影响民法典第 814 条的排除事由，根据民法典第 814 条，可以排除民法典第 812 条第 1 款第 1 句情形一的不当得利请求权，却不能排除民法典第 812 条第 1 款第 2 句情形一的不当得利请求权。

关于案例原型之"二、(五)"

司法实务认为，在双方互负的不当得利请求权种类不同时（bei ungleichartigen gegenseitigen Kondiktionsansprüchen），余额说亦有适用之余地：根据余额说，在诉讼法上，只有在同时清偿不当得利债务人的请求权的情况下，不当得利债权人才可以主张自己的请求权。相应地，只有在同时提出回复让与 B 所支付的对价（也可能是根据民法典第 818 条第 2 款进行价值补偿）的情况下，A 才可以向 B 请求返还花瓶。若不允许在不同类的不当得利请求权中适用余额说（如文献中的观点，参见 Finkenauer, NJW 2004, 1704），则 A 可向 B 请求返还花瓶。相反，B 则有可能会通过提出民法典第 273 条的抗辩权来主张自己的不当得利请求权。法院可能会根据民法典第 274 条判令双方同时履行。

在对民法典第 985 条的所有物返还请求权进行评价时，又有不同。有观点认为，余额说不能适用于所有物返还请求权，可资赞同。然而，若占有人享有留置权，则可以主张之。

关于案例变型之“一、（一）4.”

若错误与负担行为和处分行为都存在因果关系（瑕疵同一），则通常会选择以下表述方式：“作为例外，错误从债权行为渗透到了物权行为。”这种表述方式可能会引起误解。因为，即便是在“瑕疵同一”的案例中，也不是从债权法层面“渗透”到物权法层面。而是，如答案中所做的那样，应分别观察债权行为和物权行为［与错误间的］因果关系。就此而言，“渗透”的说法至少有迷惑性。

案例七　借第三人之手取得所有权

案件事实

瓷砖铺设工A被其雇主E派到V处购买X牌的各种瓷砖并用卡车运回。A以E的名义买了瓷砖并记在了E的账上。回程中，A的车卷入一场因S的过错而引起的事故，这导致所有的瓷砖都摔碎了。E是否可以根据民法典第823条第1款向S请求损害赔偿？

案例变型一

此外，A还为其朋友F买了一箱Y牌的瓷砖。A用F在委托之时给的钱立即付款。V不知道A是为F买瓷砖。在事故中F的这些瓷砖也摔碎了。F是否可以根据民法典第823条第1款向S请求损害赔偿？

案例变型二

除了案例变型一中的瓷砖，A还为朋友F买了其他瓷砖。但是这些瓷砖是贵重的精美瓷砖，是私人收藏家P卖给他的。在事故中，这些瓷砖也摔碎了。F是否也可以因这些瓷砖被摔碎根据民法典第823条第1款向S请求损害赔偿？

案例变型三

H生产地板砖。V在H处预定了200包黑色大理石地板砖，型号为“黑珍珠”（Perla Negra）。F为装饰自己的房间，从V处买了30包。V让H将这些地板砖直接送到F家，但没有说明详细情况。所有权是以何种方式转移给F的？

案例来源及深入学习的提示

Vgl. *Baur/Stürner* SachenR § 7 Rn. 30 ff., 61 ff., § 51 Rn 41 ff.; *Brehm/Berger* SachenR § 27 Rn. 22 ff.; *Westermann/Gursky/Eickmann* SachenR § 38 Rn. S, 11 ff.; § 39 Rn. 10, § 42.

Vieweg/Werner SachenR § 2 Rn. 18 ff., 27, 30 f., § 4 Rn. 25, 32.

考点

- 所有人之身份作为侵权损害赔偿请求权的条件（基础）
- 动产取得中涉及辅助人（基础）
- 预先达成的占有改定（深化）
- 连环转让（深化）

难点

涉及侵权法（民法典第 823 条第 1 款）

利益状况

E 关心的是，能否为摔碎的 X 牌瓷砖向 S 请求损害赔偿。对此，E 须已经成为瓷砖的所有人。就 Y 牌瓷砖，F 面临同样的问题。S 关心的是，一定要查明谁才是债权人，以免重复赔偿。

案例原型的解答

一、E 对 S 根据民法典第 823 条第 1 款的损害赔偿请求权

可以考虑 E 对 S 根据民法典第 823 条第 1 款的损害赔偿请求权。

（一）民法典第 823 条第 1 款意义上的法益损害：E 的所有权

民法典第 823 条第 1 款的损害赔偿请求权的前提是，民法典第 823 条第 1 款意义上的绝对权受到损害。本案中，若在事故发生之时 E 已成为瓷砖的所有人，可以考虑 E 的所有权。

本来 V 是瓷砖的所有人。E 可能已经根据民法典第 929 条第 1 句通过合意与交付自 V 处取得了瓷砖的所有权。

1. V与E之间的合意

E通过A的代理，可能与V已经达成合意。代理的规则也适用于物权合意。本案符合有效代理行为的全部要件：A作出了民法典第164条第1款意义上的意思表示——对X牌的瓷砖——A是以被代理人的名义出现的（民法典第164条第1款和第2款）。此外，A还享有意定代理权（民法典第167条第1款）。E亦是通过A的代理（民法典第164条第3款）受领意思表示。E与V就X牌的瓷砖已经达成合意。

2. V对E的交付

在出让人已经持续性地不再保有占有，且受让人在出让人的促成之下（Veranlassung）至少已经取得间接占有的情况下，则应认为已完成民法典第929条第1款意义上的交付。因E从未直接接触瓷砖，交付行为只能是通过中间人A来完成。

（1）代理

对于交付，A不能以代理人的身份活动，因为代理的规则不适用于作为事实行为的交付。

（2）占有辅助

若A是E的占有辅助人，则通过使A取得对瓷砖的实际管领，亦可同时完成对E的交付（民法典第855条末尾）。在本案中，E可能已经成了瓷砖的占有人。A尽管取得了实际管领，却可能没有取得任何占有地位。

与他人间存在社会依赖关系且须服从他人命令者为占有辅助人。此处，A作为E的雇员与E之间存在社会依赖关系（in einem sozialen Abhängigkeitsverhältnis），在购买瓷砖时须服从E的命令。亦即，A在取得X牌的瓷砖时是E的占有辅助人，并使E取得了占有。此外，因V是在自己的促成之下丧失了任何形式的占有，故而民法典第929条第1款意义上的对E的交付已完成。

（3）中间结论

民法典第929条第1款意义上的交付已经完成。

3. 合意仍然存在

在交付之时，V与E（通过A的代理）就所有权转移所达成的合意仍然存在。

4. V的处分权

V作为所有人享有处分权。

5. 中间结论

E 根据民法典第 929 条第 1 款直接从 V 处取得了 X 牌瓷砖的所有权（直接取得，Direkterwerb）。

（二）民法典第 823 条第 1 款的其他条件

根据民法典第 823 条第 1 款的损害赔偿请求权的其他前提也已具备；尤其是 S 损害他人所有权的行为具有违法性和过错。

二、结论

E 可以根据民法典第 823 条第 1 款因瓷砖被摔碎请求损害赔偿。

案例变型一的解答

一、F 对 S 根据民法典第 823 条第 1 款的损害赔偿请求权

（一）受民法典第 823 条第 1 款保护的法益：F 的所有权

作为受民法典第 823 条第 1 款保护的法益只有所有权可以考虑。需要检验的是，F 是否已经取得了在 V 处购买的 Y 牌瓷砖的所有权。

1. F 与 V 的合意

A 可能是作为 F 的代理人实施行为的。然而 A 却并非以他人名义实施行为（参见民法典第 164 条第 1 款第 2 句，显名原则，Offenkundigkeitsprinzip）。A 既没有明确说明是为他人购买，也不能从买卖时的情境中看出 A 是为他人购买。

作为显名原则的例外，此处可能成立“轻名行为”（Geschäft für den, den es angeht）[1]。在以现金即时结清的日常行为中，通常情况下，对于交易

---

[1] 译者注：一般情况下，有效的代理行为需要满足显名原则（Offenkundigkeitsprinzip）。显名原则之目的在于保护合同的相对方，然而对于日常生活中以现金结清的交易（Bargeschäft des täglichen Lebens），合同相对方的利益已经获得充分保障，他也不关心到底是跟谁缔结的合同，已无保护之必要。因此，可对民法典第 164 条作目的性限缩，在这种情况下代理人实施法律行为时可不披露自己的代理人身份，此即德国的学说和实务所称之 Geschäft für den, den es angeht 或 Geschäft für wen es angeht。译者考虑到这类情形的具体情况，将其意译为“轻名行为”。

相对人来说，与谁缔结合同无关紧要。在这类案例中，若代理人未公开表明是代理，在代理的其他条件（作为代理人为第三人缔结法律行为的意思及代理权）已经具备的情况下（如本案），交易相对人亦可与第三人缔结法律行为。因为A是以现金方式结清了Y牌瓷砖的买卖，故V与F之间的合意已经达成。

2. 根据民法典第929条第1句由V向F交付

V须已将瓷砖交付给F。首先有疑问的是，F是否已经取得了占有。代理不能适用于事实行为［参见案例原型之“一、（一）2.（1）”］。

（1）F作为直接占有人（A的占有辅助）

若可将A视为F的占有辅助人，则在A获得对物的管领之后，F可能已经成了所有人。但是这里却缺少民法典第855条意义上的必要的社会性依赖关系。因此，只有A是直接占有人。

（2）F作为间接占有人（通过A的占有媒介）

在A取得直接占有之后，若F成了间接占有人，亦可完成向F的交付。只要受让人放弃了任何形式的占有，取得间接占有亦可满足民法典第929条第1句意义上的交付。若F与A之间订立了民法典第868条意义上的占有媒介关系，则F已取得间接占有。这首先需要一个足够具体的法律关系。此外尚需直接占有人意欲为上级占有人进行占有的意思（他主占有意思）。最后，需要上级占有人享有有效的（不一定非得到期）占有返还请求权。

此处，A与F已就A为F受领具体的瓷砖达成合意。作为基础的委托关系（民法典第662条）可以作为民法典第868条意义上的“类似的法律关系”，基于此可以产生民法典第667条的返还请求权。在获得事实上的管领之时，A亦有为F占有的意思。因此，F获得了对瓷砖的间接占有，V通过向A交付瓷砖也丧失了任何形式的占有。该占有移转亦是在V的促成下完成的。

（3）中间结论

因此，已完成民法典第929条第1句意义上的交付。

3. 合意仍然存在

在进行交付之时，F（通过A的代理）与V就所有权转移所达成的合意仍然存在。

4. V的处分权

V作为所有人享有处分权。

5. 中间结论

根据民法典第929条第1句，F自V处取得了Y牌瓷砖的所有权（直接取得）。

（二）根据民法典第823条第1款的其他条件

民法典第823条第1款规定的损害赔偿请求权的其他条件也已具备；尤其是S损害他人所有权的行为具有违法性和过错。

二、结论

F可以根据民法典第823条第1款向S请求因Y牌瓷砖被摔碎的损害赔偿。

案例变型二的解答

一、F对S根据民法典第823条第1款的损害赔偿请求权

根据民法典第823条第1款，F可能因其精美瓷砖被摔碎享有损害赔偿请求权。

（一）受民法典第823条第1款保护的法益：F的所有权

作为民法典第823条第1款意义上受法律保护的法益只有所有权可以考虑。需检验的是，F是否已经取得瓷砖所有权。

1. 根据民法典第929条第1句P向F的所有权让与

有疑问的是，在这种情况下，根据民法典第929条第1句是否可能由P对F直接完成所有权转让（直接取得）。

A并不是作为民法典第164条第1款意义上的代理人替F实施行为，因为他不是以他人的名义，而且不存在“轻名行为”（Geschäft für den, den es angeht）的情况：因为这些瓷砖非常贵重，交易已经不属于以现金方式即时结清的日常交易。此处构成所谓的“间接代理”。间接代理是指，实施行为者尽管是以自己的名义出现，但是却是为他人之利益计。总之，因欠缺民法典第929条第1句意义上的合意不能完成P对F的所有权转让。

2. F 自 A 处取得所有权

在事故发生之前或许所有权已经从 A 转移到 F。对此，首先 P 须将精美瓷砖的所有权转让给 A，然后再由 A 将所有权转让给 F。

（1）根据民法典第 929 条第 1 句 P 将所有权转让给 A

根据民法典第 929 条第 1 句，P 已经将所有权转让给 A：物权合意已经达成。此外，这些瓷砖也已经在 P 的促成之下被交付给了 A。P 作为所有人也享有处分权。

（2）根据民法典第 929 条第 1 句、第 930 条，A 将所有权转让给 F

① A 与 F 的合意

A 与 F 可以通过多种方式达成民法典第 929 条第 1 句的合意。可能性之一：双方已经预先达成合意（antizipierte Einigung），这意味着合意之达成在时间上早于交付。可能性之二：双方通过民法典第 181 条的自我交易（Insichgeschäft）达成合意，易言之，物权合意是由 A 作为 F 的代理人与自己达成的。允许实施自我交易的前提是，F 已经就这个问题向 A 进行过授权（民法典第 181 条前段）或该行为专为履行债务而存在（民法典第 181 条后段）。A 与 F 约定，A 为 F 取得瓷砖，故民法典第 181 条允许的两种情况可能均与本案相关。若认为 A 与 F 已达成预先的合意，则在 A 取得瓷砖之前 A 与 F 已经就后来的所有权移转达成了合意。相反，若认为成立自我交易，则先由 A 取得瓷砖所有权，然后，A 再作为 F 的代理人与自己［就所有权应移转给 F］达成了合意。

在具体个案中，双方究竟选择了哪一种形式的合意，取决于间接代理人能否自由决定让不让被代理人取得标的物的所有权。比如，存在数个潜在的受让人时，则应认为合意是通过自我交易达成的，这样的话，代理人在取得标的之后，还可以决定将所有权让与给何人。间接占有人也可能在取得所有权之后决定自己留下，若间接代理人对这种情况留有余地，同样应认为合意是通过自我交易达成的。

在本案中，被转让的瓷砖已经足够明确，且 A 亦无再作决定之余地，应认为已达成预先的合意。

②交付之替代

就像合意之达成存在两种可能性那样，根据民法典第 930 条约定占有改定的方式也可能有两种，即预先的占有改定（antizipiertes Besitzkonstitut）或者根据民法典第 181 条通过自我交易达成占有改定。有效的“自我改定”

（Insichkonstitut）常常将让与所有权的意思向外界表现出来。自我改定需要一个“实施行为”（Ausführungshandlung）。比如，通过作标记或特殊保管而完成（物权法公示原则的推论）。本案中，不存在这种行为。

与确定双方到底是预先达成合意还是通过自我改定达成合意时采纳的思路一样，我们可以立即得出，在间接代理人不能自由决定是否转让给他人时，应认为已达成预先的占有改定。预先的占有改定不需要实施行为，易言之，本案中双方达成的是预先的占有改定。

③在获得占有时合意仍然存在

交易双方在完成所有权取得的最后一个要件之时，移转所有权的合意须仍然存在。本案中，取得所有权的最后一个要件不是约定占有媒介关系，因为它已经被（预先）约定好了，而是（在 A 以他主占有意思取得直接占有之时）F 的间接占有之取得。此时，A 与 F 就所有权移转所达成的合意仍然存在。

④ A 的处分权

A 作为所有人也享有处分权。

3. 中间结论

根据民法典第 929 条第 1 句、第 930 条，F 自 A 处取得了精美瓷砖的所有权。自 P 处的所有权须先经过 A 的“过手取得”（Durchgangserwerb），易言之，F 不是直接自 P 处取得所有权，而是先由 A 取得所有权，F 再从 A 处取得所有权。

（二）民法典第 823 条第 1 款的其他条件

民法典第 823 条第 1 款的损害赔偿请求权的其他条件也已具备；尤其是 S 损害他人所有权的行为具有违法性和过错。

二、结论

因瓷砖被摔碎，F 可以根据民法典第 823 条第 1 款向 S 请求损害赔偿。

案例变型三的解答

一、F 的所有权取得

F 有可能通过三种方式取得所有权。

（一）以指令取得（Geheißerwerb）的方式取得所有权

在V自H处取得大理石瓷砖的所有权后，F可能已经自V处取得所有权。因此，从结果上来看，应该有两次所有权让与。

1. 根据民法典第929条第1句H向V让与所有权

V可能已经根据民法典第929条第1句通过所有权让与自H处取得了所有权。

（1）合意

V与H在缔结买卖合同的同时亦就所有权移转达成了合意。

（2）交付

H未对V进行交付。通过H向F进行交付，V没有取得任何形式的占有，因为F既不是V的占有媒介人也不是V的占有辅助人。在H与V的关系中，V是所有权的受让人；在V与F的关系中，F是V的被指令人。H根据V的指令将占有转让给了F，F因此而取得了占有。这种指令取得可以满足民法典第929条第1句对交付的要求。

（3）交付之时合意仍然存在

在交付之时，H与V就所有权移转所达成的合意仍然存在。

（4）处分权

H作为所有人享有处分权。

2. 根据民法典第929条第1句V向F让与所有权

F可能已经根据民法典第929条第1句通过让与自V处取得了所有权。

（1）合意

V与F在缔结买卖合同的同时亦已就所有权移转达成了合意。

（2）交付

按照V的指令，H将瓷砖直接交给了F，F通过这种方式取得了对瓷砖的直接占有。在V向F让与所有权的关系中，H是出让人V的被指令人。因此，应认为已对F完成了交付。

3. 中间结论

F的所有权取得的一种可能性如下：H根据民法典第929条第1款将瓷砖的所有权转让给V，随后再由V根据民法典第929条第1句将所有权转让给F。在第一次让与关系中，F被拟制为受让人V的被指令人，在第二次让与关系中，H被拟制为出让人V的被指令人。这样的话，就是“过手取得”。

（二）F 自 H 处根据民法典第 929 条第 1 款直接取得所有权

F 也有可能是根据民法典第 929 条第 1 款直接自 H 处取得瓷砖的所有权。对此需要 H 与 F 已就所有权移转达成合意、瓷砖已被交付、在交付之时合意的效力尚存且 H 有处分权。这样的话，就是直接取得。

（三）H 同意（民法典第 185 条第 1 款）V 实施处分行为，F 通过该处分行为取得所有权

也可以考虑 V 在自己不是所有人的情况下，根据民法典第 185 条第 1 款获得 H 的同意，将所有权转让给 F。在这种情况下 V 对 F 的交付也需要通过被指令人来完成，因为 V 自己不享有占有，必须以 H 作为出让人的被指令人。

（四）我们的立场

从生产商的送货行为中通常不能得出他有把所有权直接转让给最终客户的意思表示，这一点不支持 F 自 H 处直接取得所有权。生产商不知道分销商和客户之间是否有所有权保留的约定，或者客户接收货物仅仅是出于借用。在供应瓷砖的案子中，即便不考虑所有权保留和借用这两种可能的情形，H 也不知道 V 究竟为何指令他直接向 F 送货。

买卖双方的利益在于通过所有权让与来结清各自的债权债务关系，这一理由不支持 F 自 V 处通过 H 的同意（民法典第 185 条第 1 款）直接取得所有权。此外，因 H 并不知道 F 到底应否取得所有权，这同样不支持 H 已对［V 的］处分行为作出事先同意（Einwilligung）。

由于 V 未将向 F 送货的理由告知 H，故［将所有权转让的过程拟制为］先由 H 向 V 转让所有权，随后再由 V 向 F 转让所有权，这符合各方利益。

二、结论

F 根据民法典第 929 条第 1 句自 V 处取得了所有权，V 根据民法典第 929 条第 1 款自 H 处取得了所有权。这属于所谓的延长的交易（Streckengeschäft）或缩短送货过程（abgekürzte Lieferung）。

补充说明

关于案例原型之“一、(一)2.(2)”

占有辅助人与被指令人的区分：首先在于，被指令人与出让人或受让人之间不存在社会依赖关系（在占有辅助人的情况下存在），且无服从他人指示的义务。这在占有制度上的影响是：占有辅助人不是占有人，相反，被指令人自己就是或即将成为占有人。

出让人兼受让人（指案例中的 V 在两个法律关系中的不同角色）若假手被指令人 [完成交付]，则他自己并不是物权法意义上的占有人，而是——若被指令人依指示或指令行事——享有占有取得力（Besitzverschaffungsmacht）。这种占有取得力使民法典第 929 条第 1 句意义上的交付得以完成。

关于案例原型之“一、(一)4.”及案例变型一之“一、(一)4.”

根据交易惯例（参见案例五的补充说明），也可以认为 V 不享有所有权（V 从生产商或大的分销商处通过延长的所有权保留取得瓷砖）。这样的话，V 的处分权可以由民法典第 185 条第 1 款产生。

关于案例变型一之“一、(一)2.(2)”

须强调指出，如这部分答案所示，民法典第 929 条第 1 句意义上的交付亦可因受让人方面取得“纯粹的”间接占有而完成。具体有决定性意义的只有一项，即出让人方面要完全丧失任何形式的占有。仅在出让人保留占有地位的情况下需要考虑根据民法典第 929 条第 1 句和第 930 条的所有权让与。

此外，需要注意的是，在答案中的这个位置 [“一、(一)2.(2)”] 亦可检验“预先的”（因为已经事先完成）占有媒介关系（Besitzmittlungsverhältnis）。为与教科书[1]内容（§ 4 Rn. 38, 43f.）保持一致，预先的占有改定这一术语仅在依民法典第 929 条第 1 句和第 930 条的所有权让与中使用。

关于案例变型之“一、(一)2.”

亦可用其他检验顺序替代答案中的本部分内容：这样的话，可以在一开始就检验“A 根据民法典第 929 条第 1 句和民法典第 930 条的所有权取

[1] 译者注：指 Vieweg/Werner, Sachenrecht (2015), 7. Aufl., Vahlen.

得”，然后再在考点“A 的处分权”处（附带地）检验“A 自 P 处根据民法典第 929 条第 1 款的所有权取得”。

关于案例变型三之“一、（一）3.”

在所谓“延长的交易”（Streckengeschäften）中，所有权连环转让的各个环节都可以任意延伸，在这种情况下，由各环节的人来传达指令。

其他请求权基础

亦可根据其他规定主张损害赔偿请求权。此处特别应考虑根据《道路交通法（StVG）》第 7 条机动车保有人的危险责任以及根据《道路交通法》第 18 条结合第 7 条机动车驾驶人的过错推定责任。

所有权的状况应在《道路交通法》第 7 条的构成要件“受损人”中检验；在检验物的损害时，受损人至少可能是物的所有人，在某些情况下可以与占有人或他物权人并行检验。不能根据《道路交通法》第 8 条第 3 项来排除该请求权，因为该规定仅适用于致损车辆运输的物，而不适用于受损车辆运输的物。

案例八　所有权保留与一物二卖

案件事实

V将一台起重机租给了M，租期为15个月，月租金1000欧元。14个月后V把起重机卖给了K，并通过让与对M的返还请求权将所有权转让给了K。在租期届满后K向M请求返还起重机时，M提出异议，认为根据合同只有在V同时退还10000欧元押金时，他才有义务返还起重机。K认为，V与M之间的合同不关他的事。

K能否根据民法典第985条请求返还起重机？

案例来源及深入学习的提示

BGHZ 64, 122; BGH NJW-RR 1986, 282; *Seidel* JZ 1993, 180.

Vieweg/Werner SachenR § 4 Rn. 47 ff.; § 7 Rn. 23 f.; § 10 Rn. 4.

考点

- 民法典第929条、第931条的所有权转让（基础）
- 民法典第273条的留置权作为民法典第986条意义上的占有之本权（深化）
- 留置权作为民法典第404条意义上的抗辩（深化）
- 对于让与之后才到期的对待请求权（Gegenansprüche），是否适用民法典第406条（物权法之外的问题）

利益状况

K想取得起重机并且不受V与M约定的约束。相反，M关心的是，在取回押金之前——可以是从V处，也可以是从K处——留置起重机以资担保。

解答

一、根据民法典第 985 条，K 对 M 的返还请求权

根据民法典第 985 条，K 对 M 可能享有返还请求权。

（一）K 的所有权

对此，K 须已成为起重机的所有人。

1. V 与 K 根据民法典第 929 条第 1 句的合意

V 与 K 已经根据民法典第 929 条第 1 句达成合意。

2. 根据民法典第 929 条第 1 句、第 931 条的交付替代

V 将其根据民法典第 546 条第 1 款对 M 的返还请求权（不是民法典第 985 条的所有物返还请求权，该请求权不得单独转让！）已经按照民法典第 398 条第 1 句通过法律行为转让给了 K。虽然该返还请求权在租期届满后才可行使，但是转让未到期的返还请求权也可满足民法典第 931 条的要求。

3. V 的处分权

V 作为所有人享有处分权。

4. 结论

K 已成为起重机的所有人。

（二）M 的占有

M 是直接占有人。

（三）根据民法典第 986 条不享有占有之本权

根据民法典第 986 条第 1 款第 1 句情形一，基于 M 与 V 缔结的租赁合同，M 相对于 V 原则上为有权占有。根据民法典第 986 条第 2 款，M 也可以向 K 主张该本权。然而，随着租期届满，本权也随之终止。据此，M 无论是对 V 还是对 K 都不享有基于租赁合同的本权。根据民法典第 273 条，M 可能享有留置权，但是该留置权不能作为本权［对此参见案例五之“一、（五）2.（4）”］。

（四）M 对 K 根据民法典第 273 条结合类推适用民法典第 404 条、第 406 条的留置权

M 或许可以针对 K 的返还请求权主张根据民法典第 273 条第 1 款的留置权。

1. 完全有效且到期的对待请求权（Gegenanspruch）

随着租期届满，M 对 V 享有返还 10000 欧元押金的请求权。若将押金定性为非常规质权（irreguläres Pfandrecht），则押金退还请求权可类推适用民法典第 1223 条；此外，该请求权既可基于民法典第 700 条、第 488 条第 1 款第 2 句产生，也可基于对租赁合同的补充性解释（ergänzende Auslegung）产生。

2. 关联性

起重机的返还请求权和押金退还请求权基于相互关联且统一的生活关系，即 V 与 M 间的租赁关系。

3. 合同的双务性（Gegenseitigkeit）

（1）原则

在对待请求权的债务人为主债权的债权人（Gläubiger der Hauptforderung）的情况下（双务性），才可以主张民法典第 273 条第 1 款的留置权。

在返还请求权被让与之后，M 的债权人不再是 V，而是 K，而 M 的退还押金的请求权只针对 V，因此，此处欠缺合同的双务性。

（2）对双务性要求的例外：民法典第 404 条

民法典第 404 条对双务性要求作了例外规定。据此，对返还请求权的出让人可以主张的所有抗辩（Einwendungen），亦可对返还请求权的受让人主张。这些抗辩（Einwendungen）也包括民法典第 273 条的抗辩权（Einrede）。[1]

根据民法典第 404 条，抗辩须在让与之时即已存在。按照司法实务中的观点，若抗辩依其法律原因已经暗含（angelegt）在债务关系中，则原则上应认为已满足［民法典第 404 条的］要求。所以，此处可以考虑适用民法典第 404 条，因为押金的退还请求权已经暗含在租赁合同中。司法实务对留置权还有其他要求，即对待债权（Gegenforderung）在转让之时须已到

[1] 译者注：一般认为，民法典第 404 条包括了债务人所有的防御性权利，不仅包括狭义的抗辩，还包括抗辩权。Looschelders, Schuldrecht Allgemeiner Teil（2018），Vahlen S. 437 Rn. 36.

期。若对待债权后来才到期，对这个问题可以适用民法典第 406 条所确立的标准：对待请求权（Gegenanspruch）最晚也须与被让与债权同时到期。[1]

在本案中，M 的押金退还请求权与 K 的起重机返还请求权在租期届满同时到期。因此，可以适用民法典第 404 条的例外。

4. 结论

类推适用民法典第 404 条、第 406 条，M 可以在 V 主张返还［起重机］时，主张民法典第 273 条的留置权。

二、结论

只有在同时支付 10000 欧元押金时，K 才可以请求返还起重机。

[1] 译者注：即进行抵销的主动债权和被让与的债权均在债权让与之后才到期，主动债权的到期时间应该不迟于被动债权。民法典第 406 条的规定特别复杂，对这一条规定的详细解释，可参见 Looschelders，Schuldrecht Allgemeiner Teil（2018），Vahlen，S. 440 Rn. 45 ff.

案例九　所有权保留与中间处分

案件事实

7月19日上午，艺术收藏家K1在V的网店里发现一尊找了很久的名贵雕像。他立即电话联系V。K1与V约定，V将雕像卖给K1，总价24000欧元，分期付款每期6000欧元，四个月付完。V应立即将雕像发给K1，但是所有权在支付完最后一笔价款时才移转给K1。7月19日下午，V将雕像发给了K1。

7月26日，K2也在V的网店里发现了这尊雕像，并电话出价30000欧元。在此之前，V对K1的支付能力产生了怀疑，于是V决定将雕像出让给他觉得更有支付能力的K2。V与K2约定，每月支付10000欧元，在完全支付价款之后，所有权才移转给K2。V撒谎说，他还需要在橱窗中展出该雕像，等K2付款完毕后才能发货。K2表示同意，并将雕像借给了V。

后来K1和K2都按时支付了约定的价款。K2和K1分别在10月5日和11月4日支付了最后一笔价款。

谁是雕像的所有人？

案例变型

K1尚未支付最后一笔价款。K2在支付完最后一笔价款后能否请求K1返还雕像？

案例来源及深入学习的提示

Engelhardt JA 2013, 268; *Röthel* JURA 2009, 241; *J. Werner* JA 2009, 411.

Vieweg/Werner SachenR § 5 Rn. 49; § 7 Rn. 21; § 11 Rn. 41 f.

考点

- 根据民法典第 161 条，保护期待权人免因中间处分（Zwischenverfügung）受损（深化）
- 根据民法典第 936 条，善意无负担取得（Gutgläubiger lastenfreier Erwerb）（深化）
- 期待权作为占有之本权（深化）

利益状况

在案例原型中，取得雕像的所有权系 K1 和 K2 的利益之所在。在案例变型中，K2 关心的是，自己能否以所有人的身份请求返还雕像，相反，K1 却主张自己对雕像为有权占有。

案例原型的解答

一、雕像的所有权状况

最初，雕像的所有权属于 V。

（一）K1 通过 7 月 19 日的所有权让与取得所有权

在 7 月 19 日，V 可能已经根据民法典第 929 条第 1 句将雕像的所有权让与给了 K1。对此，V 与 K1 须已经根据民法典第 929 条第 1 句就所有权移转达成合意。

尽管 V 与 K1 已经就将雕像的所有权转让给 K1 达成了合意，但是 V 的意思表示却以完全支付价款为延缓条件（aufschiebende Bedingung），民法典第 158 条第 1 款（参见民法典第 449 条第 1 款）。该延缓条件在 7 月 19 日时尚未成就，这导致此时所有权尚未移转给 K1。

（二）K2 通过 7 月 26 日的所有权让与取得所有权

此外，在 7 月 26 日，V 可能已经根据民法典第 929 条第 1 句将雕像的所有权让与给了 K2。但是，此处达成的合意同样是以 K2 完全支付价款为延缓条件（民法典第 158 条第 1 款）。因在 7 月 26 日条件尚未成就，雕像的所有权肯定没有移转给 K2。

（三）K2通过在10月5日支付最后一笔价款取得所有权

然而，根据民法典第929条第1句，K2却可能在10月5日已经取得了所有权。支付最后一笔价款可能会促使此前附延缓条件的所有权让与生效。

1. 7月26日附延缓条件的所有权让与

（1）根据民法典第929条第1句、第158条第1款的物权合意

7月26日，V与K2已经就将雕像的所有权转让给K2达成了附延缓条件的物权合意。

（2）替代交付

因没有完成民法典第929条第1句意义上的交付，故需要进一步检验，交付是否已经根据民法典第930条被替代。对此，V须曾经占有雕像并与K2约定民法典第868条意义上的占有媒介关系。

①V的占有

V在与K2达成物权合意之时已经对雕像不再享有直接占有，因为他已经将雕像发给了K1。在民法典第930条的框架内，出让人享有的间接占有（民法典第868条）亦可满足要求。

因此，有疑问的是，V当时是否还是雕像的间接占有人。若V与K1之间存在具体的占有媒介关系、V根据此关系对K1享有返还请求权且K1有为V占有之意思的话，则应肯定V的间接占有人地位［对于占有媒介关系的一般条件，参见案例七的变型一之“一、（一）2.（2）”］。

V与K1约定了附所有权保留的买卖。根据司法实务对所有权保留的内容所为之具体化，所有权保留［的约定］可以作为民法典第868条意义上的占有媒介关系。原因在于，交易双方通常会约定，若之前约定的条件没有成就，所有权保留买卖的买受人应该将物返还给出让人。该附条件的返还请求权亦可满足建立占有媒介关系的要求。最后，K1自己也知道若不履行支付价款的义务，就必须返还雕像。因此，他主占有意思亦无疑问。因此，在7月26日，V仍是雕像的间接占有人。

②占有改定

V与K2须已约定了占有改定。对此，双方需要约定一个具体的占有媒介关系（民法典第868条），根据该关系K2对V享有返还请求权且V有为K2媒介占有的意思。

V与K2已经约定在完全支付价款之前，由V借用该雕像。尽管民法典

第 868 条列举的具体占有媒介关系不包括民法典第 598 条的借用，但是大家一般认为借用属于与租赁“类似的关系”（民法典第 868 条明确列举了租赁）。根据民法典第 604 条，K2 在未来可能享有返还请求权。亦应肯定 V 的他主占有意思，因为此时 V 还是雕像的间接占有人，并且从借用合同之缔结亦可得出他此后有为 K2 占有的意思。通过这样的方式，各方设立了多层级间接占有（民法典第 871 条）。

因此，应认为已经以民法典第 930 条的占有改定代替了交付。

（3）物权合意仍然存在

在约定占有改定时，V 与 K2 达成的物权合意仍然存在。

（4）处分权

最后，V 在作出处分之时必须享有处分权。7 月 26 日，V 仍是雕像的所有人，因此享有处分权。V——默示地——对 K1 负有不得继续出让雕像之义务，但这不妨碍物权法上的处分权（民法典第 137 条第 1 句）。

（5）中间结论

有效的附延缓条件的所有权让与已经完成。

2. 10 月 5 日的条件成就

10 月 5 日，K2 支付了最后一笔价款。K2 因条件成就成了雕像的所有人。

（四）K1 通过在 11 月 4 日支付最后一笔价款取得所有权

根据民法典第 161 条第 1 款，K1 在 11 月 4 日支付最后一笔价款后，可能会使 K2 的所有权取得归于无效。其提前是，K2 的所有权取得属于“中间处分”，并妨碍了 K1 取得完整权；本案中，该前提已经具备。此外，尚需 K1 已经通过附延缓条件的所有权让与取得期待权、延缓条件已成就并且仍具备取得完整权的可能性。

1. 7 月 19 日，取得期待权

取得期待权的过程如下：权利之取得须满足若干条件，若获得满足的条件已经足够多，以至出让人已经不能单方面阻止受让人取得完整权（Vollrechtserwerb），从而导致权利的取得仅取决于权利受让人的行为。本案中，V 与 K1 在 7 月 19 日已经根据民法典第 929 条第 1 句、第 158 条第 1 款就所有权之让与达成附延缓条件的物权合意。雕像已被交付给了 K1。在交付之时 V 与 K1 的合意仍然存在。此外，V 也享有处分权。因此，对于完整权之取得而言，所欠缺者仅条件之成就。K1 只需要支付全部价款就可以了，故而，V 已不能单方面阻止条件的成就。因此，K1 在 7 月 19 日已取得期待权。

2. 条件成就

K1 在 11 月 4 日支付了最后一笔价款，[取得所有权的] 条件因此而成就。但是，K2 此时却已经成了所有人 [参见上文之 "一、(三)"]。然而，根据民法典第 161 条第 1 款第 1 句，若在效力未定期间作出的中间处分（Zwischenverfügung）会损害他人之权利取得，则该中间处分在 [他人取得权利的] 条件成就时无效。对 K2 的所有权让与原则上应为无效，这样的话，K1 在 11 月 4 日可能已经成了所有人。

3. K1 的完整权取得之排除

（1）向 K2 附延缓条件的所有权转让对 K1 的影响

自 7 月 26 日起，基于附延缓条件的所有权让与，K2 对雕像同样享有期待权。K1 的期待权早于 K2，根据优先原则（Prioritätsprinzip，民法典第 185 条推论）K1 的优先于 K2 的。

（2）K1 的期待权未因 K2 的无负担取得而归于消灭（Wegerwerb）

在 K2 支付最后一笔价款时，K1 的期待权仍然存在。然而，在本案中，K2 可能已经在 7 月 26 日根据民法典第 161 条第 3 款、第 936 条第 1 款第 3 句因善意而取得了无权利负担的期待权进而使 K1 期待权被 "排除"，因此，K1 的期待权可能已经消灭。

7 月 26 日，K2 可能已经根据民法典第 929 条第 1 句、第 930 条通过附延缓条件的所有权让与自 V 处取得期待权 [参见上文之 "一、(三)"]；此外，尚须具备民法典第 161 条第 3 款、第 936 条第 1 款第 3 句的特殊条件。

①交易行为[1]

使 K2 取得期待权的法律行为属于交易行为。

②非脱手物

若雕像对其权利人来说为脱手物，会排除善意无负担取得（类推适用民法典第 161 条第 3 款、第 935 条）。本案中，K1 仍然对雕像享有占有，雕像对 K1 来说不是脱手物。

---

[1] 译者注：德国民法中善意取得的条件之一为 "交易行为"，要求交易双方在经济上非属同一主体。

③民法典第 936 条第 1 款第 3 句意义上的占有取得

本案中，K2 的期待权之取得是通过占有改定（民法典第 930 条）完成的。因此，根据民法典第 936 条第 1 款第 3 句，K2 须基于占有转让取得对雕像的占有。[按照现在的通说，第 936 条第 1 款第 3 句] 要求完成民法典第 929 条第 1 句意义上的交付，这与条文的文句相左，提高了对受让人之占有的要求。[1]此外，还可以 [民法典第 930 条] 与民法典第 933 条为互相平行的规定为由，证明上述观点：若善意取得完整权需要交付，则并无理由认为应该对根据民法典第 936 条第 1 款第 3 句的善意无负担取得降低要求。因此，K2 基于 V 的促成至少应已成为间接占有人，同时，V 必须已经放弃了对雕像的任何形式的占有。

本案中，尽管 V 已使 K2 取得了雕像的间接占有 [参见上文之"一、(三) 1.（2）"]，V 自己却也还保留着间接占有（民法典第 871 条）。

K2 因未取得符合要求的占有，未能善意无负担取得期待权。

（3）中间结论

因此，K1 的期待权继续存在。K1 在 11 月 4 日支付最后一笔价款，这导致了 K2 的所有权取得自 K1 支付完毕时起[2]无效。

二、结论

K1 是雕像的所有人。

案例变型的解答

一、根据民法典第 985 条 K2 对 K1 的雕像返还请求权

K2 对 K1 根据民法典第 985 条可能享有雕像返还请求权。

（一）所有权

K2 因在 10 月 5 日支付了最后一笔价款而成了雕像的所有人 [参见上

[1] 译者注：即按条文文句，受让人只需要"取得占有"即可，占有之来源在所不问。现在通说认为，这可能是《（德国）民法典》起草者犯下的一个错误，应对"取得占有"作目的性限缩，要求受让人之占有系自出让人处取得。参见 MünchKommBGB/Oechsler（2017），§ 936 Rn. 8.

[2] 译者注："自 K1 支付完毕时起"的原文为"ex nunc"，意为"自现在起"。

文案例原型之“一、(三)”]。K1尚未支付最后一笔价款，[故而K2已经取得所有权的情况]不受民法典第161条第1款的影响。

(二)占有

K1也是雕像的直接占有人。

(三)无占有之本权

1. 根据民法典第961条第1款的占有之本权

(1)相对的占有之本权

占有本权首先可能产生自V与K1之间所缔结的买卖合同。

根据债的相对性原理，基于V与K1的买卖合同，K1不能直接享有可对抗K2的占有本权(民法典第986条第1款第1句情形一)。

然而K1却可能对K2享有继受的占有本权(abgeleitetes Besitzrecht)(民法典第961条第1款第1句情形二)。对此，在与V的关系中,K1须享有占有本权，并且V相对于K2同时亦应享有占有本权。此外，在与K2的关系中，V须有权将雕像转交(Weitergabe)给K1(所谓的“占有连锁”，Besitzrechtsbrücke[1]；对该问题的详细介绍参见案例二十八的补充说明)。

本案中，在与V的关系中，K1享有基于买卖合同的占有本权。在与K2的关系中，V根据与K2的借用合同也享有占有本权。然而，在与K2的关系中，V却无权将雕像转交给他人(K1)。没有明确约定的话，根据民法典第603条第2句借用人无权将物交与他人。

因此，K1相对于K2不享有继受的占有本权。

(2)期待权作为绝对的占有本权

但是，相对于K2，K1根据其期待权却有可能对雕像享有占有本权。

①期待权之存在

对此，K1首先须对雕像享有期待权。通过7月19日附延缓条件的所有权让与，K1取得了期待权，该期待权未因K2在7月26日之善意无负

---

[1] Besitzrechtsbrücke，在德语文献中亦有其他称谓，如Besitzkette，Besitzrechtskette，abgeleitetes Besitzrecht，weitergeleitetes Besitzrecht，等等，中文文献一般称其为“占有连锁”(Besitzkette)。参见，蔡明诚：《占有连锁原理于物权与债权交错领域之民法适用问题》，载《月旦法学杂志》2014年第233期，第6—7页。

担取得而消灭（民法典第 929 条第 1 句、第 930 条、第 158 条第 1 款、第 936 条第 1 款第 3 句）[参见上文案例原型之“一、（四）1.（2）”]。

②期待权作为占有本权

然而，期待权是否可以赋予 [权利人] 占有本权，却有争议。

有观点认为应肯定之，因为，期待权系“与完整权（所有权）本质相同的缩型”（ein wesensgleiches Minus zum Vollrecht Eigentum），对物的占有本权也已自所有人转移给了期待权人。根据该观点，本案中 K1 享有基于期待权的占有本权。

另有观点认为，基于期待权不能产生占有本权。其理由为，期待权仅仅是完整权（所有权）的前一阶段，不能产生占有本权。而且，亦无必要对期待权人进行特殊保护，因为他可以自己决定是否继续支付余款并让自己取得所有权。根据该观点，本案中 K1 不享有基于期待权的占有本权。然而，若最后一笔价款支付在即，期待权人却可以援引民法典第 242 条对抗返还请求权，因为，主张自己取得之后须立即再次返还的内容（etwas heraus zu verlangen，das umgehend zurückzugeben）属于权利滥用。在即将支付最后一笔价金之时，K1 可以援引民法典第 242 条对抗民法典第 985 条的请求权。

并无必要对该争议下定论，因为两种观点殊途同归，即 K1 相对于 K2 享有占有本权。

2. 类推适用民法典第 986 条第 2 款的占有本权

最后可以考虑的是，若可将民法典第 986 条第 2 款类推适用于二次转让（民法典第 929 条第 1 句、第 930 条），则 K1 也可向 K2 主张其对 V 享有的抗辩。

在根据民法典第 929 条第 1 句和第 930 条进行处分时，不存在与民法典第 986 条第 2 款类似的规定。此处存在违背立法计划的规则漏洞。民法典第 986 条第 2 款的目的在于，保护享有相对的占有本权者，使其免受因自己未参与的再次转让带来的损失；这一思想同样适用于根据民法典第 929 条第 1 句、第 930 条的所有权转让，因为在这种情况下，[物被再次转让] 也不需要直接占有人的配合。因此，两种情况下的利益状况相似。故而，在根据民法典第 929 条第 1 句、第 930 条转让所有权时，可类推适用民法典第 986 条第 2 款。

本案中，V 根据民法典第 929 条第 1 句、第 930 条将雕像再次转让给了 K2，这不需要直接占有人 K1 的配合。因此，本案中，类推适用民法典

第 986 条第 2 款，K1 可以向 K2 主张其对 V 享有的抗辩。K1 基于买卖合同享有相对于 V 的占有本权，可以以该权利向 K2 进行抗辩。

二、结论

K1 享有相对于 K2 的占有本权，因此 K2 不能根据民法典第 985 条请求返还雕像。

补充说明

关于案例原型之“一、(一)”

能否根据出让人与受让人的物权合意得出双方约定了所有权保留，应以民法典第 449 条第 1 款为准。根据民法典第 449 条第 1 款可推定，在债法层面上（亦即在买卖合同中）约定的所有权保留也应在物权法层面产生影响。然而，该规定只在“有疑义的”情况下适用，因此，若案情提到了附延缓条件的“所有权让与”(übereignung)，则无须再考虑民法典第 449 条第 1 款——大家容易忽视这一点。然而，若只提及附条件“出卖”(Verkauf)，则应考虑民法典第 449 条第 1 款。一般交易条款相互冲突的特例，参见案例二十四。

关于案例原型之“一、(四) 3. (1)”

根据优先原则，较早作出的处分行为仍然有效，并优先于后来的处分。[优先原则的] 思想也来自民法典第 185 条第 2 款。

关于案例原型之“一、(四) 3. (2)”

对参引民法典第 161 条第 3 款的理由存有争议。部分人认为，由于期待权与所有权上的负担具有相似性，参引的条文限于民法典第 935 条和第 936 条。另有观点以民法典第 161 条第 3 款的文句为依据，认为应适用所有涉及善意保护的条文，即民法典第 932 条至第 936 条。在民法典第 934 条情形一与民法典第 936 条第 3 款的关系问题上，后一种观点认为民法典第 936 条优先，以保护享有占有的权利人(即期待权人)。深入的探讨参见：Röthel JURA 2009, 241; J. Werner JA 2009, 411.

关于案例原型之“一、(四) 3. (2)”

K2 善意地不知 K1 待权之存在（类推民法典第 161 条第 3 款、第 936

条第 2 款、第 932 条第 2 款），此处无须加以讨论，根据绝对通说，受让人直到完成无负担取得，全程均不得为恶意。因此，在民法典第 161 条第 3 款、第 936 条第 1 款第 3 句的情况下，应以交付的时间为准，判断 K2 是否为善意。但是，本案中没有完成对 K2 的交付（民法典第 929 条第 1 句）。

关于案例变型之“一、（三）1.（2）①”

在这种情况下若考虑民法典第 161 条第 3 款，会犯错误。若条件未成就，那么就不涉及民法典第 161 条第 3 款的问题！不能通过参引民法典第 161 条第 3 款来（类推）适用民法典第 936 条；之所以类推适用民法典第 936 条，是因为期待权与民法典第 936 条中所有权上的负担具有相似性。

案例十　自表见被指令人处善意取得

案件事实

B雇M作为缔结合同的代理人，推销B生产的男士衬衫。M以自己的名义将10000件男士衬衫卖给了K，许诺立即发货并要求提前支付价款。后来，M通知B，向K发送10000件衬衫。B发货之后请求付款时，K告诉B，已经将衬衫的价款支付给了合同相对人M，因为他是跟M签订的买卖合同。由于不久前启动了对［K的］企业财产的破产程序，K已经没有能力再次向B支付。当B为此去找M算账时，M已经偷偷去南美洲了。由于衬衫还在K的仓库中，B想知道，他是否可以向K的破产管理人I请求返还衬衫，或者他是否还享有其他请求权。

案例来源及深入学习的提示

BGHZ 36，56；BGH NJW 1974，1132；*Gursky* Klausurenkurs SachenR，Rn. 106 ff.；*Wilhelm* SachenR，Rn. 930；*Gomille* JURA 2013，711；*Wieling* JZ 1977，291. *Vieweg/Werner* SachenR § 5 Rn. 18.

考点

- 从表见被指令人处取得所有权（常考知识）
- 善意取得后的不当得利请求权（常考知识）

难点

涉及不当得利法

利益状况

K及破产之后的破产债权人关心的是，K是否已成为衬衫的所有人，因为K已经向M支付了价金。相反，B却想将衬衫取回，因为M未将出卖衬衫所得价款交给他。若B仍是衬衫的所有人，他可以享有破产取回权（破产法第47条），因此，B对此特别关心。

解答

一、B对I根据破产法第47条第2句结合民法典第985条的衬衫返还请求权

若衬衫因某项物权或个人权利（破产法第47条）而不属于破产财产（破产法第35条），则B可以向I请求取回及返还衬衫。特别是若B仍为衬衫的所有人，则可以根据破产法第47条第2句结合民法典第985条请求返还。

（一）B的所有权

B本来是衬衫的所有人。然而，B却可能因已将衬衫发送给K而丧失了所有权。

1. 根据民法典第929条第1句B与K缔结的处分行为

将衬衫发送给K的行为或许可以被认为是B欲达成物权合意（民法典第929条第1句）的默示的要约。这也符合K的观念，他会认为［在发货之前］物权合意尚未达成（民法典第133条）。然而，［上述结论并不妥当，因为在］解释物权合意的意思表示时，亦应以客观受领人的视角为准（民法典第133条、第157条）。假定客观第三人处在K的位置，他会如何理解送货行为，这一点至关重要。K认为，其合同相对人是以自己名义实施行为的M。若以此为准，K应认为物权合意已经达成，并且B不过是M的传达人（Bote），传达的内容是缔结物权合意之意思表示，或B是以M代理人的身份实施行为。相反，K绝无理由认为，发货行为是B以自己名义作出的要约。因此，B与K未达成合意。

2. 根据民法典第929条第1句M与K缔结的处分行为

M与K缔结的处分行为可对B发生效力，则B可能已因此丧失了衬衫所有权。

（1）合意

至迟在向K发送衬衫时，M与K已经就所有权移转达成了默示的物

权合意［最晚可以在这个时候认为送货行为是 M 的意思表示，参见上文“一、（一）1.”］。K 在接收衬衫时作出的接受缔结物权合意之要约的承诺，根据民法典第 151 条第 1 句，不需要到达。

（2）交付

若出让人持续地不再保留任何占有、受让人至少已取得间接占有并且受让人占有之取得系因出让人之促成，则已完成民法典第 929 条第 1 句意义上的交付。

通过 B 的送货，K 取得了对衬衫的直接占有。有疑问的是，该占有取得是否因出让人之促成而发生。此处的占有转让并不是 M 亲自完成的（K 认为 M 是出让人），而是通过 B。大家都认为，在交付时可以引入第三人，该第三人不仅可以是占有媒介人（民法典第 930 条、第 868 条），也可以是被指令人（Geheißperson，对该问题的深入探讨，参见案例七）。本案中，B 并不是服从 M 的指令，之所以向 K 送货，是因为他自己想把衬衫的所有权和占有转让给 K。从客观受领人的角度来看，却可以认为 B 是按照他人之指令送货，在这种情况下，至少可以认为 B 是所谓的“表见被指令人”（Scheingeheißperson）。

通过表见被指令人完成的交付是否亦足以完成民法典第 929 条第 1 句的所有权取得，似有疑问。

有文献指出，第三人在事实上服从出让人的指令并因此“证明”出让人才是物的真正的主人的情况，可以说明指令取得具有内在合理性（所谓的“服从理论”，Unterwerfungstheorie）。然而，对于表见指令（Scheingeheiß）却难谓被指令人“服从”指令。

司法实务认为，通过表见被指令人完成的交付也可满足要求。法律交往的实际需求以及保护受领人的必要性，均支持司法实务的立场。对占有之转让与取得的解释，亦应以客观受领人的视角为准，这与意思表示之解释并无二致。因此，对于表见被指令人实际上并未服从出让人指令的情况，只有受让人在客观上能识别出被指令人“已服从指令”时，才有必要考虑。从 K 的角度来看，交付是在 M 的指令之下完成的。若采纳司法实务的立场，则本案中的交付已经完成。

（3）合意仍然存在

双方在交付之时，所有权移转的合意仍然存在。

（4）处分权

M 并非所有人，且 M 作为代理人亦非基于 B 的同意（民法典第 185 条）实施行为，因此，M 不享有处分权。因此，不可能自权利人 M 处取得所有权。

3. 通过非权利人 M 的处分，K 根据民法典第 929 条第 1 句、第 932 条第 1 款第 1 句的善意取得

K 可能已根据民法典第 929 条第 1 句、第 932 条第 1 款第 1 句善意取得所有权。

（1）法律行为属于交易行为（Verkehrsgeschäft）

毫无疑问，本案中的法律行为属于交易行为。受让人方面至少有一人实施行为，而且该人无论从法律的角度还是从经济的角度均不属于出让人方面。

（2）出让人的权利外观

M 对衬衫从未享有过占有。表见被指令人完成交付的行为亦可充当权利外观载体（Rechtsscheinträger），可以考虑之。

有人认为，只有服从他人确实存在的指令才足以产生民法典第 932 条第 1 款第 1 句所需的权利外观。然而，司法实务却认为，若从受让人的角度可将第三人之交付视为出让人之给付（Leistung）的话，则亦可满足民法典第 932 条第 1 款第 1 句的要求。此外，从保护交易并因此而保护受让人的角度来看，上述看法亦属恰当。即便受让人不了解权利外观之情事，亦不会影响权利外观之存在。

（3）K 的善意

从 K 的角度来看，B 之所以送货，系因服从 M 的指令。因此，K 可以认为，M 享有所有权并因此而享有处分权。

（4）衬衫非脱手物；民法典第 935 条

在不知情的情况下被视为表见被指令人，这对 B 自愿交付衬衫不产生影响。对 B 来说，衬衫并非脱手物，因为，放弃直接占有是出于 B 的自然意思（natürlicher Wille）。

（二）结论

通过 M 的处分，K 根据民法典第 929 条第 1 句、第 932 条第 1 款第 1 句取得了衬衫的所有权。B 不享有衬衫所有权，因此，B 对 I 不享有衬衫返还请求权（破产法第 47 条第 2 句结合民法典第 985 条）。

二、基于民法典第 812 条第 1 款第 1 句情形一的请求权

B 对 I 可能享有基于不当得利的衬衫返还请求权。然而，不当得利请求权属于以获得给付为内容的债权请求权（schuldrechtlicher Verschaffungsanspruch），并不能使［权利人］取得破产法第 47 条意义上的取回权，它仅仅是对破产财产的一项债权。根据破产法第 38 条、第 45 条第 1 句，该债权之实现只能通过金钱补偿。

民法典第 812 条第 1 款第 1 句情形一的请求权的前提是，K 无法律上的原因通过 B 的给付而获得利益。

K 获得了衬衫的所有权和占有。发送衬衫的行为属于有意识、有目的地增加他人之财产，因此属于民法典第 812 条第 1 款第 1 句情形一意义上的给付。然而，这一给付须为 B 的给付［，这样的话，B 才可以主张不当得利返还］。给付关系及给付人之确定应以客观受领人的视角为准。本案中，K 以为是他的合同相对人 M 促成了发送衬衫。因此，从 K 的视角来看，给付人是 M 而非 B。

B 的给付不成立，故基于民法典第 812 条第 1 款第 1 句情形一的请求权不成立。

三、基于民法典第 812 条第 1 款第 1 句情形二的请求权

由于 K 是“以其他方式”（in sonstiger Weise）取得衬衫的所有权和占有的，可以考虑 B 基于民法典第 812 条第 1 款第 1 句情形二的请求权。

（一）侵害型不当得利的辅助性（Subsidiarität）

因给付关系（Leistungsverhältnis）优先，侵害型不当得利可能已经被排除。据此，只有在受领人非因“给付”取得不当利益时，才应考虑“以其他方式”取得不当利益的情况。然而，本案中，通过 M 的给付，衬衫被“给与”K[1]（对此，亦应以客观受领人视角为准）。

民法典第 816 条第 1 款第 1 句的价值取向支持上述结论：根据这一规定，因他人之善意取得而丧失物权者，对无权处分人享有请求权，对受让人则不享有。只有在无偿处分的情况下，才考虑民法典第 816 条第 1 款第

[1] 译者注：原文：Hier sind K die Hemden jedoch durch Leistung des M zugewendet worden.

2 句的例外规定。亦即，原则上，原所有人不能向善意受让人主张不当得利请求权，而是应该找无权处分人。

（二）结论

因给付关系优先，B 不享有侵害型不当得利请求权。

四、最终结论

B 既不能根据民法典第 985 条向 I 请求返还衬衫，也不享有基于民法典第 812 条的请求权（亦即，破产债权）。B 应该去找处分人 M：他可能仍享有根据民法典第 816 条第 1 款第 1 句的不当得利请求权。因 M 已经偷偷去了南美洲，这项对 M 的不当得利请求权实际上可能已经没有什么价值了，但是根据法律的价值取向不应该加重 K 的负担。

补充说明

关于“一、（一）3.（2）”

完成民法典第 929 条第 1 句规定的交付，即可表明存在权利外观，因此，在按照民法典第 929 条第 1 句、第 932 条第 1 款第 1 句［转让所有权的］一般情况下，并无必要再单独检验权利外观载体。但是，在表见被指令人配合之下取得所有权时，[1] 民法典第 932 条第 1 款第 1 句具有独立意义。

---

[1] 译者注：原文“durch Verfügung einer Scheingeheißperson”有误，因为作出处分的是 M，不是表见被指令人 B。经与原作者沟通，将“durch Verfügung einer Scheingeheißperson”（通过表见被指令人之处分）改为“unter Mitwirkung einer Scheingeheißperson”（在表见被指令人配合之下）。

案例十一　连环转让中的所有权保留、让与担保与善意取得

案件事实

V以附所有权保留的方式将一台铣床卖给了K。不久后，K将铣床之所有权转让给D以资担保，K与D约定，由K继续使用该铣床。不久后，D又把对K的合同权利有偿转让给了E。此外，D指令K以后替E占有该铣床。后来，V得知他对K的价金债权一直没有完全得到清偿，并把全部情况都告知了E。E坚持认为自己已经取得了铣床的所有权，并让K将机床交付给了自己。现在，V向E请求返还铣床。

可否？

案例来源及深入学习的提示

BGHZ 50, 45; BGH NJW 1978, 696; *Gursky* Klausurenkurs SachenR Rn. 124 ff.; *Medicus/Petersen* BürgerlR Rn. 559 ff.; *Picker* AcP 188（1988）, 511.

Vieweg/Werner SachenR § 2 Rn. 39 ff.; § 5 Rn. 21 f.

考点

- 所有权保留（基础）
- 根据民法典第933条和第934条的善意取得（基础）
- 失败的让与担保对担保约定的影响（基础）
- 并存占有（深化）
- 对民法典第934条情形一作目的性限缩（常考知识）

利益状况

V关心的是，能否继续享有铣床的所有权，因为他还没有完全得到对待给付。同样，E关心自己是否已经成了所有人，因为他已经为取得铣床向K支付了价金。

解答

一、根据法民法典第985条V对E的铣床返还请求权

若V是铣床的所有人，他可以根据民法典第985条向E请求返还。起初V是所有人。

（一）根据民法典第929条第1句，V丧失所有权，K取得所有权

由于V与K明确约定了所有权保留，V未丧失所有权，K亦未取得之。二者的物权合意以完全支付价金为延缓条件；至少可以根据民法典第449条第1款推定，物权合意附有延缓条件。由于K未完全支付价金，物权合意因条件未成就尚未生效。

（二）因K与D根据民法典第929条第1句、第930条达成的让与担保，导致V丧失所有权

然而，因K与D约定的让与担保，K可能已经丧失了所有权。对此，D须已自K处取得了所有权。D与K已经根据民法典第929条第1句达成物权合意。但是K对D未完成民法典第929条第1句意义上的交付：K未彻底放弃对铣床的占有，而是继续依约定使用铣床。K一直是铣床的直接占有人。

然而，K可以根据民法典第930条通过约定占有媒介关系（民法典第868条）来替代交付。占有媒介关系的基础是K与D的担保约定，据此K获许继续使用铣床，直到D为满足债权而请求返还。K也有为D占有铣床的意思，亦即K有他主占有意思。因此，已经具备根据民法典第930条、第868条进行替代交付的条件。

用以替代交付的占有媒介关系生效之时，K与D之间仍存在移转所有权的合意。

因 K 尚未成为铣床的所有人，不能以权利人的身份对铣床进行处分。因此，V 未因 K 与 D 之间根据民法典第 929 条第 1 句、第 930 条的所有权让与而丧失所有权。

（三）根据民法典第 929 条第 1 句、第 930 条、第 933 条，因 K 的处分行为，D 善意取得所有权，而导致 V 丧失所有权

若因非权利人 K 处分铣床，D 已善意取得铣床的所有权，则 K 可能已经丧失了对铣床的所有权。根据民法典第 933 条的善意取得却要求出让人向受让人完成了民法典第 929 条第 1 句意义上的交付。本案中，因 K 依约定继续直接占有铣床，而未完成民法典第 929 条第 1 句意义上的交付。因此，K 未完全放弃对铣床的占有。

因此，V 也未因 D 善意取得而丧失所有权。

（四）因 D 根据民法典第 929 条第 1 句、第 931 条向 E 让与所有权，导致 V 丧失所有权

因 D 向 E 处分铣床，V 可能已经丧失了所有权。

D 与 E 就所有权移转已经达成合意。然而，双方却未完成民法典第 929 条第 1 句意义上的交付。出让人仅转让间接占有不足以完成民法典第 929 条第 1 句意义上的交付。反推民法典第 931 条，可得出上述结论。就此而言，可以考虑的就只剩根据民法典第 929 条第 1 句、第 931 条的所有权让与了。不管是否已经具备其他条件，因 D 不享有处分权［，这已足以导致其不能依民法典第 929 条第 1 句、第 931 条完成所有权让与］。E 未成为铣床的所有人［参见上文之“一、（二）和（三）”］。

因 D 与 E 未能完成根据民法典第 929 条第 1 句、第 931 条的所有权让与，故 V 未丧失铣床的所有权。

（五）因 D 根据民法典第 929 条第 1 句、第 931 条、第 934 条情形一向 E 让与所有权，导致 V 丧失所有权

但是，D 可能已经根据民法典第 929 条第 1 句、第 931 条、第 934 条情形一自 D 处善意取得了铣床的所有权。物权合意已经达成［参见上文之“一、（四）”］。此外，D 与 E 已经根据民法典第 398 条就让与对铣床的基于担保合同的返还请求权达成合意。因此，可能已经完成根据民法

典第 931 条的替代交付。此外，K 是在为 D 媒介占有［参见上文之“一、（二）”］，因此 D 可能已经成了民法典第 934 条情形一意义上的间接占有人。

1. 返还请求权之存在

首先，被让与的返还请求权必须实际存在。本案中，基于让与担保时［K 与 D］约定的占有媒介关系，D 可以享有返还请求权。文献中有观点认为，若［K 与 D 的］让与担保失败［在本案中，参见上文之“一、（二）和（三）”］，那么，根据民法典第 139 条，占有媒介关系作为所有权转让过程的一环，亦应无效。不能自直接占有人处（本案中的 K）取得所有权，却能根据民法典第 934 条情形一通过让与返还请求权自间接占有人处（本案中的 D）取得所有权，有失公正。

但是该观点却为绝大多数人所否定，这是正确的。民法典第 139 条针对的是法律行为无效，而非法律行为未能完全得到其所欲之结果。

此外，在不能取得所有权的情况下，若至少能取得对所有权的期待权，亦符合担保权人（本案中的 D）利益：因 V 向 K 让与所有权时附了延缓条件［参见上文“一、（一）”］，K 已经取得期待权，而期待权同样可以转让给第三人用于担保［参见案例二十二，案例原型之“一、（一）2.（2）”］。至少，K 与 D 有让与该期待权的意思（对此参见补充说明）。期待权之让与参照让与完整权的规定（本案中是类推民法典第 929 条第 1 句、第 930 条），故期待权之让与同样需要有效的占有媒介关系。

因此，失败的让与担保，不影响 K 与 D 间的占有媒介关系。因此存在可资让与的返还请求权。

2. 并存占有（Nebenbesitz）的问题

因 K 同时为 V 与 D 媒介铣床之占有，可能会导致无法适用民法典第 934 条情形一：

在所有权保留的情况下，出让人与受让人之间存在权利义务明确且足够具体的法律关系。另外，买受人的权限是以买卖合同继续存在为条件（民法典第 449 条第 2 款），因此，买受人只是暂时（auf Zeit）有权利占有。据此，出让人享有（附条件的）返还请求权。买受人也有他主占有意思。就此而言，根据民法典第 868 条，出让人 V 为间接占有人。

此外，基于让与担保 K 与 D 之间也存在占有媒介关系［参见上文“一、（二）”］。

（1）并存占有理论

文献中有观点认为，如在本案中，若占有媒介人 K 之行为在客观上看有多重意思，则 V 与 D 的间接占有处于同一层级（并存占有人）。但是，对于根据民法典第 934 条情形一的善意取得，让与间接并存占有（mittelbaren Nebenbesitz）并不能满足要求。若受让人与物的“距离”，不比所有人与物的“距离”更近的话，则受让人不能因非权利人的处分取得所有权。

（2）并存占有否定说

绝对多数观点认为，并存占有不可能成立。在占有媒介人 K 意欲为受让人 D 媒介占有之时，所有人 V 的间接占有自动终止。此时，不能成立并存占有。因任何人都不可能同时有为两个人媒介占有的意思，[1] 并存占有的概念实乃臆造的产物。因此，德国联邦最高法院为维护占有地位归属的明确性，否定并存占有。

3. 是否对民法典第 934 条情形一进行目的性限缩

部分人认为，应该对民法典第 934 条情形一作目的性限缩，即在所有人将物委托给他人（亦即本案中的 K）的情况下，自受托人处根据民法典第 934 条情形一善意取得时，需要满足额外的条件——受托人 K 已彻底放弃占有。不然的话，在民法典第 933 条与民法典第 934 条情形一之间将会存在价值冲突：尽管在这两种情形下 K 都一直是直接占有人，然而，一方面，根据民法典第 933 条，使受让人取得间接占有不能满足权利外观的要求，另一方面，根据民法典第 934 条情形一的文句，却又可以满足。在权利人将物委托给他人，受让人自受托人处取得物之后，亦将物留在受托人处的情况下，绝无理由让受让人的地位优于权利人。在 E 接到通知获悉真实情况变为恶意之前，因 K 未完全放弃占有，根据该观点应该对民法典第 934 条情形一进行目的性限缩，排除 E 的善意取得。

然而，司法实务并不认可上述观点，而是认为，根据民法典第 931 条 [2] 取得所有权时，出让人（亦即 D）完全丧失了占有，因此根据民法典

---

[1] 译者注：指占有媒介人同时为两个“间接占有人”媒介处于同一位阶的两个间接占有。在间接的共同占有（mittelbarer Mitbesitz）的情况下，占有媒介人虽然亦是为两人（或更多人）媒介占有，但间接占有只有一个，这与所谓的“并存占有”存在明显不同。

[2] 译者注：原文为“§ 931 Alt. 1 BGB”，有误，根据民法典第 931 条自权利人处取得只有一种情形，根据第 934 条的善意取得有两种情形。

第 934 条情形一的善意取得亦是如此；相反，根据民法典第 930 条取得所有权时，却不要求出让人完全放弃占有。这可作为区别对待两种不同情形下的善意取得的理由。

4. 结论

若采纳联邦最高法院的观点，否定并存占有理论并且不对民法典第 934 条情形一作目的性限缩的话，则本案中 E 已经根据民法典第 929 条第 1 句、第 931 条、第 934 条情形一通过 D 的处分取得了所有权，因为其他条件也已得到了满足，尤其是在让与返还请求权时 E 为善意且对于 V 来说铣床不属于民法典第 935 条意义上的脱手物。因 V 已丧失所有权且 E 已取得所有权，故 V 不得根据民法典第 985 条向 E 请求返还铣床。

若采纳并存占有学说，或对民法典第 934 条情形一作目的性限缩，则 V 仍是所有人。[在这种情况下，] 间接占有人 E 不享有相对于 V 的占有本权（民法典第 986 条），故应肯定 V 根据民法典第 985 条的返还请求权。

二、V 对 E 基于民法典第 812 条第 1 款第 1 句情形二的返还请求权

基于侵害型不当得利，V 或许可以向 E 请求返还铣床，但是该请求权不能成立。原因在于，E 是通过 D 的给付取得铣床的，只有 D 才可以向 E 基于不当得利请求返还（侵害型不当得利的辅助性；对此参见案例十之“三”）。

补充说明

关于“一、(二)”

若在后面得出结论，认为占有媒介关系应为无效 [再次参见“一、(五) 1.”]，则仍有可能成立民法典第 930 条意义上的占有改定，因为，K 真诚的返还意愿亦可满足占有改定的要求（这一点存有争议）。

关于“一、(四)”

若采纳与答案不同的思路，认为应 D 之请求在 K 与 E 之间设定了新的占有媒介关系，则已完成民法典第 929 条第 1 句意义上的交付：这样的话，E 将会通过新设定的占有媒介关系取得间接占有，而 D 则已丧失了任何形式的占有，另外，该过程亦是在 D 的促成之下完成的。此处，重新

设定占有媒介关系应与（本案中的）通过让与返还请求权转让间接占有相区分：只有在让与返还请求权的情况下，所有权之让与才是依照民法典第929条第1句、第931条而完成。

关于“一、（五）1.”

如在本案中，若当事人双方的物权合意旨在“让与所有权”［参见“一、（二）”］，那么期待权之转让可能会有疑问。

有观点认为，在这种情况下，应根据民法典第140条效力转换规则，将［让与所有权的物权合意］转换为让与期待权的合意（理由：期待权是与所有权本质相同的缩型，另外，进行效力转换亦符合双方可得推知的意思）。

司法实务及部分文献却反对上述观点，这是正确的，因为所有权的转让不是无效，而“仅仅”是未果，因此不能进行效力转换。另外，根据民法典第133条、第157条的意思表示解释应优先于效力转换：双方当事人通常不知道期待权亦属于可单独转让的权利。双方的真实意思在于转让担保人的权利。若不能转让所有权，则至少可以认为双方愿意转让——与所有权本质相同的缩型——期待权。

案例十二　非权利人的回首取得与“买回”

案件事实

S是父亲V的单独继承人。S在V的遗产中发现一辆自行车，因为自己已经有一辆了，就把它以200欧元的价格转让给了朋友F。交易过程中，S与F均认为自行车原本是V的财产。实际上自行车却属于E，是E把自行车借给了V。

转让后没几天，S得知车是父亲借来的；此外，还查明该自行车是一辆非常名贵的XY牌自行车，价值5000欧元，不是S和F开始误以为的“08/15”牌。

S把搞错自行车品牌一事告知了F，并表示要撤销［之前的买卖］。F将自行车还给了S。最后，E得知了整个过程的来龙去脉，并向S主张基于民法典第985条的请求权。

可否？

案例变型

与案例原型不同，该自行车——如S与F所认为的——确实是“08/15”牌的。S仅得知自行车是父亲V从E那里借的，E是所有人。因此，S找到F请求返还自行车，却没有向F说明所有权关系。F同意返还，却要求S以比原来更高的价格买回去。S对此表示同意。

根据民法典第985条，关于案例变型的法律判断是否与案例原型不同？

案例来源及深入学习的提示

Gursky 20 Probleme SachenR 57 ff.；*Musielak* JuS 2010，377.

Vieweg/Werner SachenR § 1 Rn. 10；§ 4 Rn. 15；§ 5 Rn. 13 ff.

考点

- 民法典第 119 条第 2 款，撤销物权合意（基础）
- 非权利人的回首取得（深化、基础）
- 与“买回”的区别（常考知识）

难点

涉及民法总则：法律行为之撤销

利益状况

E 关心的是，能否从其原来的合同相对人那里要回借出的自行车。S 自己想成为自行车真正的所有人，以对抗 E 的请求权。

案例原型的解答

E 对 S 根据民法典第 985 条的自行车返还请求权

一、E 的所有权

最初，E 是自行车的所有人。因 S 将自行车转让给 F，可能已导致 E 丧失了所有权。

（一）E 丧失所有权，F 取得所有权

在 V 死亡之后，S 仅能取代 V 的地位成为自行车的借用人，故 E 之所有权丧失以及 F 之所有权取得只能根据民法典第 929 条第 1 句、第 932 条第 1 款第 1 句。但是，F 与 S 根据民法典第 929 条第 1 句［让与所有权］所必需的物权合意却有疑问。尽管 F 与 S 已就所有权之移转作出了一致的意思表示，但是该物权合意却可能因撤销而根据民法典第 142 条第 1 款自始无效。可以考虑根据民法典第 119 条第 2 款因对交易上重要的性质发生错误而撤销。S 已经根据民法典第 143 条第 1 款对 F 有效作出撤销的意思表示。S 的利益在于，无论如何都要撤销物权合意（民法典第 133 条、第 157 条）。物权合意是否存在撤销事由，却有疑问。S 对自行车在交易上的重要性质（民法典第 119 条第 2 款）产生了错误（关于民法典第 119 条第 2 款可参见案例六中的详细说明）：S 认为，他转让给 F 的是一辆“08/15”

牌的自行车。在达成合意之时，S并未意识到自行车的生产者实际上是“XY”。然而，该错误须与发出旨在缔结物权合意的意思表示之间存在因果关系。即便S知道自行车实际上是“XY”牌的，他仍会将自行车的所有权让与给F。因此，该错误与发出旨在缔结物权合意的意思表示之间不存在因果关系。因此，物权合意不可撤销，并因此而有效。自行车也已经被交付（民法典第929条第1句），在交付之时S与F间仍存在移转所有权的物权合意。

民法典第932条以下的条件同样也已具备：因S与F无论在法律上还是在经济上都不是同一主体，故二者间的行为属于交易行为。S可以完成交付，显示他享有权利外观（民法典第932条第1款第1句）。另外，对于S的“所有人身份”，F非为恶意（民法典第932条第2款）：F认为，自行车本来是V的财产，因此，其单独继承人S可以以权利人的身份处分自行车。F亦非因重大过失不知S为非所有人，因为不存在需要F特别注意的异常情况。对于所有人E来说，自行车亦非民法典第935条所称之脱手物，因为他基于借用合同将自行车之直接占有自愿转让给V。

因此，E已丧失所有权，F取得了所有权。

（二）因F向S让与所有权，E回首取得所有权

F将自行车所有权回复让与（Rückübereignung）给S时，E可能又恢复了所有人身份。

1. 向S回复让与所有权

将自行车交还给S并不是单纯的交付，亦可从中得出，F与S达成了（默示的）物权合意（民法典第929条第1句）。此外，因F之处分是以权利人之身份作出，S可能已经按照民法典第929条第1句的一般规则成了所有人。

2. 特殊性：原非权利人回首取得自行车

然而，在返还清算（Rückabwicklung）之前，S已经得知自行车不属于V。通过向S回复让与所有权，原来的非权利人、现在的恶意人之S有可能取得贵重且无权利负担的所有权。

对于这种所谓的“内部交易行为”（Innenverkehrsgeschäft），究系原非权利人取得了所有权，抑或原所有人自动回首取得了所有权并因此阻止了原非权利人取得所有权，存有争议。

（1）所有权自动回复给原权利人

有观点认为，应回复到原来的法律状态，具体到本案，即所有权应该

自动回复给原所有人 E。这样的话，须处理原非权利人之债权人通过强制执行获取标的物（Vollstreckungszugriff）的风险问题。

对此，可以参考“轻名行为”（Geschäft für den，den es angeht）之原理进行论证。[若采纳这一观点，] 在物被“退还”给原非权利人时，原所有人作为行为所针对的对象（derjenige，den das Geschäft angeht）自动取得所有权。[1]

若对回首取得所有权与“轻名行为”作相同拟制的话，善意受让人须在返还清算之时有将所有权转让给原所有人的意思，或者，至少对善意受让人来说，他并不关心谁将会成为所有人。如在本案中，善意受让人在返还清算之时仍为善意，仍认为非权利人才是合同相对人，那么，他应打算将所有权转让给合同相对人，而非其他素不相识的人。

另有观点认为，应对民法典第 932 条以下作目的性限缩，并以此为由说明所有权应当自动回复给原权利人。在无财货流通的情况下，不能适用善意保护条款。在这种情况下并未发生值得保护的财产损益（Vermögensverschiebung）。在非权利人回首取得所有权的情况下，善意保护无益于法律交往，只会让非权利人获益——这违背法律目的。在这种情况下，应将非权利人之处分及返还清算理解为一个整体，对此不应适用善意保护条款，从而“依其意义与目的”（in Gebotsrichtung）填补法律漏洞。

我们认为，上述理由均不能成立，因为，立法者通过民法典第 932 条以下意欲确立一项规则，该规则仅致力于平衡受让人与所有人之间的利益，不能将后续的法律行为一并纳入该规则：若满足善意取得的条件，依立法者之计划，受让人应该“像其他任何人一样”成为所有人。由于民法典第 932 条以下已经对所有人与善意受让人之间的利益平衡作了终局性规定，故而，不管善意受让人以后是自己保有所有权，还是将所有权再度转让给第三人或无权处分人，这都与民法典第 932 条以下无关。因此，在这个问题上，不存在违背立法计划的规则漏洞。不能借助这些方法论证所有权应

[1] 译者注：亦即，按照这一观点，善意受让人不关心谁实际接收，他只想把物退还给“真正的权利人”，因此，物权合意在受让人与真正的权利人之间达成。然而，按照民法典第 929—931 条，动产物权之转让不仅需要达成物权合意，还要完成交付或交付替代，在案例原型中，善意受让人是如何向原所有人完成交付或交付替代的，并非无疑问。

自动回复给原所有人。

（2）债法上的回复转让（Rückübertragung）请求权

另有观点——主要是梅迪库斯（Medicus）和联邦最高法院——认为，所有权原则上不能自动回复给原权利人，应由原非权利人取得所有权。按照这一观点，原所有人之救济性权利仅为债权性请求权，其内容为［向原非权利人］请求回复转让所有权。原非权利人之过手取得会给原权利人带来风险——非权利人之债权人可通过强制执行获取物。因原所有人系自愿将物交与第三人，这为他人取得物之所有权制造了机会，因此，将这一风险加诸原所有人，实属合情合理。

由原所有人承担非权利人过手取得所引发之风险，深具说服力。根据事物发展的一般过程，原所有人无法预知自己能否再次取得所有权。让所有权自动回复给原所有人的话，会过高地评价原所有人的权利维续利益（Rechtsbeharrungsinteresse）。究竟是否能够得出应回复所有权的结论，以及——如果是的话——应该根据哪些规定等问题，却可以在具体个案中借助债权请求权之清算得到解决。至少在不动产法中，原所有人因自动“回转”（Umlenkung）而取得权利，可以不登记，甚至可以与土地登簿之记载内容不一致。

3. 中间结论

若采纳最后一种观点，则 S 为自行车的所有人。

二、结论

E 对 S 不享有基于民法典第 985 条的返还请求权。

案例变型的解答

一、E 对 S 根据民法典第 985 条的自行车返还请求权

与案例原型中一样，E 已丧失自行车所有权，善意之 F 已取得。与案例原型不同的是，原非权利人 S 的所有权回首取得不是基于对善意取得中处分行为的返还清算，而是基于“买回”，亦即基于新的债权合同。因此，这属于所谓的“外部交易行为”（Außenverkehrsgeschäft）。

主张在内部交易行为中原所有人自动回首取得所有权的学者［对此请

再次参见案例原型之“一、（二）2.（1）”]，却认为在于外部交易行为中应由原非权利人取得所有权。其说略谓：于此情形，对原权利人而言，非权利人在经济和利益关系上与其他任何——从已经善意取得所有权的人那里再次取得所有权的——第三人无异。按照另一种观点，原非权利人亦应取得所有权。因此，不同观点在结果上其实殊途同归，可搁置观点争议。

二、结论

E 对 S 不享有基于民法典第 985 条的返还请求权，因为他已丧失所有权，而 S 已经取得所有权。与案例原型不同，E 也不得向 S 主张债法上的回复让与请求权。

补充说明

除在案例原型中提到的由于原因行为未达目的（wegen Fehlschlagens des Kausalgeschäfts）导致的返还清算外，在其他案例中也会讨论非权利人的回首取得：

第一种情况，双方一开始（即在第一次让与给善意取得人之前）就约定好了“有去有回”，即后来发生的向非权利人的回复让与所有权是早就计划好的（例如，让与担保的情况）。第二种情况，出让人在一开始就恶意地计划回首取得。

因此，在这两种情况下同样应该检验以下问题：所有权是否自动地回复给原所有人，或者原所有人对无权处分人是否只享有债法上的请求权。

关于案例原型之“一、（二）2.（1）”

若以交易行为不成立为由对民法典第 932 条作目的性限缩，则在讨论 F 的善意取得时［案例原型之“一、（一）”］理应对该问题作讨论。但是绝不能不检验这一问题：首先须肯定交易行为之成立，然后才可以对这一结论［的妥当性］提出质疑，因为若构成内部交易行为（这需要再次检验“交还”自行车给 S 是否属于内部交易行为），根据这一观点（指对民法典第 932 条作目的性限缩），交易行为自始无效。为了让答案的条理更清晰，我们采纳了另一种解题思路——这当然也无可厚非。

关于案例原型之“一、(二)2.(2)”

作为债法上的回复转让请求权可以考虑违约损害赔偿请求权(民法典第 598 条、第 280 条第 1 款、第 249 条),侵权损害赔偿请求权(民法典第 823 条)以及不当得利法请求权(民法典第 812 条以下)。

案例十三　动产与土地附合的法律后果

案件事实

开发商B（Bauherr B）委托建筑公司U在其土地上建造房屋。房屋内部需要安装暖气片，因此，U以所有权保留的方式自V处进货。尽管V明确提出了在支付全部价款之前不得安装暖气片，并与U约定，不管发生什么，都不影响所有权保留。然而，U还是把暖气片安装在了建筑物里。不久后，U破产了。

问题一：暖气片的所有权状况如何？

问题二：V能否向B就已安装的暖气片请求价值补偿？

问题三：V是否有权将已安装的暖气片取走（Wegnahme）？

案例来源及深入学习的提示

BGHZ 56，228；40，272；20，159；BGH NJW–RR 1991，343；*Singer/Große-Klußmann* JuS 2000，562；*Stürner/Hegger* JuS 2000，328.

Vieweg/Werner SachenR § 6 Rn. 11 ff.，20 ff.

考点

- 因民法典第946条以下导致的所有权之丧失而产生的损害赔偿请求权（基础）
- 因基于法律规定的所有权取得导致的给付型与非给付型不当得利（深化）
- 根据民法典第952条第2款的取走权[1]（常考知识）

[1]　译者注：Wegnahmerecht，为区别于破产法中的“取回权”（Aussonderungsrecht），暂将其译为“取走权”。

利益状况

V关心的是，若已经丧失了所有权且因U之破产而不能自U处实现价金债权的话，能否直接从B处获得对暖气片的价值补偿。相反，B关心的是，能否只与其合同相对人进行清算，从而免受供货商其他请求权之扰。

解答

问题一：暖气片的所有权状况

一、最初的所有权状况

最初，V是暖气片的所有人。因根据民法典第449条第1款、第929条第1句、第158条第1款约定了所有权保留并且所附之条件——根据民法典第433条第2款完全支付价金——尚未成就，V未因向U让与所有权而丧失之。根据民法典第929条第1句的物权合意尚未生效，故未能有效让与所有权。

二、B依法律规定取得所有权（民法典第946条）

因U将暖气片安装在了B的建筑物上，V可能已经因此而丧失了所有权。

（一）土地的重要成分

对此，须暖气片已成为土地的重要成分。

1. 根据民法典第93条物的重要成分

根据民法典第93条，若非经毁损或改变其本质，就无法将一物从另一物上（土地亦然）分离出来，那么，前者为后者的重要成分。由于暖气片在与建筑物分离后仍可使用，故暖气片未因安装而根据民法典第93条成为土地的重要成分。

2. 根据民法典第94条的物的重要成分

基于同样的理由，暖气片也未根据民法典第94条第1款成为土地的重要成分，因为它们还没有与土地“紧密结合在一起”（民法典第94条第1款第1句）。

但是，根据民法典第94条第2款，为建造建筑物而安装的部分亦属于土地的重要成分。依照交易观念，若缺少某些部分就不能正常使用建筑物的话（或者说，建筑物尚未“完工”），那么这些部分亦属于土地的重要成分，亦即不需要“紧密结合在一起”。供暖设施，尤其是暖气片，即属此类。因此，由于被安装到了建筑物上，暖气片成了建筑物的重要成分（民法典第 94 条第 2 款），进而成为土地的重要成分（民法典第 94 条第 1 款第 1 句），这不同于民法典第 93 条。

3. 根据民法典第 95 条第 1 款非为表见成分（Scheinbestandteil）

暖气片被安装到建筑物上并非仅为临时性目的，因此它们不是民法典第 95 条第 1 款意义上的表见成分。

（二）结论

根据法律规定，因暖气片与土地附合（民法典第 946 条），土地的所有人 B 成了暖气片的所有人，至于 B 是否为善意（民法典第 932 条以下），以及暖气片对原所有人来说是否为脱手物（民法典第 935 条），在所不问。当事人不得约定排除民法典第 946 条之适用。申言之，V 已丧失所有权，B 已取得之。

问题二：价值补偿

然而，根据民法典第 951 条第 1 款第 1 句、第 812 条第 1 款第 1 句，V 对 B 可能享有价值补偿请求权。

一、民法典第 951 条的法律性质

根据绝对通说，民法典第 951 条第 1 款第 1 句属于对不当得利的法律构成要件之参引（Rechtsgrundverweisung），亦即，民法典第 951 条第 1 款第 1 句的请求权之成立需要具备不当得利请求权的全部要件。民法典第 946 条至第 950 条仅仅是物权法上的秩序性规定（Ordnungsvorschriften），但未对最终的财产分配（Vermögenszuordnung）作出说明。[1] 对于法律强制性规定导致的所有权变动（Eigentumsverschiebung），从民法典第 951 条可

---

[1] 译者注：亦即，这些规定仅解决了所有权的分配问题（即后文的 Eigentumszuordnung），但是获益方和受损方的利益之重新分配（Vermögenszuordnung）与平衡需要通过其他规定（比如，民法典第 951 条）来实现。

间接推知，民法典第 946 条以下不能作为这类所有权变动的法律原因。

二、民法典第 951 条第 1 款、民法典第 812 条第 1 款第 1 句情形一（给付型不当得利）

（一）给付型不当得利的可适用性

根据学界通说，民法典第 951 条第 1 款第 1 句参引的仅仅是基于民法典第 812 条第 1 款第 1 句情形二的侵害型不当得利（Eingriffskondiktion）。与此相反，司法实务却认为，这一参引涵盖了整个不当得利法，因此也包括给付型不当得利。如果这种情况满足不了民法典第 812 条第 1 款第 1 句情形一的要件，那么就可以搁置上述理论争议。

（二）获得利益

本案中，B 取得了暖气片的占有和所有权。

（三）通过 V 的给付

V 是将暖气片提供给了 U，这使得 U 可以安装暖气片，并因此促使 B 取得了暖气片的所有权。这是否属于 V 的给付，亦即是否属于有意识且有目的地增加他人之财产，应从客观受领人的角度作出判断。U 对 B 负有建造房屋的义务。B 只想跟 U，不想跟 U 潜在的上游供货商缔结合同关系。就此而言，假定理性第三人处于 B 的位置，那么从理性第三人角度来看，安装暖气片的行为并不属于 V 的给付：V 对 B 不负有任何义务，遑论通过安装暖气片来履行之。

在 V 与 B 的关系中，给付型不当得利不能成立，因此可以搁置上述争议。

三、民法典第 951 条第 1 款第 1 句、第 812 条第 1 款第 1 句情形二（侵害型不当得利）

（一）以其他方式（in sonstiger Weise）获得利益，致使请求权人蒙受损失

B 取得暖气片的所有权和占有并非通过 V 的给付（参见上文问题二之“二”），故须追问，V 是否享有基于侵害型不当得利的（民法典第 951 条第 1 款第 1 句、第 812 条第 1 款第 1 句情形二）价值补偿请求权。

根据侵害型不当得利的辅助性原则（Grundsatz der Subsidiarität），在返还清算（Rückabwicklung）时应优先考虑给付型不当得利：因他人之给付而获得利益者，不应因侵害型不当得利向第三人负有返还义务。申言之，得利者应该相信，返还清算关系只存在于他和合同相对人之间（参见案例十之“三”）。若 B 系因 U 之给付而取得所有权，则应排除 V 对 B 的侵害型不当得利请求权。

然而，在本案中，通过 U 的给付，B 仅取得了对暖气片的占有。B 不是通过 U 的给付取得暖气片所有权，而是通过安装，亦即根据民法典第 946 条、第 94 条第 2 款取得所有权。因此有观点认为，在所有权取得问题上，此处不存在阻却侵害型不当得利的给付关系。

然而，在本案中，B 却有可能已经自 U 处基于法律行为取得所有权。若 B 为善意（民法典第 932 条第 2 款）且暖气片对 V 来说非属脱手物（民法典第 935 条第 1 款第 1 句），那么，U 可能在安装之前就已经有效地将所有权让与给了 B（民法典第 929 条第 1 句、第 932 条第 1 款第 1 句）。也就是说，若 U 先将暖气片的所有权转让给 B，然后再安装，则 B 之所有权取得亦可能是通过 U 的给付（民法典第 812 条第 1 款第 1 句情形一），这可能会因给付型不当得利的优先性而排除侵害型不当得利。绝大多数人认为，只要存在达成物权合意的可能性即可，所有权之取得实际上是不是真的基于法律行为，无关紧要。

因此，若所有权之移转是基于法律规定且可能存在基于法律行为的所有权移转，则应排除因丧失所有权而引发的侵害型不当得利。

（二）辅助性鉴定：无法律上的原因

若仍然有人认为可能成立侵害型不当得利，则应检验所有权之取得是否欠缺法律上的原因。民法典第 946 条以下不能作为保有所有权的法律原因：它们仅是秩序性规定，通过所有权之重新分配（Eigentumszuordnung）维护了权利的明确性；因所有权之重新分配而导致的财产损益，却不能通过这些规定得到最终的正当化。因此，若欠缺法律上的原因，则应借助不当得利重新平衡财产损益；获益人须根据民法典第 818 条第 2 款进行价值补偿。

四、结论

V 与 B 间的给付关系不成立，故 V 对 B 不享有基于民法典第 951 条第

1 款第 1 句及民法典第 812 条第 1 款第 1 句情形一的请求权。根据我们赞同的观点，由于 U 与 B 之间可能存在给付关系，再加上侵害型不当得利具有辅助性，应排除 V 对 B 基于民法典第 951 条第 1 款第 1 句与第 812 条第 1 款第 1 句情形二的请求权。因此，V 应向其合同相对人 U 主张权利，并承担 U 的破产风险，与此同时，B 可以相信，他只需处理合同相对人 U 返还清算请求权即可。

问题三：V 的取走权

一、V 基于民法典第 951 条第 2 款第 2 句的取走权（Wegnahmerecht）

根据民法典第 951 条第 2 款第 2 句，V 可能有权取走暖气片。

（一）民法典第 951 条第 2 款第 2 句中参引的法律性质

民法典第 951 条第 2 款第 2 句参引了民法典第 997 条的取走权。民法典第 997 条属于规范所有人与占有人关系（Eigentümer–Besitzer–Verhältnisse，EBV）的条文，申言之，在适用这一条文时，须具备民法典第 985 条、第 986 条意义上的所有物返还请求权之基础（Vindikationslage）。就此而言，对立的双方当事人一方须为所有人，另一方须为无权占有人。另外，按照民法典第 997 条，物之附合须因占有人之行为所致。

（二）“扩张论”[1]

司法实务和部分文献认为，民法典第 951 条第 2 款第 2 句仅是扩张了民法典第 997 条第 1 款第 1 句的适用范围。若促成物之附合者不是占有人，而是第三人，那么，亦应成立取走权。然而，只有占有人才享有取走权，民法典第 951 条之规定对此未作任何改变。根据这一观点，V 不享有取走权，因为他从来都不是主物（本案中的土地）的占有人。

（三）“独立的取走权说”

其他人则认为民法典第 951 条第 2 款第 2 句规定的是一项独立的取走

[1] 译者注：第 997 条第 1 款第 1 句规定：“占有人将他物作为重要成分附合于某物的，可以分离该他物并归为己有。”据此，仅占有人享有取走权。

权，它使已经消灭的权利以取走权形式继续发生效力。任何因附合而丧失物权者，均享有取走权，也就是说，即便不是主物的占有人也有取走权。据此，V 仅因所有权丧失就可以享有取走权。

二、价值补偿请求权作为取走权的基础

若采后一种观点，认为成立基于民法典第 997 条第 1 款的取走权，那么，该取走权可能已经根据民法典第 997 条第 2 款被排除。[民法典第 997 条第 2 款规范的] 主要是以下情形：占有人已经获得过价值补偿，或者占有人不享有基于民法典第 994 条第 1 款第 2 句的费用偿还请求权。结合民法典第 951 条第 2 款第 2 句的实际情况，决定本案中的取走权是否成立的就不是民法典第 994 条的费用偿还请求权（民法典第 997 条第 2 款情形一），而是民法典第 951 条第 1 款第 1 句的价值补偿请求权了（民法典第 997 条第 2 款情形三）。[1] 易言之，只有在原权利人可向现权利人因权利丧失请求价值补偿时，才享有取走权。

三、结论

若否认 V 对 B 的补偿请求权（参见上文问题二之“四”），则可顺理成章地得出，V 对 B 也不享有基于民法典第 951 条第 2 款第 2 句结合第 997 条的暖气片取走权。

补充说明

关于问题二之“一”

应区分法律构成要件之参引（Rechtsgrundverweisung）与法律结果之参引（Rechtsfolgenverweisung）：在法律构成要件之参引中，除要满足参引规范（die verweisende Norm）的要件外，还应满足被参引规范（die verwiesene Norm）的要件。与此相对，在法律结果之参引中，只需要满足参引规范的要件即可。对于法律后果之参引，我们需要的仅仅是被参引规范的法律后果。

[1] 译者注：这一部分的法条参引非常复杂，请读者仔细阅读民法典的相关法条。

关于问题二之“三、(一)”

在检验“U 的给付”时也可能得出其他结论：应从客观受领人的角度判断给付是否成立。处于 B 的位置的客观第三人完全可以将安装行为理解为 U 有意识且有目的地增加 B 的财产，而且 U 之所以安装暖气片，是为了履行承揽合同的义务。据此，有观点提出如下主张：于此情形下，基于法律规定的所有权移转是实现目的的工具，从 B 的角度来看，基于法律规定的所有权移转受制于 U 的给付意图且与之重叠。就此而言，成立 U 向 B 的给付。B 对 V 基于民法典第 951 条第 1 款第 1 句、第 812 条第 1 款第 1 句情形二的价值补偿义务因侵害型不当得利的辅助性而不能成立。

但是，该观点却非无疑问，因为它可能会导致不公正的结果——我们在答案中主张的观点却无此问题。与基于法律行为的所有权取得不同，基于法律规定的所有权取得在脱手物或取得人为恶意的情况下亦畅行无阻。在这两种情形中，若肯定给付关系，将会因侵害型不当得利的辅助性而剥夺原所有人的价值补偿请求权，这似乎难谓公正。就此而言，似乎有必要参照法律的价值取向校正这一观点。

案例十四　加工及其法律后果

案件事实

皮革商E价值25000欧元的生皮革被盗。小偷D将这些生皮革以25000欧元卖给了善意的G，然后销声匿迹。G又将生皮革以35000欧元卖给了善意的H，H在其工厂将这些生皮革加工成了价值45000欧元的手套。

随后，E得知了事情的来龙去脉。他找到G和H，告之以失窃之情事。G拒绝向E支付“任何东西”。G认为，他取得皮革时只向D支付了25000欧元，通过转卖而获利是因为自己善于经商，故转卖之利润应该归自己。H也拒绝向E进行支付。

随后E向其律师朋友求助。他想搞清楚，是否可以向G和H就生皮革请求价值补偿，或者，能否在必要的情况下向G请求返还35000欧元。

请以律师的身份出具法律意见书。

案例变型

除案例原型中的情况外，G与H另有其他交易。G将自己加工过的价值25000欧元的皮革也卖给了H。因H不能立即付款，G与H在买卖合同中约定，皮革的所有权在完全支付价金之后才移转给H。二人另外约定，H有权再次转让皮革。与此相应，H提前将对未来顾客的债权转让给G。此外，二人还约定了以下条款：

“在加工期间及最终产品完工之后，所有权之归属仍维持不变。买受人仅允许在正常经营范围内加工接收到的货物。在加工期间，[出卖人]继续保留中间产品和终端产品的所有权。出卖人在其提供的原材料及加工的价值额度内取得所有权。”

根据双方当事人的意思，双方这一个特别约定的条款的目的在于担保

G 基于买卖合同的债权以及 G 对 H 的另一项 30000 欧元的债权。

G 交货之后，H 完成了加工。手套价值 45000 欧元，一直储存在 H 的仓库中。价金及其他债务都未得到清偿。

谁是手套的所有人？

案例来源及深入学习的提示

BGHZ 20, 159; 56, 131; *Medicus/Petersen* BürgerlR Rn. 515 ff., 727 ff.

Vieweg/Werner SachenR § 4 Rn. 59; § 6 Rn. 18 f.; § 8 Rn. 58 ff.; § 11 Rn. 67.

考点

- 对非权利人之处分的追认（基础）
- 根据民法典第 950 条的所有权取得以及所谓的加工人条款（Herstellerklausel）（基础、深化）
- 因向小偷支付价金导致的得利丧失（物权法之外的问题）
- “所有人与占有人关系规则”与民法典第 816 条的并行适用（基础）

难点

涉及不当得利法

利益状况

在案例原型中，E 关心的是，在最坏的情况下，能不能因为丧失皮革而得到补偿。对 E 来说，最好的结果是向 G 请求返还 35000 欧元的价金。G 至少希望能够抵销掉他购买皮革时向 D 支付的 25000 欧元。D 已销声匿迹，因此，G 向 D 讨回已付价金，希望渺茫，对 G 来说，以已支付价金来对抗 E，成功的可能性更大。对 G 来说，基于同样的原因，也是找 D 的合同相对人 G 更符合实际需要。H 关心的是，怎么才能不让 E 向其主张请求权。

在案例变型中，G 的利益在于，按照约定取得手套的所有权。[在 G 成为手套的所有人之前] 要尽量避免 H 的过手取得，不然的话，H 的债权人可能会请求以手套所有权实现其权利。

案例原型的解答

一、E 对 G 的请求权

（一）损害赔偿请求权（25000 欧元）

首先可以考虑 E 对 G 的损害赔偿请求权。

1. E 对 G 根据民法典第 989 条、第 990 条第 1 款支付 25000 欧元的损害赔偿请求权

由于 G 将皮革转让给了 H，E 可能获得了对 G 的基于民法典第 989 条、第 990 条第 1 款的损害赔偿请求权。

（1）在再次转让时存在“所有物返还请求权之基础”（Vindikationslage）

在实施可能的加害行为之时，即在 G 将皮革转让给 H 时，E 与 G 之间须存在所有物返还请求权之基础。

①在转让之时 E 的所有权

最初，E 是皮革的所有人。因 D 向 G 转让皮革，或许已经导致 E 丧失了所有权。尽管 D 与 G 达成了物权合意，D 也向 G 完成了民法典第 929 条第 1 句意义上的交付，然而，由于 D 不享有处分权，G 不能根据民法典第 929 条第 1 句取得所有权。所有人 E 是非自愿（ohne seinen Willen）丧失对皮革的直接占有，亦即，对 E 来说，皮革属于民法典第 935 条第 1 款意义上的脱手物（abhanden gekommene Sache），因此，应排除根据民法典第 929 条第 1 句、第 932 条第 1 款第 1 句因非权利人之处分而导致的善意取得。

② G 作为无权占有人

G 曾是直接占有人（民法典第 854 条第 1 款）。基于与 D 的买卖合同，G 不享有相对于 E 的占有本权，因为买卖合同仅具有相对效力［债务关系的相对性，参见案例五之“一、（三）2.（2）”］。按照我们赞同的观点［对此参见案例五之“一、（三）2.（4）”］，G 不能因为已向 D 支付价金而享有留置权，更遑论将其作为占有之本权。

（2）返还不能；民法典第 989 条情形三

此外，由于已经将皮革出让给了 H，G 已不能将其返还给 E（民法典第 989 条情形三）。应予注意的是，民法典第 989 条情形三并非民法典第 275 条第 1 款意义上的给付不能，亦即，前者不以持续性的主观或客观返还障碍为前提。申言之，任何导致不能返还所有物的占有之丧失都可以满足要求。G 已将皮革再次转让并交付给 H，这导致了所谓的“返还不能”（Herausgabeunmöglichkeit），这与转让行为是否有效无关。

（3）对占有之本权为恶意

但是，由于根据民法典第 989 条与民事诉讼法第 253 条第 1 款、第 361 条第 1 款的诉讼系属（Rechtshängigkeit）尚未开始，故 G 须为恶意不知欠缺占有本权之情事。因此，在取得占有之时，须 G 明知或因重大过失而不知占有本权之欠缺（民法典第 990 条第 1 款第 1 句），才能构成恶意。但是，在取得占有之后，仅明知占有本权之欠缺会使 G 成为恶意（民法典第 990 条第 1 款第 2 句）。根据案情，本案中 G 为善意。因此应排除根据民法典第 989 条、第 990 条第 1 款的损害赔偿请求权。

2. E 对 G 根据民法典第 823 条额度为 25000 欧元的损害赔偿请求权

由于“所有人与占有人关系规则”具有阻断效力（Sperrwirkung des EBV），基于民法典第 823 条第 1 款以及基于民法典第 823 条第 2 款结合刑法典第 259 条的请求权均不能成立，因为 G 不是通过法律所禁止的私力或犯罪行为取得占有（参见民法典第 992 条、第 993 条第 1 款后半句）。

（二）返还卖得价金（Erlösherausgabe）的请求权（35000 欧元）

G 因向 H 出让皮革而取得了价金，E 亦可考虑向 G 请求返还该价金。

1. E 对 G 基于民法典第 687 条第 2 款、第 681 条第 2 句、第 667 条的请求权，额度为 35000 欧元

G 在出让皮革时，并非明知这是在为他人管理事务[1]（hat sich ...... angemaßt），而是误把他人之事务当作了自己的事务，因此，根据民法典第 687 条第 1 款要排除基于无因管理的请求权。

2. E 对 G 根据民法典第 985 条、第 285 条的请求权，额度为 35000 欧元

有争议的是，民法典第 285 条是否也可适用于基于民法典第 985 条的

[1] 译者注：此即所谓“Geschäftsanmaßung”，指明知是他人之事务，仍将其作为自己之事务而管理，详情参见 *Medicus/Lorenz*, Schuldrecht II Besonderer Teil（2014），C. H. Beck, S. 398 Rn. 1105. 中文法学文献称其为“不法管理”，参见姚志明：《无因管理与不当得利》（修订二版），元照出版社 2016 年版，第 87 页以下；王泽鉴：《债法原理》（第二版），北京大学出版社 2013 年版，第 332 页以下。

请求权。取得的价金或许可被视为民法典第285条中的赔偿（Ersatz）。有观点认为，民法典第285条体现的是一项一般的法律思想，该思想可适用于债法之外的基于民法典第985条的请求权，这支持民法典第285条应适用于基于民法典第985条的返还请求权的观点。相反的观点认为，民法典第285条不能适用于基于民法典第985条的请求权。立法者在民法典第989条、第990条中已经为返还不能的情况作了终局性规定且不以过错为要件。若认可基于民法典第985条、第285条不以过错为要件的请求权，则民法典第989条和第990条有被架空之虞。

3. E对G根据民法典第816条第1款第1句的请求权，额度为35000欧元

基于民法典第816条的第1款第1句的请求权的前提为，请求权人因非权利人的处分而丧失权利。本案中可以考虑因再次转让而导致E丧失皮革的所有权。

（1）与“所有人与占有人关系规则”并行适用

“所有人与占有人关系规则”的阻断效力并不涉及民法典第816条。民法典第992条、第993条第1款后半句仅排除基于用益赔偿和损害赔偿而产生的请求权。因此，旨在补偿所有权丧失的不当得利请求权（如民法典第816条第1款第1句）仍有适用之余地。应予特别指出的是，“再次转让”（Weiterveräußerung）并非民法典第993条第1款后半句、第100条意义上的“用益”（Nutzung）。

（2）民法典第816条第1款第1句之前提

①非权利人的有偿处分

向H转让皮革属于非权利人G的处分。该处分旨在履行基于买卖合同的让与所有权的义务（民法典第433条第1款第1句），在买卖合同中卖方享有对待给付请求权（民法典第433条第2款）。因此，G之无权处分为有偿处分（民法典第816条第1款第2句推论）。

②相对于权利人，处分须为有效

相对于权利人E，处分亦须为有效。尽管G与H已根据民法典第929条第1句达成物权合意并完成交付，然而，由于G不享有处分权，导致根据民法典第929条第1句的所有权让与未能完成。因被处分的物属于民法典第935条第1款第1句意义上的脱手物，导致根据民法典第929条第1句、第932条第1款第1句的善意取得亦未能完成［参见案例原型之“一、(一)

1.（1）①”]。因此，[直到此时，] 处分仍未生效。

（a）追认之可能

但是，若权利人根据民法典第 185 条第 2 款第 1 句情形一对非权利人的处分进行追认（事后同意），却可以使本来对自己无效的处分生效。在这种情况下，应将处分视为自始有效（民法典第 184 条第 1 款）。但是，E 一直未进行追认。

（b）因 H 取得所有权而排除追认之可能

E 或许已无法再作出有效的追认。本案中，H 可能在此期间已经取得了所有权，这可能已导致 E 丧失了处分权，并因此也丧失了追认的“权限”（参见民法典第 185 条第 2 款第 1 句情形一：“权利人”）。

（aa）根据民法典第 950 条第 1 款，E 丧失所有权，H 取得所有权

因 H 已经将生皮革深加工（Weiterverarbeitung）成了手套，故 E 可能已经丧失所有权，而 H 已经取得之。根据民法典第 950 条第 1 款，只要加工的价值非明显低于原材料，则加工人可取得因加工 [或者，通过改造或简单处理（Umbildung bzw. Oberflächenbearbeitung），参见民法典第 950 条第 1 款第 2 句] 而生产出的新物之所有权。

（α）加工、新的动产、非明显低于原材料价值

将原材料进行裁剪并拼接成新的形状属于加工。较之于原材料，若生产出来的产品处于更高的加工层级（Verarbeitungsstufe），则为新物。对此，可以根据不同的指标作判断。产品若为新物，则主要须满足以下要求：新的名称、新的形式及新的功能。本案中，除名称变了以外（从“皮革”到“手套”），形式和功能也发生了改变。因此，通过加工生产出了新物。最后，加工的价值不能明显低于原材料的价值。加工的价值为新物的价值与原材料价值的差额。本案中，加工的价值等于 45000 欧元（手套的价值）减去 25000 欧元（原材料的价值），亦即 20000 欧元。若加工的价值低于原材料价值的 60%，亦即，假定原材料价值为 100，若加工的价值小于 60，则一般应认为加工的价值明显低于原材料。但是，本案中 20000 欧元与 25000 欧元的比例关系为 80∶100。亦即，加工的价值为原材料价值的 80%。因此，加工的价值非明显低于原材料的价值。

（β）H 为民法典第 950 条第 1 款意义上的加工人

依交易观念，以自己名义且为自己的经济利益进行加工者为加工人。本案中，H 生产出了手套。亦即 H 以自己的名义且为了自己的利益，将皮

革改造成了手套。因此，依照交易观念 H 为民法典第 950 条第 1 款意义上的加工人。

（γ）中间结论

根据民法典第 950 条第 1 款，H 因加工而取得了手套的所有权。

（bb）对 E 追认之可能性的影响

因此，因加工使 E 确定地丧失了所有权，从而也丧失了处分权，亦不再是民法典第 185 条第 2 款第 1 句情形一意义上的权利人。然而，联邦最高法院在这种情形下仍允许原权利人进行追认。据此，原所有人可以在任何时间进行追认，即便已因其他后续之情事、基于其他事由而丧失所有权，亦然。从处分人 G 的角度来看，出让物被加工具有偶然性，不能让 G 因此获利。申言之，与物遭毁坏或下落不明的情况一样，权利人［在物被他人加工时］亦有保护之必要。于此类情形，应认为可在事后作出有效的追认。最后，若赞同该观点，则 E 可在事后对 G 向 H 作出的处分进行追认。其结果导致 G 的处分自始有效。

③中间结论

若 E 根据民法典第 185 条第 2 款第 1 句情形一对处分进行追认，则可以根据民法典第 816 条第 1 款第 1 句向 G 请求不当得利返还。

（3）不当得利请求权的标的及范围

①返还所得利益

基于民法典第 816 条第 1 款第 1 句的不当得利请求权之标的为通过处分所获得之利益。本案中，所得利益主要是非权利人实际获得的价金。从法条的文句来看，这种理解不言自明。此外，只有在处分为无偿，亦即，在原因行为无待给付的情况下，民法典第 816 条第 1 款第 2 句才允许向受让人进行直索，因此，可作如下解释：若需要返还的内容是客观价值而非所获得之对价，则并无必要作此例外规定，因为，纵然无此规定，亦不妨碍权利人向无权处分人就物的客观价值请求不当得利返还。在无偿处分的情况下，由于权利人的利益有“落空”之虞，故应允许原权利人向受让人直索。因此，民法典第 816 条第 1 款第 1 句默认的是返还实际获得的价金。相反的观点认为——如同根据民法典第 812 条第 1 款第 1 句情形二结合民法典第 818 条第 2 款——应返还客观价值。其说略谓，不当得利法之目的无外乎平衡欠缺法律原因的财产损益，而非谋求让不当得利之债的债权人取得更优的地位。此外，非权利人通过处分仅得以免除其基于基础原因关系（aus dem zugrundliegenden Kausalverhältnis，民法典第 362 条）的让与所有权之义务。这种债务之免除无法“实际返还”（in natura herausgegeben werden），申言之，应偿还获得免除的债务之价值（民法典第 818 条第 2 款）。然而，本案中被免除的是所有权让与之义务，其价值与物的客观价值相当。

本案中，皮革的价值为 25000 欧元，但是，G 获得的出让价金为 35000 欧元。由于二者之间存在差额，故不能搁置上述观点争议。支持绝对多数派观点的除上述理由外，还有其他的，特别是不当得利之债的债权人亦应承担债务人所获之价金低于实际价值的风险（民法典第 818 条第 3 款）。因此，让债权人取得可能高于实际价值的价金，也是公正的。

对于此案我们认为，E 的不当得利请求权应针对全部价金，亦即 35000 欧元。

②根据民法典第 818 条第 3 款，得利之丧失

G 以曾向 D 支付 25000 欧元为由对抗 E 的返还请求。亦即，G 主张得利丧失抗辩（Einwand der Entreicherung，民法典第 818 条第 3 款）。

然而，已支付的价款并非因信赖欠缺法律原因的所有权取得之存续而蒙受之不利益，因此，它不属于民法典第 818 条第 3 款意义上的得利丧失。下面的考量亦支持这一点：若皮革仍在 G 的手上，则 E 本来可以根据民法典第 985 条向 G 请求返还原物。本案中，G 也不能主张已支付之价金为民法典第 994 条以下意义上的费用，并以之对抗［E 的请求权］。民法典第 816 条第 1 款第 1 句的请求权取代了所有物返还请求权，它是所有物返还请求权“继续发挥余热”的结果，该请求权与所有物返还请求权应适用同一规则。由 G 向其前手（本案中的 D）主张权利，比由 E 向 D 主张，更具期待可能性；最后，G 选择了 D 作为合同相对人，因此，应由 G 承担无法进行返还清算的潜在风险。

（4）结论

若 E 对 G 与 H 之间的处分进行追认，则他可以根据民法典第 816 条第 1 款第 1 句向 G 请求返还 35000 欧元的不当得利。

（三）对“一”的结论

若 E 进行追认，则他可以向 G 请求返还 35000 欧元的不当得利。相反，E 却不能主张以价值偿还为内容（25000 欧元）的损害赔偿请求权。

二、E对H的请求权

（一）基于无因管理的请求权、基于民法典第989条、第990条第1款的请求权以及基于民法典第823条的请求权

因不能认为加工皮革属于不法管理他人事务（Anmaßung eines fremden Geschäfts，“明知是他人事务，仍当作自己的事务”），故基于无因管理的请求权不能成立：若E对处分行为进行追认，则在加工之时，H已成为所有人，易言之，此处的事务非为他人之事务。即便E不进行追认，H之加工行为亦非“不法管理他人事务”。

基于民法典第989条、第990条第1款的损害赔偿请求权亦不成立：若E对G与H间的处分行为进行追认，则在进行加工（这是唯一可以考虑的损害行为）之时不存在所有物返还请求权之基础（Vindikationslage）。相反，若E对处分不予追认，则成立所有物返还请求权之基础［尤其是与G的买卖合同并未使H取得相对于E的占有本权——债的相对性——也不能将潜在的留置权作为占有本权，参见上文案例原型之“一、（一）1.（1）②”］。但是在此处，根据民法典第990条第1款H非为恶意。

此外，“所有人与占有人关系规则”的阻断效力导致基于民法典第823条的损害赔偿请求权也不能成立［对此参见上文案例原型之“一、（一）2.”］。

（二）根据民法典第951条第1款结合民法典第812条第1款第1句情形二、第818条第2款的请求权，额度为25000欧元

但是，或许可以考虑E对H根据民法典第951条第1款结合民法典第812条第1款第1句情形二、第818条第2款支付25000欧元的请求权。

1. 根据民法典第950条的权利丧失

前提为，E根据民法典第950条丧失了所有权。因此，只有在E对处分不予追认的情况下，该请求权才有成立之可能。只有在这种情况下，加工才能导致E丧失所有权。此外，H也是适格的请求权相对人［参见上文案例原型之“一、（二）3.（2）②（b）（aa）”］。

2. 民法典第812条第1款第1句情形二的前提

（1）以其他方式获得利益——因非给付不当得利的辅助性而被排除

民法典第951条第1款属于构成要件之参引（参见案例十三问题二之“一”）。本案中，H之所有权取得并非基于G的给付，而是通过加工。加

工也算是“以其他方式”（in sonstiger Weise）侵害 E 的所有权之“收益归属内容”（Zuweisungsgehalt des Eigentums），原因在于，根据民法典第 903 条，物之所有权所产生的全部潜在用益皆应归 E。

然而，问题在于，此处是否可根据［非给付型不当得利的］辅助性原则排除基于民法典第 812 条第 1 款第 1 句情形二的侵害型不当得利。在这类关系中应检验，在进行价值衡量之后（aus Wertungsgründen），是否应排除非给付不当得利［参见前面的案例十三问题二之“三、(一)”］。若 H 本来就有通过 G 的给付取得皮革所有权之可能，则应排除非给付不当得利。本案中须予以注意的是，由于皮革是脱手物，无法完成根据民法典第 929 条第 1 句、第 932 条第 1 款第 1 句的善意取得［参见上文案例原型之“一、（一）1.（1）①”］。因此，E 对 H 直接的不当得利请求权亦未因辅助性原则被排除。

（2）无法律上的原因

从民法典第 951 条可知，民法典第 950 条不能作为取得所有权的法律原因，这不同于根据民法典第 932 条以下的有偿善意取得（参见民法典第 816 条第 1 款第 1 句）。

（3）不当得利请求权的返还客体及范围

因此，H 须根据民法典第 818 条第 2 款进行价值补偿，额度为 25000 欧元。H 不能主张得利丧失之抗辩（民法典第 818 条第 3 款），原因在于，基于债务关系的相对性，H 本来就不能以在加工之前曾向 G 支付价金为由对抗 E 的返还请求权。值是之故，H 亦不得针对民法典第 951 条第 1 款之“权利后续效力请求权”（Rechtsfortwirkungsanspruch）主张得利丧失抗辩。

（三）对“二”的结论

只有在 E 对 G 与 H 之间的处分进行追认的情况下，E 才根据民法典第 951 条第 1 款结合民法典第 812 条第 1 款第 1 句情形二、第 818 条第 2 款对 H 享有额度为 25000 欧元的价值偿还请求权。

三、案例原型的结论

若 E 对 G 与 H 之间的处分进行追认，那么，E 仅对 G 享有请求权，但是返还额度——根据我们的观点——应为 35000 欧元。若 E 不进行追认，则对 G 不享有请求权。但是 E 却可以向 H 主张额度为 25000 欧元的价值偿还。

案例变型的解答

G 可能已经成了手套的所有人。

一、皮革的所有权状况

最初，G 是皮革的所有人。但是，G 可能已因向 H 让与所有权而丧失了所有权。然而，本案中，根据民法典第 929 条第 1 句的物权合意以 H 付全款为延缓条件（民法典第 158 条第 1 款），［若双方未明确约定的话，］至少可以从民法典第 449 条第 1 款的解释规则中得出这一点。在所附条件成就之前，H 不能根据民法典第 929 条第 1 句取得所有权。

二、因加工而导致的所有权状况变更

因加工而产生了新的动产。此外，加工的价值非明显低于原材料的价值［参见案例原型“一、（二）3.（2）②（b）（aa）”］，因此，民法典第 950 条第 1 款的前提已经具备。没有其他约定的话，从交易［过程］来看，H 还是加工人，并因此而成了所有人。但是，因双方约定了“加工人条款”（Herstellungsklausel）可能会出现新的情况。

（一）是否允许双方约定加工人条款，其效力如何

法律允许双方约定加工人条款，其效力却有争议。

1. 观点之一：不允许双方约定排除民法典第 950 条第 1 款之适用——预先的让与担保

有学者认为，当事人之间关于谁应成为民法典第 950 条第 1 款意义上的物之加工人的约定，以及排除民法典第 950 条之适用的约定，无效。民法典第 950 条属于强行性规定，不可以约定排除。从这些规定在法典体系中的位置可以得出这一结论。因此，若第三人——本案中即 G——取得被加工物的所有权，只能通过 H 的所有权让与。因此，加工人条款应解释为预先——亦即在加工之前——达成的移转加工物所有权的合意，旨在担保 G 对 H 的债权。本案中，因手套在加工之后、再次被转让之前应由 H 保管，这导致，因 H 未完全丧失占有，而未能完成民法典第 929 条第 1 句意义上的交付。申言之，所有权让与是根据民法典第 929 条第 1 句、第 930 条完成的。加工人条款可以作为民法典第 930 条、第 868 条的——同样是预先

达成的——占有媒介关系。但是，只有在 H 根据民法典第 950 条第 1 款因加工而取得所有权并因此而取得处分权之后，这一预先达成的让与担保才能生效。据此，将手套所有权让与给 G，经过了［H 的］“过手取得”。

2. 观点之二：民法典第 950 条属于任意性规则

另有观点认为民法典第 950 条属于任意性规则。若民法典第 950 条所预设的所有人与加工人之间的利益冲突已经通过双方约定得到解决，就无须再适用该规定。据此，G 的（基于所有权保留的）所有权在手套上继续存在。

3. 联邦最高法院：加工人条款属于对加工人身份的约定（Vereinbarung über die Herstellereigenschaft）

联邦最高法院认为，可以对民法典第 950 条意义上的加工人的身份进行约定。当然，双方不能完全自由决定谁才是加工人。然而，他们却可以在合同关系中作如下约定：双方当事人之一应被视为加工人。比如，在原材料被以所有权保留的方式送货的情况下，从熟悉这类交易关系的客观评价者的角度来看，将一方当事人视为加工人，亦在情理之中。按照这一观点，应将 G 视为民法典第 950 条第 1 款的加工人。

4. 我们的立场

第一种观点符合人们对物权为绝对权的基本理解。但是，在 H 过手取得的“逻辑上一秒钟”，所有权却有被加诸法定质权（gesetzliche Pfandrechte）之虞。因此，（原材料）供应者的法律地位可能会变得脆弱不堪，附有加工人条款的所有权保留亦难免失去其经济价值。值是之故，供货者对加工人的清偿能力不免生疑，这会给便捷的经济往来横添壁垒。因此，这一见解虽然在法教义学上无懈可击，却与实践脱节。第二种观点尽管可以保证供货者［之所有权］免受［他人的权利］负担之累，却违反了物权法定原则，因此同样应予摒弃。联邦最高法院的观点不但与物权法的基本原则协调一致，同时亦考虑到了当事人的经济利益，殊值采纳。

（二）法律后果

通过加工人条款，G 取得了手套的担保所有权。因此，该担保所有权以 H 完全清偿债权为解除条件。因 G 基于原材料交易（25000 欧元）及因其他交易（30000 欧元）而享有的债权超出了手套的价值（45000 欧元），G 取得了全部手套的所有权。此时，H 未取得任何所有权份额。

三、案例变形结论

G成了手套的所有人。

补充说明

关于案例原型之“一、（二）3.（2）②（a）”

追认并不能使G的处分成为有权处分。追认仅可使处分对权利人生效！

关于案例原型之“一、（二）3.（4）”

若E向G请求支付35000欧元，则通常可将其理解为对G的处分的追认，原因在于，E只有通过这种方式才能取得对G的返还所得价金的请求权。

关于案例原型之“一、（三）”

应予注意的是，追认并不能导致G向H再次转让之时的所有物返还请求权之基础（Vindikationslage）归于消灭，而是如联邦最高法院阐明的那样，基于民法典第816条的请求权与基于民法典第989条、第990条的请求权可以并存：追认仅可让第三人取得所有权，却不能消除非权利人与权利人关系中的非法侵害（对此参见BGHZ 32，53）。但是这与损害赔偿请求权因欠缺“恶意”这一要件而不能成立无关。这跟案例十六中的情况不一样。

案例十五　加工、所有人与占有人关系

案件事实

北莱茵－威斯特法伦州（L）将一工作室交与杜塞尔多夫“自由国际大学的”（Freie Internationale Universität）的艺术家约瑟夫·博伊斯[1]使用。在L不知情的情况下，博伊斯允许他的学生约翰内斯·施蒂特根（Johannes Stüttgen，S）共同使用该工作室。4月28日，博伊斯说：“好啦，约翰内斯，现在我终于可以给你做个油脂角（Fettecke）了。”然后开始了一项行为艺术。为此，博伊斯将大约5千克重的德国标准黄油直接糊在了工作室的一个角落里，一共糊了5米多高。油脂角延伸到室内空间约25厘米。

约瑟夫·博伊斯去世后，L重新整理工作室拟作他用。在整理的过程中，L的职员将油脂角彻底毁掉并扔进了垃圾桶。现在，S为被毁掉的油脂角请求25000欧元的损害赔偿，这样的艺术品确实值这个价。

可否？

案例来源及深入学习的提示

LG Düsseldorf NJW 1988，345 = NJW–RR 1988，281；*Wilhelm* SachenR Rn. 1077；*Richard/Junker* JuS 1988，686；*Schäfer* JuS 1989，443.

Vieweg/Werner SachenR § 4 Rn. 38 ff.；§ 6 Rn. 13，18 ff.；§ 8 Rn. 9 ff.，61.

考点

- 民法典第93条以下意义上的物之成分（基础）

---

[1] 译者注：约瑟夫·博伊斯（Joseph Beuys，1921年5月12日—1986年1月23日），德国著名行为艺术家。本案是博伊斯去世后发生的真实案例。

- 出让人继续享有共同占有时的所有权取得（基础）
- 根据民法典第 950 条的所有权取得（基础）
- 民法典第 987 条以下与民法典第 823 条以下的关系（基础）

利益状况

S 关心的是，是否已经取得了油脂角的所有权，若是，则可因油脂角遭破坏向 L 请求损害赔偿。相反，L 却不想承担任何责任。

解答

一、根据民法典第 989 条、第 990 条第 1 款，S 对 L 额度为 25000 欧元的损害赔偿请求权

因油脂角遭破坏，根据民法典第 989 条、第 990 条第 1 款，S 可能对 L 享有损害赔偿请求权。

（一）根据民法典第 985 条、第 986 条的所有物返还请求权之基础（Vindikationslage）

对此，在请求权产生之时（油脂角遭破坏之时），S 与 L 间须已成立根据民法典第 985 条、第 986 条的所有物返还请求权之基础。

1. S 对油脂角的所有权

在被加工成油脂角之前，黄油的所有人是约瑟夫·博伊斯。然而，他却可能已经将油脂角转让给了 S。对此，油脂角须为独立的权利之客体，亦即油脂角须具备成为独立权利［之客体］的资格。若油脂角可被视为 L 所享有所有权之土地的重要成分，则 L 根据民法典第 946 条、第 93 条、第 94 条可能亦已成为油脂角的所有人。

（1）油脂角可以成为独立权利之客体

就算没有油脂角，亦不妨碍建筑物之完工，故油脂角非为建造该建筑物而被安装到（民法典第 94 条第 2 款）建筑物上。申言之，油脂角仅是为临时性目的而被安装到建筑物上，因此仅为建筑物之表见成分（Scheinbestandteil，民法典第 95 条第 2 款）。承租人或用益租赁人仅在有限的时间内对建筑物享有用益权，若承租人或用益租赁人将某物安装在建筑

物上，则通常应认为，该物是为临时性目的被安装在建筑物上的（民法典第 95 条第 2 款）。因此，油脂角可以作为独立权利之客体。

（2）根据民法典第 929 条第 1 句的所有权取得

S 可能已经根据民法典第 929 条第 1 句基于法律行为取得了油脂角的所有权。

①物权合意

约瑟夫・博伊斯宣称“现在我终于可以为你做个油脂角了”，这可以视为博伊斯以默示的方式发出让与所有权的要约。S 以默示的方式对该要约进行了承诺。

②根据民法典第 929 条第 1 句的交付

由于约瑟夫・博伊斯仍是工作室的共同占有人，并因此也是工作室内油脂角的共同占有人，故出让人并未［彻底］丧失占有。因未完成交付，根据民法典第 929 条第 1 句的所有权让与亦未能完成。

（3）根据民法典第 929 条第 1 句和第 2 句的所有权取得

对于民法典第 929 条第 2 句的简易交付（übergabe kurzer Hand，“短手交付”）来说，亦需要出让人丧失对被转让标的的任何形式的占有。本案的情形亦不符合这一要求。

（4）根据民法典第 929 条第 1 句、第 930 条的所有权取得

在有些情况下，若受让人被赋予了共同占有，可以认为双方约定了民法典第 930 条意义上的占有改定。然而，在本案中，却并无理由认为双方约定了民法典第 868 条意义上的具体的占有媒介关系。

（5）根据民法典第 929 条第 1 句、第 931 条的所有权取得

亦无理由认为双方已根据民法典第 931 条完成替代交付。

（6）根据民法典第 950 条，法定的所有权取得

但是，如果可以把 S 视为油脂角的加工人，那么，根据民法典第 951 条第 1 款第 1 句，S 就有可能已经成了油脂角的所有人。

①加工

通过对五千克黄油进行加工，制作出来一个新的动产——油脂角。加工的价值亦数倍于被加工的 5 千克黄油的价值。

②加工人是谁

但是有疑问的是，是否亦可将 S 视为民法典第 950 条第 1 款第 1 句意义上的加工人。尽管约瑟夫・博伊斯是“自己动手”创造出了油脂角，并

因此从客观的角度可被视油脂角的加工人，但是从他所宣称的“好啦，约翰内斯，现在我终于可以为你做个油脂角了”可以得知，约瑟夫·博伊斯本欲为 S 制作油脂角。因此可以将这一表示视为口头的“加工条款”或“加工人条款”（Verarbeitungs-oder Herstellerklausel），S 以默示的方式表示接受。

当事人之间的这类约定在法律上具有何种效力，却有争议［对此深入的探讨参见案例十四，案例变型之“二、（一）”］。至少根据联邦最高法院的司法实务，当事人可以在其合同关系中约定——对于客观第三人来说——让一方当事人成为加工人。本案中，从约瑟夫·博伊斯所宣称的内容可以得知，他本来是想为 S 制作油脂角。因此，可以将 S 视为民法典第 950 条第 1 款第 1 句意义上的加工人。与不涉及第三人利益保护的情况——比如，信贷人的担保利益（Sicherungsinteresse）——相比，当事人的这种明示的意思更应予以认可。

（7）中间结论

尽管 S 并未基于法律行为取得油脂角的所有权，但是却根据民法典第 950 条成了油脂角的所有人。（亦可主张其他观点；位于杜塞尔多夫的州法院亦持其他观点，参见 NJW 1988，345。）

2. L 对油脂角的占有

约瑟夫·博伊斯去世后，无法再使用工作室，在油脂角遭破坏之时，L 为工作室的占有人，并因此亦对工作室内的油脂角享有直接管领力（民法典第 854 条）。

3. L 的占有本权

L 对油脂角不享有民法典第 986 条意义上的占有本权。L 对工作室享有所有权，但是基于对工作室的所有权却不能得出 L 对油脂角享有占有本权：L 本应随时向 S 返还油脂角。

（二）油脂角之灭失（民法典第 989 条）

油脂角被移除并因此而被彻底损坏，故根据民法典第 989 条情形二，油脂角亦已灭失。

（三）根据民法典第 990 条第 1 款第 1 句，L 为恶意

此外，油脂角被拆除可归咎于 L，在拆除之时，L 须对占有本权之欠

缺为恶意。根据民法典第 990 条第 1 款第 1 句，在取得占有之时，明知或因重大过失而不知无占有本权者，为恶意（参见民法典第 932 条第 2 款，整个民法典中的“恶意”均可适用该条的定义），然而，在取得占有之后，根据民法典第 990 条第 1 款第 2 句，明知无占有本权才为恶意。

欲判断 L 在取得占有之时（博伊斯去世之时）是否为民法典第 990 条意义上的恶意时，应以 L 的机关而非以 L 雇用的辅助人员（本案中即清洁人员）的主观心态为准。

L 知道工作室已经被租给了艺术家博伊斯。易言之，L 至少应认为，工作室内的所有物品以及博伊斯在此工作室期间创作的艺术品的“残留部分”的所有权及占有（民法典第 857 条）应归博伊斯的继承人。就算 L 不知道油脂角系为 S 而创作并应属 S 所有，而是认为自己享有占有本权的话，那么 L 之行为也肯定有重大过失（完全可以主张其他观点）。

（四）根据民法典第 989 条 L 有过错（Verschulden）

此外，L 在拆毁油脂角时亦须有过错。在拆毁时，根据民法典第 278 条清洁人员之过错应归咎（zurechnen）于 L。根据民法典第 280 条第 1 款第 2 句之规定（按照司法实务中的观点，这一规定至少可类推适用于民法典第 989 条），L 有义务为自己的无过错举证且在必要时证明之。本案中，L（可能）无法做到这一点。

（五）根据民法典第 249 条以下，损害赔偿义务的范围

最后，S 所欲得到的损害赔偿之额度亦须有理由。由于本案讨论的是物的损害，S 可以根据民法典第 249 条第 2 款第 1 句请求赔偿制作油脂角所必需的金钱。但是，仅赔偿原材料费（被加工的 5 千克的黄油）并不能满足 S 的要求：本案中，[重新]制作油脂角既无可能，也无法满足要求，因此 L 应根据民法典第 251 条第 1 款向 S 赔偿再次置办油脂角的价值（Wiederbeschaffungswert der Fettecke）。再次置办的价值应参考同类艺术作品的市场价，即 25000 欧元。

（六）结论

因油脂角遭到破坏，根据民法典第 989 条、第 990 条第 1 款第 1 句，S 对 L 享有损害赔偿请求权（亦可主张其他观点）。

二、S 对 L 基于民法典第 823 条以下的损害赔偿请求权，额度为 25000 欧元

此外，S 可能对 L 享有基于民法典第 823 条以下的损害赔偿请求权。

（一）在可以适用“所有人与占有人关系规则”时，是否仍可适用民法典第 823 条以下

根据绝对多数派的观点，民法典第 989 条、第 990 条不仅适用于未被起诉的善意自主占有人，亦适用于已被起诉的善意的自主占有人，这些规定属于终局性的特殊规则，可排除适用侵权法。基于民法典第 993 条第 1 款后半句的文句，或反推民法典第 992 条，均可得出上述结论。就此而言，若认为 S 已经取得了所有权［参见上文之“一、（一）1.（7）”］，则基于民法典第 823 条以下的损害赔偿请求权应被民法典第 987 条至第 993 条排除：L 取得油脂角的占有既非通过法律禁止的私力（民法典第 992 条情形一），亦非通过犯罪行为（民法典第 992 条情形二）。

（二）辅助性鉴定：若 S 未能取得所有权，是否享有请求权

然而，若否认 S 已取得所有权，并因此而不适用“所有人与占有人关系规则”的话，则民法典第 823 条以下仍有适用之余地。

1. 民法典第 823 条第 1 款

关于是否存在法益损害，并非无疑问：博伊斯去世后，S 既未取得对油脂角的占有（占有作为受法律保护的法益参见关于案例二的补充说明），亦无理由认为 S 对油脂角享有期待权。因此，不存在法益损害。

2. 民法典第 823 条第 2 款结合刑法典第 303 条第 1 款

基于民法典第 823 条第 2 款结合刑法典第 303 条[1]第 1 款的请求权之成立，亦需 S 已经取得油脂角的所有权。由于油脂角既未保存在向公众开放的博物馆中，亦未保存在其他类似的向公众开放的场所中，刑法典第 304 条[2]第 1 款损坏公共财物罪亦不能成立。

[1] 译者注：损坏财物罪。

[2] 译者注：损坏公共财物罪。

3. 民法典第 839 条第 1 款结合基本法第 34 条

最后，公职义务之违反（Amtspflichtverletzung）同样可让 S 享有对 L 的请求权，其前提是，S 已取得所有权，否则，损害赔偿请求权所必需的财产损害（Vermögensschaden）将无从谈起。即便博伊斯曾向 S 作出过赠与的口头允诺，根据民法典第 558 条第 1 款、第 125 条，该允诺首先会因未满足形式要求而无效，其次亦未根据民法典第 518 条得以补正，因此 S 不享有债法上的让与所有权的请求权。

（三）结论

基于民法典第 823 条以下的损害赔偿请求权亦不成立。

三、最终结论

若认为 S 已根据民法典第 950 条第 1 款第 1 句取得所有权，那么，根据民法典第 989 条、第 990 条第 1 款，S 对 L 享有额度为 25000 欧元的损害赔偿请求权。

补充说明

关于“二”

［因公职义务之违反而导致的］国家赔偿责任请求权（Amtshaftungsansprüche）具有特殊性，应优先检验，然后才轮到基于民法典第 823 条第 1 款和第 2 款的普通侵权请求权。为了在大家熟悉的框架内说明问题——暂且忽略本案中国家系行为实施者这一事实——我们在答案中首先对侵权请求权进行了检验。

案例十六　脱手物的所有权、所有人与占有人关系

案件事实

K经营一家家用电器专卖店。他有一批总价为15000欧元的录像机被偷。A是批发商V的雇员，平常办事挺细心。V先是通过A的代理以5000欧元的价格取得了这一批录像机，又通过A将录像机卖了出去。尽管A已察觉录像机的价格低得离奇，却懒得去细究录像机的来源。因企业规模大，V亦无力一一过问这类买进卖出。

通过将这批录像机卖给各位消费者，V取得了12000欧元的价金。后来，K得知V曾买卖他的失窃物，向V为失窃的录像机请求赔偿。

可否？

案例来源及深入学习的提示

BGHZ 32，53 = NJW 1960，860；*Baur/Stürner* SachenR § 52 Rn. 25 ff.；*Brehm/Berger* SachenR § 8 Rn. 8 ff.；*Westermann/Gursky/Eickmann* SachenR § 46；*Wilhelm* SachenR Rn. 1243 ff.

Vieweg /Werner SachenR § 8 Rn. 13，26 f.，61.

考点

- 在"所有人与占有人关系规则"中占有辅助人的恶意（深化）
- 民法典第987条以下与民法典第823条以下的关系（基础）
- 根据民法典第185条第2款对非权利人之处分的追认（基础）

利益状况

因录像机失窃并被V转卖他人，K欲向V请求偿还录像机之价值。出于现实原因，对于K来说，较之于向众多消费者一一说明情况，直接向V主张权利成功的概率更大。相反，V关心的是，无论如何都不能向K偿还录像机的价值，因为V自己已经为录像机完成了对待给付[1]。V觉得，K应该直接找消费者或者去找小偷。

解答

一、根据民法典第687条第2款、第681条第2句、第667条，K对V的请求权，额度为12000欧元

由于V非为“不法管理他人事务”，而是误把他人之事务当作自己的事务进行管理，故应排除根据民法典第687条第1款基于无因管理的请求权。

二、K对V基于民法典第989条、第990条第1款的请求权，额度为12000欧元

（一）根据民法典第985条、第986条的所有物返还请求权之基础（Vindikationslage）

首先，在请求权产生之时，亦即在转卖之时，K与V之间须成立所有物返还请求权之基础，易言之，K须为所有人，而V须为无权占有人。

1. K的所有权

最初，K是录像机的所有人。对K而言，录像机属于脱手物，因此，K未丧失所有权，V和消费者也没有取得所有权（民法典第935条第1款第1句）。因此，K始终享有录像机所有权。

2. V的占有

在转卖之时，V为占有人；A是V的雇员，作为民法典第855条意义上的占有辅助人，其对物的支配应归咎（zurechnen）于V。

---

[1] 译者注：Gegenleistung，在买卖合同中，对待给付专指支付价金。

3. 根据民法典第 986 条，无占有本权

基于 V 与小偷缔结的买卖合同（根据民法典第 164 条以下，通过 A 的代理），V 不享有相对于 K 的占有本权［债的相对性，参见案例五之“一、（三）2.（2）”］。

（二）对占有本权之欠缺为恶意；民法典第 990 条第 1 款

另外，对于取得占有时的占有本权之欠缺，V 亦须为恶意，［在取得占有之时，］明知或因重大过失而不知［占有本权之欠缺］会带来不利后果。不同的是在取得占有之后，只有明知占有本权之欠缺才会产生不利后果（民法典第 990 条第 1 款第 2 句）［对此参见案例十五之“一、（三）”］。

1. V 自己的恶意

V 可以认为，他是通过平时挺靠谱的雇员 A 取得了录像机所有权，并因此而享有占有本权。V 既非明知亦非因重大过失而不知占有本权之欠缺，所以，他自己非为民法典第 990 条第 1 款第 1 句、第 932 条第 2 款意义上的恶意。

2. A 之恶意的归咎（Zurechnung）

或许，V 应将其雇员兼占有辅助人 A 的恶意归咎于自己。

（1）A 之恶意（Bösgläubigkeit）

尽管原则上不存在一般性的调查义务（Nachforschungspflicht），但是，根据个案的具体情况若有特殊的怀疑事由（Verdachtsgründe），相关当事人可能会因此而负有调查义务，在违反这一义务时会构成恶意。本案中，由于录像机的价格过低，A 应该能想到录像机可能来路不正，从而既不能为 V 取得所有权也不能为 V 取得占有之本权。尽管价格明显偏低，A 仍未请对方出示产品来源证明，因此，A 对占有本权之欠缺至少存在重大过失（民法典第 990 条第 1 款第 1 句、第 932 条第 2 款）。

（2）占有辅助人之恶意可归咎于占有主

最后，A 的恶意须可归咎于 V。在民法典第 990 条第 1 款的框架下，占有辅助人（民法典第 855 条）之恶意应归咎于占有主（Besitzherr），大家对这一点并无争议；但是对于归咎的法律基础、在多大范围内进行归咎，却有争议。

部分文献认为，应类推适用民法典第 831 条，因为民法典第 989 条、第 990 条属于特殊规则，至少具有“准侵权”的特点（quasi-deliktischer

Charakter)。理由如下：在“所有人与占有人关系”之外，占有主亦仅须根据民法典第 831 条为其辅助人承担责任即可，且并无理由认为占有主在取得占有之后应丧失根据民法典第 831 条的免责之可能性。

司法实务却不认可上述解决方案，而且很有说服力：本案涉及并非为他人之行为承担责任的问题，而是意识内容（Bewusstseinsinhalte）的归咎问题。对于本案，民法典第 166 条第 1 款的规定更为合乎情理。民法典第 166 条体现的是一项一般性法律思想，即委托他人承办本应由自己负责的事务（所谓类似代理关系），受托人在执行委托时所知悉之内容，就应归咎于委托人。

（3）中间结论

类推适用民法典第 166 条第 1 款，须将 A 之恶意归咎于 V。即便 A 在此之前非常靠谱，亦无关紧要，因为按照民法典第 166 条之规定委托人没有免责事由（亦可主张其他观点）。

（三）返还不能

因录像机已被再度转让，V 已不可能将录像机返还给 K［关于返还不能，参见案例十四，案例原型之“一、（一）1.（2）”］。

（四）过错（Verschulden）

V 将录像机转让给消费者导致返还不能，其行为具有过错（民法典第 276 条第 1 款第 1 句），因为，根据民法典第 278 条，雇员 A 之过错应归咎于雇主 V。

（五）损害

K 所蒙受之损害的额度为录像机的客观价值（15000 欧元）。

（六）结论

K 对 V 享有基于民法典第 989 条、第 990 条第 1 款第 1 句额度为 15000 欧元的损害赔偿请求权。

三、根据民法典第 823 条第 1 款，K 对 V 额度为 15000 欧元的损害赔偿请求权

［该请求权之成立，］须民法典第 823 条第 1 款可与“所有人与占有人

规则”并行适用。一般认为，民法典第 987 条以下既排除未被起诉的善意自主占有人的侵权责任，也排除恶意或已被起诉的自主占有人的侵权责任（参见民法典第 993 条第 1 款后半句，以及反推民法典第 992 条）。只有在民法典第 992 条所规定的两类情形中，恶意占有人或被起诉的占有人才承担侵权责任。尽管有人对 K 实施过民法典第 858 条第 1 款中的法律所禁止的私力（verbotene Eigenmacht），但是实施者是小偷，不是 V，因此排除民法典第 992 条情形一之适用。通过犯罪行为取得占有的情况（民法典第 992 条情形二）亦不能成立：可以考虑的情况只有窝赃罪（刑法典第 259 条），然而，由于 A 没有窝赃的故意，窝赃罪不能成立。

四、K 对 V 根据民法典第 985 条、第 285 条的请求权，支付 12000 欧元

根据我们赞同的观点，民法典第 285 条不适用于基于民法典第 985 条的返还请求权［对此参见案例十四之“一、（二）2.”］。

五、K 对 V 基于民法典第 816 条第 1 款第 1 句的请求权，支付 12000 欧元

但是，K 可能对 V 享有基于民法典第 816 条第 1 款第 1 句的请求权。

（一）是否可以适用民法典第 816 条第 1 款第 1 句

因民法典第 993 条第 1 款后半句仅排除用益赔偿或损害赔偿请求权，故“所有人与占有人规则”并不影响民法典第 816 条第 1 款第 1 句之适用。因此，旨在补偿所有人损失的不当得利请求权（比如，民法典第 816 条第 1 款第 1 句）仍有适用之余地。须特别指出的是，“转卖”并非民法典第 993 条第 1 款后半句、第 100 条意义上的“用益”。

（二）非权利人的有偿处分

因 K 未丧失录像机所有权，V 亦未取得之，因此，在转卖录像机时，V 为非权利人。该处分亦为有偿处分（民法典第 816 条第 1 款第 2 句推论）。

（三）对权利人有效

但是，受民法典第 935 条第 1 款第 1 句之限，消费者亦不能取得录像

机的所有权。因此，[V所作出的]处分对权利人K无效。然而，通过行使损害赔偿请求权，K可能已经以默示的方式对无权处分作出了追认（民法典第185条第2款第1句情形一）。若认为请求权之行使不等于追认，那么，至少仍存在追认的可能性。

（四）不当得利返还请求权的客体与范围

民法典第816条第1款第1句赋予[权利人]一项向非权利人请求返还所得利益的请求权。根据绝对多数派观点，应返还卖得的价金（根据其他观点，返还的对象为被免除之债务的价值，[1]亦即物的价值本身），即使卖得的价金低于物的交易价值亦然。不当得利法的目的仅仅是去除[得利人]得到的利益，不是补偿[受害人]蒙受的损失。因此，K根据民法典第816条第1款第1句仅可向V请求返还12000欧元的卖得价金，而不能请求返还15000欧元的交易价值[对此参见案例十四，案例原型之“一、（二）3.（3）①”]。

（五）结论

若认为K已进行追认，则K对V享有基于民法典第816条第1款第1句的12000欧元的返还请求权。

六、结论

根据民法典第989条、第990条第1款，K可以向V主张额度为15000欧元的损害赔偿请求权。然而，根据民法典第816条第1款第1句的返还请求权仅为12000欧元。

补充说明

关于答案的结构

我们选择了一个与案例十四不同的结构来组织答案。亦可将[K的]请求权细分为损害赔偿请求权和返还卖得价金的请求权。

---

[1] 译者注：“被免除之债务”指无权处分人V向消费者移转录像机所有权的义务。

关于“二、（一）1.”

录像机对 K 来说属于脱手物（民法典第 935 条第 1 款），这导致 V 与消费者都不能善意取得。但是，民法典第 935 条第 1 款并不适用于金钱（民法典第 935 条第 2 款），这一点很容易被忽视。［民法典第 935 条第 2 款的］限制是为交易保护而设。但是应对这一限制进行严格解释：“金钱”仅指官方认可的支付手段。根据联邦最高法院的观点（BGH NJW 2013，2888），官方允许作为支付手段的硬币收藏品，亦非民法典第 935 条第 2 款意义上的金钱（对此参见：南非克鲁格金币案，südafrikanischer Krügerrand）。

关于“五、（三）”

根据我们赞同的观点，基于民法典第 816 条第 1 款第 1 句的请求权仅为 12000 欧元，有人或许会以此为由不认可 K 的默示追认。但是，这一追认并不会使 K 陷于不利地位，因为追认并不会导致基于民法典第 989 条、第 990 条第 1 款的请求权消灭（对此参见关于案例十四的补充说明）。因此，可以将［K 向 V 请求返还的行为］解释为追认，因为这会让 K 多一个请求权基础。

案例十七　留置权作为占有之本权

案件事实

V将一辆汽车以附所有权保留的方式卖给了K并完成了交付。根据V提供的一般交易条款，在完全支付价款之前，K有义务维持汽车的正常状态并在必要时即时维修汽车。不久后，K发生了一场车祸，K委托B维修因车祸受损的汽车。未等取回修好的汽车，K便陷入了破产。因K尚未支付到期款项且在指定的期间过后仍未支付，V解除了买卖合同，并向B请求返还汽车。B拒绝返还，认为V至少应该支付维修汽车的承揽报酬。

可否？

案例来源及深入学习的提示

BGHZ 34，122 = NJW 1961，499；BGHZ 34，153 = NJW 1961，502；*Gursky* Klausurenkurs SachenR Rn. 257 ff.；*Medicus/Petersen* BurgerlR Rn. 587 ff.；*Alexander* JuS 2014，1；*K. Schmidt* NJW 2014，1；*Schreiber* JURA 1995，497；*Stock* JA 1997，458.

Vieweg/Werner SachenR § 7 Rn. 23，§ 8 Rn. 5，32 ff.，42，45 ff.；§ 10 Rn. 31 ff.

考点

- “所有人与占有人关系规则”与不再享有占有本权之占有人（nicht mehr berechtigter Besitzer）（基础）
- 承揽人对非属定作人之物的质权（物权法之外的问题）
- 承揽人质权（Unternehmerpfandrecht）的善意取得（深化）
- 留置权（Zurückbehaltungsrecht）对民法典第985条的效力（深化）
- 因替第三人占有某物而引发的费用赔偿（深化）

难点

涉及承揽合同法

利益状况

V关心的是，能否在不承担付款义务的情况下请求返还汽车。相反，B只有在维修费用获得清偿之后才愿意返还汽车，因为定作人K已无力支付并且花钱修车本来有利于汽车的所有人V。

解答

一、V对B基于合同的返还请求权

维修合同的当事人是K与B，故V与B之间不存在合同关系，基于合同的返还义务更是无从谈起。

二、V对B基于民法典第985条的返还请求权

但是却可以考虑V基于民法典第985条的返还请求权。

（一）V的所有权

V在价金债权完全获得清偿之前保留所有权（民法典第929条第1句、第158条第1款，详情参见案例二十四），由于K尚未履行支付义务，故V未丧失汽车所有权，K亦未取得之。

（二）B的占有

B为汽车的占有人。

（三）根据民法典第986条无占有本权

然而B却可能享有民法典第986条意义上的自有的占有本权（eigenes Besitzrecht）。

1. 基于民法典第647条的承揽人质权，承揽人自有的占有本权（民法典第986条第1款第1句情形一）

若承揽人享有基于民法典第647条的质权，那么他可能享有自有的占

有本权（民法典第 986 条第 1 款第 1 句情形一）。对此，B 须已经就 V 的汽车取得了一项质权。

（1）根据民法典第 647 条取得质权

根据民法典第 647 条，承揽人因维修定作人之物而取得对物的占有时，为担保承揽合同之债，承揽人享有法定质权（民法典第 1257 条）。但是，本案中汽车的所有人不是 K，而是 V。因此，B 不能根据民法典第 647 条自权利人处取得承揽人质权。

然而，因 K 对所有权之取得享有期待权，或许可以考虑对期待权的质权。但是，即使认为 B 取得了对期待权的质权，亦不能因此而得出 B 享有相对 V 的占有本权，因为，期待权已经随着 V 解除合同而消灭，这导致此前在期待权上所成立的质权亦归于消灭。

（2）类推适用民法典第 185 条第 1 款，对成立质权的状况作事前的同意

然而，相对于 V，K 有权利也有义务对汽车作必要的维修。因此，有文献得出以下观点，所有人对根据民法典第 647 条成立承揽人质权的状况作出了事前的同意。类推适用民法典第 185 条第 1 款，V 对质权之取得已作出过事前的同意。

联邦最高法院和部分文献却并不赞同上述观点：若认可上面的思路，则意味着，即便所有人什么都没有做过，仍有可能承担支付修理费用的义务，否则所有人就不能将车“赎回”。第一，这意味着双方缔结了法律禁止的第三方负担之合同（Vertrag zulasten Dritter），第二，这相当于变相承认了一项民法典未作规定的负担授权（Verpflichtungsermächtigung）。

（3）承揽人质权的善意取得

然而，却可以考虑 B 自非权利人 K 处善意取得承揽人质权。对于法定质权能否善意取得，却存有争议。

①是否可以直接适用民法典第 1207 条

民法典第 647 条和第 1257 条均不允许善意取得：民法典第 647 条仅认可在定作人之物上设定质权，亦即仅允许权利人设定质权。民法典第 1257 条明确地将质权限定为根据法律规定“已经成立的”[1] 质权（die kraft

---

[1] 译者注：易言之，按照民法典第 1257 条之规定，仅可对法定质权产生之结果准用那些涉及意定质权的相关规定，对法定质权的“产生过程”（Entstehung）不得准用，参见 Prütting, Sachenrecht（2017）, C. H. Beck, S. 342 Rn. 790.

Gesetzes bereits „entstandenen“ Pfandrechte）。民法典第 1207 条规定的系意定质权的善意取得，故不得将其直接适用于法定质权的取得。

②类推适用

但是可以考虑将民法典第 1207 条类推适用于法定质权。其说略谓：承揽人质权属于占有质权，质权人被赋予了对质物的直接占有，它与依法律行为设定的质权并无二致。此处，承揽人与基于合同的质权人应受到同等保护。另外，商法典第 366 条第 3 款之规定亦已表明，德国的私法秩序不排斥法定占有质的善意取得。

但是，反对类推适用民法典第 1207 条的学者认为，法定质权（如本案中的承揽人质权）仅基于事实行为而产生，与当事人的意思无关；在法定质权的产生中，合同当事人一方的善意或恶意通常没有意义。此外，商法典第 366 条第 3 款属于不能类推适用的商事特殊规则（亦可主张其他观点）。

（4）中间结论

我们认为，[民法典第 1207 条既不得直接适用，也不得类推适用于法定质权，因此，在本案中] 不得以承揽人质权作为民法典第 986 条第 1 款第 1 句情形一自有的占有本权。

2. 根据民法典第 986 条第 1 款第 1 句情形二，继受的占有本权

根据 B 与 K 的承揽合同，B 虽然没有取得对 V 的根据民法典第 986 条第 1 款第 1 句情形一自有的占有本权（债务关系的相对性），但是却可以考虑 K 之继受的占有本权（民法典第 986 条第 1 款第 1 句情形二）。事实上，K 通过将汽车交付与 B 进行修理，已将对汽车的直接占有赋予了 B。该交付是在承揽合同的框架下完成的，而承揽合同可满足民法典第 868 条占有媒介关系的要求（足够具体、B 的占有本权具有暂时性且有他主占有意思），K 是民法典第 986 条第 1 款第 1 句情形二意义上的间接占有人。此外，在（基于合同）进行交付之时，K 相对于 V 而言属于有权占有，且根据合同约定“有义务立即修理汽车”，K 亦有权将汽车交付与 B（所谓的“占有连锁”，Besitzrechtsbrücke，参见案例二十八的补充说明）。

然而，只有在 K 亦对 V 享有自有的占有本权时，B 能自 K 处取得占有本权。K 对 V 的占有本权却在嗣后因 V 解除合同而消灭（民法典第 449 条第 2 款、第 323 条第 1 款）。

3. 留置权作为承揽人根据民法典第 986 条第 1 款第 1 句情形一自有的占有本权

多数人认为，根据民法典第 273 条的留置权不能作为占有本权。尽管司法实务认为留置权可以作为占有本权，却仅以之为由作出“同时履行”之判决。若以民法典第 1000 条为依据进行留置，则意味着欠缺占有本权；[1] 然而，若反过来把民法典第 1000 条的留置权作为对抗民法典第 994 条费用偿还请求权的占有本权，则意味着所有物返还请求权之基础根本不成立，亦即适用民法典第 1000 条的前提落空（“恶性循环论证”，Teufelskreisargument）。

4. 中间结论

B 不享有相对于 V 的占有之本权（亦可主张其他观点）。

（四）B 的留置权（Zurückbehaltungsrecht）

V 的返还请求权却可能因 B 基于民法典第 273 条、第 1000 条的留置权之阻却而不能行使。

1. 基于民法典第 273 条第 2 款结合民法典第 683 条第 1 句、第 670 条的请求权

根据无因管理的相关规定，费用补偿请求权以存在为他人管理事务之意思为前提。本案中并不存在为他人管理事务之意思，因为，B 所实施的行为仅为履行对 K 的合同义务。

2. 基于民法典第 273 条第 2 款结合民法典第 994 条第 1 款第 1 句的留置权

基于民法典第 273 条第 2 款的留置权只有在对待请求权（Gegenanspruch）已经到期时才成立。此处可以考虑的是基于民法典第 994 条以下的费用偿还请求权，然而该请求权只有在满足民法典第 1001 条和第 1002 条所规定的条件时才到期，本案却不符合这些条件。

3. 基于民法典第 1000 条第 1 句结合民法典第 994 条第 1 款第 1 句的留置权

B 的留置权或许可以基于民法典第 1000 条第 1 句结合民法典第 994 条

[1] 译者注：适用民法典第 1000 条需要具备“所有物返还请求权之基础”，即占有人为无权占有。

第 1 款第 1 句而产生。

（1）V 与 B 之间的所有人与占有人关系

根据民法典第 987 条以下，基于“所有人与占有人关系规则”的请求权只有在导致请求权成立的行为发生之时存在民法典第 985 条、第 986 条意义上的“所有物返还请求权之基础”的情况下才能成立。在修理汽车时，B 却享有自 K 处取得的占有本权［民法典第 986 条第 1 款第 1 句情形二；对此参见上文之“二、（三）2.”］，亦即，B 因此是有权占有人。该占有本权直到 K 后来表示解除合同时才归于消灭。因此，B 属于不再享有占有本权之占有人（ein nicht mehr berechtigter Besitzer）。

对于不再享有占有本权之占有人所支出的费用是否亦可获得偿还，却存有争议。常有学者在文献中主张，这并非“所有人与占有人关系”的情况，因为民法典第 987 条以下适用的条件为“［占有人］取得物［之占有］时为非权利人”，然而，联邦最高法院却认为，作为例外，在行使返还请求权之时占有人不享有占有本权即可满足费用偿还请求权的条件。其说略谓：在支出的费用问题上，自始无占有本权的占有人无疑受民法典第 1000 条的保护，而曾经的有权占有人之地位不应劣于自始无占有本权的占有人。若赞同联邦最高法院的观点，则应继续检验如下问题。

（2）民法典第 994 条第 1 款意义上的必要费用

维修可使汽车直接获益，并使因车祸受损的汽车恢复原状。因此，维修汽车［所支出的费用］属于民法典第 994 条第 1 款意义上的必要费用。

（3）民法典第 1000 条意义上的费用支出人

最后，B 须为民法典第 1000 条意义上的费用支出人。部分文献认为，只有为自己利益而支出费用者，才可被视为费用支出人。在本案中，费用支出人是 K，而非 B。司法实务却并不赞同这种理解，申言之，受第三人之委托而支出费用者亦为费用支出人。债权合同仅在当事人之间发生法律效力，并不能设立与第三人相关的物权法律关系。根据这一观点，B 与 K 缔结的承揽合同并不妨碍认定承揽人的费用支出。

（五）结论

B 可主张基于民法典第 1000 条第 1 句结合民法典第 994 条第 1 款第 1 句的留置权，以对抗 V 基于民法典第 985 条的返还请求权；因此，B 只有在 V 同时支付维修费用（承揽报酬）时，才有义务返还汽车。

补充说明

我们为本案所撰写的答案遵循了联邦最高法院的思路。B 需要一项用以对抗返还请求权的权利，通过其他思路，亦可顾及 B 的这一需求。通过类推适用民法典第 185 条或第 1207 条同样可以得出这一结论。但是，也可以认为，B 不应受任何保护，从而应自己承担［定作人的］支付风险。

关于“二、（四）3.（2）”

民法典第 994 条意义上的费用系指为维护、恢复或改善某物而作出的所有自愿的“财产牺牲”（Vermögensopfer）。以客观标准衡量，若费用为维护某物或使某物正常发挥经济效用所必需，则为必要费用。

第“二、（三）1.（3）①和②”部分援引的联邦最高法院判决否认法定质权的善意取得，这导致承揽人经常在其一般交易条款中纳入相关条款，约定依法律行为设定质权。通过这种方式，承揽人可依民法典第 1204 条、第 1205 条、第 1207 条及第 932 条第 1 款第 1 句取得对非属定作人之物的质权。在这些情况下，有疑问的是，承揽人到底是不是民法典第 932 条第 2 款意义上的善意，因为只有在定作人非物之所有人的情况下，才“需要”按照这一条款来取得质权。通过质押条款让承揽人取得质权，亦为联邦最高法院所认可。首先应予注意的是，在善意取得所有权的情况下，若买受人未要求出让人出示车产证（Zulassungsbescheinigung Teil II），应认为买受人具有重大过失（BGHZ 68, 323=NJW 1977, 1240），然而，在承揽人通过质押条款取得质权时，其要求低于善意取得所有权［，不需要定作人出示车产证］。

案例十八　擅自变他主占有为自主占有

案件事实

3月15日，在征得父母同意之后，17岁的E向爷爷O借了一辆自行车，以便在周末派送报纸。O非常严格，要求他的孙子好好照顾这件“老宝贝”。E应在5月1日归还自行车。

不久后，E发现自行车的变速器不能正常使用了。5月5日，E因自行车行驶速度不够快又生了一肚子气，在仔细检查了一下变速器之后，他欣喜地发现，只要花一点钱就能把变速器修好。修好之后，他决定把自行车据为己有。由于过于粗心大意，他忘了跟爷爷商量一下这件事。在4月30日的时候，E的父母去度假了，时间为14天，因此他们对维修变速器一事不知情。

5月10日，E骑着这辆自行车——修好自行车之后他常常这样——与朋友们比赛“下坡”，主要是沿着未经加固过的砂石路陡坡向下骑。在比赛时，由于这辆旧自行车没有减震装置且轮胎状态欠佳，导致E在一段崎岖不平的路上从车上摔了下来。他摔得非常重，把自行车完全摔坏了。O对此有些不高兴。因自行车被摔坏，O向孙子请求损害赔偿。

E是否有义务向O赔偿损失？

案例变型

若E应于7月1日归还自行车，又应如何解答该案例？

案例来源及深入学习的提示

BGHZ 31，129 = NJW 1960，192；BGHZ 55，128=NJW 1971，608.

Vieweg/Werner SachenR § 8 Rn. 14，15，61.

考点

- 未成年人保护与“所有人与占有人关系规则”（深化）
- 擅自将他主占有变为自主占有之时作为占有取得的时间点（深化）

难点

涉及民法总则中的未成年人保护

利益状况

O 关心的是，能否因自行车受损而得到损害赔偿。与 O 的关切相反，E 想知道，是否可以不必为此承担责任。

案例原型的解答

一、O 对 E 基于民法典第 280 条第 1 款和第 3 款、第 283 条结合民法典第 604 条第 1 款的损害赔偿请求权

因自行车受损，O 对 E 或许享有基于民法典第 280 条第 1 款和第 3 款、第 283 条结合民法典第 604 条第 1 款的损害赔偿请求权。

（一）基于债务关系的给付义务为嗣后不能

O 与 E 缔结了使用借贷合同（民法典第 598 条），该合同经 E 之父母的事前同意而成立并生效。因此，具备民法典第 280 条第 1 款第 1 句意义上的债务关系。

此外，根据民法典第 280 条第 1 款和第 3 款、第 283 条的替代给付义务的损害赔偿请求权尚需给付义务已陷入嗣后不能。因自行车受损，E 根据民法典第 604 条第 1 款的返还义务陷入嗣后不能，原因在于，借用自行车的债务关系为特定物之债（民法典第 275 条第 1 款）。这属于民法典第 280 条第 1 款第 1 句意义上的义务违反。

（二）可归责（Vertretenmüssen）

返还不能须可归责于 E。E 违反合同约定使用自行车导致给付不能，与此具有决定性意义的是，这一给付不能是否可归责于 E。因 E 在修理和

使用自行车时已几近成年，故对于违反合同约定使用自行车，E应该具有民法典第276条第1款第2句及第283条第3款意义上的认知能力和广义的行为能力（einsichts–und handlungsfähig）。可以预料，E对违反使用目的将自行车用于“下坡比赛”的危险性有所认知，而且，其行为亦是在此认知之下实施的。

因此，根据民法典第276条第1款第1句，E因故意或过失而可归责。E在实施行为时疏于尽交易上必要之注意，因而不能推翻民法典第280条第1款第2句的［过错］推定。

（三）中间结论

基于民法典第280条第1款和第3款、第283条结合民法典第604条第1款，O对E享有损害赔偿请求权。

二、O对E基于民法典第989条、第990条第1款的损害赔偿请求权

因自行车受损，O对E或许享有基于民法典第989条、第990条第1款的损害赔偿请求权。

（一）所有物返还请求权之基础（Vindikationslage）

在损害结果出现之时，O与E之间须已存在所有物返还请求权之基础（民法典第985条、第986条）。在自行车受损之时，O为自行车所有人，E为直接占有人。因E与O缔结的使用借贷合同已于5月1日终止，故E不享有基于使用借贷合同的占有本权。自合同终止之时起，E不再享有占有本权。

（二）恶意

此外，E对占有本权之欠缺须为恶意（民法典第990条第1款）。E与其父母对占有本权之欠缺均非明知。因此，可以考虑的只有因重大过失而不知。但是，只有在取得占有之时因重大过失而不知才会使E成为恶意（民法典第990条第1款第1句）。就此而言，有疑问的首先是占有之取得应以何时为准。其次应予检验的是，恶意之判断能否以E的明知或因重大过失而不知为标准。

1. 取得占有的时间

文献中有学者认为，应以取得他主占有之时的情况作为判断依据。根

据这一观点，若以日常用语习惯为判断标准，则“擅自变他主占有为自主占有”（Aufschwingen zum Eigenbesitz）并不属于重新取得占有。已经对物享有管领力者，无法再对同一物重新建立占有关系；占有人前后的主观心态——自主或他主占有——对此不产生影响。准此以言，本案中仅能以取得他主占有之时的情况（亦即在3月15日将自行车交付E使用之时）作为判断依据。彼时，E基于使用借贷合同却享有占有本权，因此，对占有本权之欠缺的恶意不成立。

相反，按照司法实务的观点，却应以取得自主占有之时的情况作为判断依据。擅自变他主占有为自主占有属于重新取得占有。较之于他主占有，自主占有属于“异类”（aliud），因此，他主占有与自主占有属于两种完全不同的占有类型。按照立法者的意思，民法典第987条以下应限于自主占有之取得。因此，认为建立自主占有属于重新取得占有的观点是有说服力的。

若遵循这一观点，本案中，E对自行车建立自主占有的时间，亦即5月5日，为作出判断的时间点。此时，E已不享有占有本权。鉴于E不享有占有本权，民法典第990条第1款对恶意的要求得以满足，亦即E对占有本权之欠缺具有重大过失［民法典第990条框架下的善意判断标准，参见案例十五之“一、（三）”］。

2. 谁的认知情况可以作为判断依据

然而，有疑问的是，在判断是否为恶意时，究竟应以E自身的情况还是应以E的法定代理人的情况作为判断依据。

（1）未成年人的法定代理人，类推民法典第166条第1款

有观点认为，类推适用民法典第166条第1款，未成年人的恶意应以其法定代理人的情况为判断依据。其理由在于，由此可以确保贯彻内容广泛的未成年人保护。通常情况下，占有本权系基于债务关系，因此，只有能对债务关系之效力作出判断者，才可能为恶意。准此以言，本案中有决定性意义的是，E的父母（民法典第1626条第1款、第1629条第1款）是否为恶意。E的父母却自4月30日起开始度假，对其子违反与O的约定继续占有自行车并不知情。E的父母本来就不允许将E一个人留在家中无人照料，或许可以据此认为，E的父母对E之行为的不知情有重大过失。然而，即便认为将17岁的少年留在家中构成注意义务之违反（Sorgfaltspflichtverletzung），这种注意义务之违反无论如何也达不到重大过失的标准。若赞同这一观点，则E的父母不具有重大过失。

（2）未成年人的认知能力，类推民法典第 827 条、第 828 条

另有观点认为，类推适用民法典第 827 条、第 828 条，应仅以未成年人自己的认知能力作为判断依据。其说略谓：民法典第 990 条第 1 款为法定的责任构成，与合同法相比，它更接近于侵权法。按照这一观点，根据 E 的个别情况，参考其理解能力的成长状况，E 应当对占有本权之欠缺有认知能力。通常情况下，对 17 岁的少年来说，比如 E，可以认为，他能够理解在借用期结束后对借贷物已经不再享有占有本权。E 因过于粗心大意而忘了爷爷的嘱咐。可以认为，E 疏于尽交易上必要的注意义务，且达到了重大的程度。若赞同这一观点，则 E 为恶意。

（3）占有取得方式的区分

还有观点认为，应对占有取得的方式进行区分。若未成年人通过法律行为取得占有，则应类推适用民法典第 166 条第 1 款，以法定代理人的情况作为判断标准；若是以类似侵权行为的方式取得占有，须类推适用民法典第 827 条、第 828 条。E 系基于使用借贷合同取得对自行车的直接占有，因此属于通过法律行为取得占有。然而，擅自变他主占有为自主占有却属于重新取得占有［参见上文之“二、（二）1.”］，以这种方式取得占有与通过侵权行为取得有相似性。因此，根据这一观点，类推适用民法典第 827 条、第 828 条第 3 款，应以 E 的认知能力作为判断依据。E 拥有相应的认知能力，若未认识到占有本权之欠缺，至少有重大过失［参见上文之“二、（二）2.（2）”］。按照这一观点，E 同样为恶意。

（4）我们的立场

最后一种观点对取得占有的方式作了区分，值得赞同。在不当得利法中，［明知法律原因的欠缺］会导致责任加重（民法典第 818 条第 4 款、第 818 条），即便考虑未成年人保护，最后一种观点亦符合不当得利法的价值取向。

（三）灭失

因自行车严重受损，E 已不能返还自行车了。

（四）过错

在损坏自行车之时，E 须有过错。对此，E 须有过错能力（verschuldensfähig）。在损害结果出现之时，若 E 有认知能力及广义上的行为能力（民法典第 276 条第 1 款第 2 句、第 828 条第 3 款），则具有过错能力。在用自行车进行“下

坡比赛”之时，E已经17岁了。对于一个即将成年的少年来说，可以预料，他对危险性具有认知，并且其行为亦是在这一认知下实施的。因此，E具有过错能力。

（五）中间结论

O对E享有基于民法典第989条、第990条第1款的损害赔偿请求权。

三、O对E基于民法典第823条第1款的损害赔偿请求权

民法典第823条第1款须可与“所有人与占有人关系规则”并行适用。一般认为，民法典第987条以下排除未被起诉的善意自主占有人的侵权责任，对于恶意或已被起诉的自主占有人亦然（民法典第993条第1款后半句，以及反推民法典第992条）。若存在民法典第992条所规定之情形，对恶意占有人（如E）或已经被起诉的占有人来说，情况或许会有所不同。本案中应排除民法典第992条情形一的适用，因为O是自愿将直接占有赋予E，因此不成立以过错为基础的法律所禁止的私力（民法典第858条）。民法典第992条情形二亦不成立，因为E不存在侵占的故意（刑法典第246条），不具有刑法上的可罚性。O对E不享有基于民法典第823条第1款的请求权。

四、案例原型的结论

O对E享有基于民法典第280条第1款和第3款、第283条结合民法典第604条第1款的损害赔偿请求权，以及基于民法典第989条、第990条第1款的损害赔偿请求权。根据民法典第249条第1款和第2款第1句，该损害应以金钱的形式进行赔偿。

案例变型的解答

一、O对E基于民法典第280条第1款和第3款、第283条结合民法典第604条第1款的损害赔偿请求权

因自行车受损，O对E享有基于民法典第280条第1款和第3款、第283条结合民法典第604条第1款的损害赔偿请求权（参见上文案例原型）。

二、O 对 E 基于民法典第 989 条、第 990 条第 1 款的损害赔偿请求权

因自行车受损，O 对 E 或许享有基于民法典第 989 条、第 990 条第 1 款的损害赔偿请求权。

（一）所有物返还请求权之基础

在发生毁损之时，O 为自行车所有人而 E 为直接占有人。O 与 E 缔结的使用借贷合同仍然有效，故 E 享有占有本权。然而，E 仅有权进行他主占有，却于 5 月 5 日擅自将他主占有变为自主占有。

如今大家一致认为，对于逾越既有之占有本权的占有人（Nicht-so-berechtigter Besitzer，越权占有人），不适用民法典第 997 条以下。根据民法典之文句，占有人若相对于所有人享有某种形式的占有本权，即可排除民法典第 997 条以下之适用，并无必要作扩张解释。越权占有属于合同法问题，根据具体情况，可能会成立基于民法典第 280 条以下的损害赔偿请求权。在自行车遭毁损之时，E 仍享有相对于 O 的占有本权，故不成立所有物返还请求权之基础。

（二）结论

O 对 E 不享有基于民法典第 989 条、第 990 条第 1 款的损害赔偿请求权。

三、O 对 E 基于民法典第 823 条第 1 款的损害赔偿请求权

可以适用民法典第 823 条第 1 款，所有物返还请求权之基础并不成立［参见上文，案例变型之“二、（一）”］。E 在进行“下坡比赛”时导致自行车彻底毁损，因此，E 以有过错的方式损害了 O 的所有权。O 因此而遭受的损害之额度为自行车的价值。根据民法典第 249 条第 1 款和第 2 款第 1 句，应以金钱的方式赔偿这一损害。

四、案例变形结论

O 对 E 既享有基于民法典第 280 条第 1 款和第 3 款、第 283 条结合民法典第 604 条第 1 款的损害赔偿请求权，也享有基于民法典第 823 条第 1 款的损害赔偿请求权。

补充说明

关于案例原型之“一、(一)”

E借用自行车是为了派送报纸，故O与E之间的关系是以使用借贷（民法典第598条）为表现形式的好意施惠合同（Gefälligkeitsvertrag），而非纯粹的好意施惠关系（Gefälligkeitsverhältnis）。另外，O特别希望E归还自行车，在嘱咐E按时归还时，O亦明确表达了这一想法。根据双方的利益状况，可以认为，双方当事人意欲受合同拘束。

关于案例原型之“一、(一)”

在成立基于民法典第280条第1款和第3款、第283条的请求权时，民法典第280条第1款第1句中的义务违反仅限于因给付不能而未给付（Nichtleistung wegen Unmöglichkeit），这一观点具有说服力。只有在检验归责性时，才应考虑债务人导致给付不能的行为。这导致举证责任和证明责任之分配对债权人更为有利，因为债务人仅须为对方因给付不能而未给付举证，并在必要时予以证明，而不必针对债务人在客观上违反义务进行举证和证明。

关于案例原型之“一、(二)”

对于自行车遭毁损，即便E无过失，仍然可能成立合同责任：因自行车的返还日期系依日历而定，根据民法典第286条第2款第1项，在E粗心大意忘了返还义务的情况下，即便O未作催告，亦不妨碍E陷入迟延。在迟延期间，E亦须为意外事故承担责任，易言之，E要为不可归责于E和O的损害承担责任（民法典第287条第2句）。

关于案例原型之“二、(四)”

即便E无过失，亦即基于民法典第989条、第990条第1款的请求权不成立，E仍有可能为意外事故承担责任（民法典第990条第2款）。对此，须E在履行返还义务（民法典第985条）时已经陷入迟延。

O并未进行过催告。起诉（民事诉讼法第253条第1款、第261条第1款）与催告等同（民法典第286条第1款第1句）。然而，本案中O也未提起诉讼。或许可以考虑以下情况：E之恶意是否可因民法典第990条第1款参引民法典第989条（该条以诉讼系属为前提）而等同于诉讼，进而导致 E 陷入迟延。但是不能赞同该观点，因为民法典第 990 条第 1 款参引的只是民法典第 989 条的法律效果。除此以外，还可以考虑以下情况：返还日期是日历上的确定日期，故不必催告（民法典第 286 条第 2 款第 1 项）。然而，该观点亦不值得赞同，因为返还日期之确定针对的不是所有物返还请求权，而是基于合同的返还义务（有争议）。

案例十九　无形侵害致损

案件事实

B运营一座化铁炉。化铁炉系依《联邦无形侵害防治法》[1]第4条获得批准使用的可以融化生铁和生钢的设备。另外，批准附有如下条件：应定期测算无形侵害的数值（Immissionswerte）。B最近一次检查设备的粉尘排放（Staubauswurf）是在2010年1月，粉尘排放的数值未超出《空气保洁技术指导》（Technische Anleitung zur Reinhaltung der Luft，TA Luft）所确定的上限值（Grenzwerte）。

在2010年年底到2011年年初的时候，K将其汽车停放在了与企业场地接壤的停车场上。化铁炉排放的铁氧化物粉尘经化学反应对汽车表面的油漆涂层造成了损害。为此，K向B请求赔偿。K认为，对化铁炉的操作不当，致使相关无形侵害的数值超标，并因此造成了损害。B以“向来严守排放标准”为由反驳。

若B能够证明，粉尘的数值实际上从未超标，并且同时K又可提出证据，证明损害是由危害性粉尘之排放所造成，那么，法律状况应当如何？

案例来源及深入学习的提示

BGHZ 92，143 = NJW 1985，47；*J. Hager* JURA 1991，303；*Marburger/Hermann* JuS 1986，354；*Olzen* JURA 1991，281；*Röthel* JURA 2005，539.

Vieweg/Werner SachenR § 9 Rn. 42 ff.

---

[1] 译者注：全称“Gesetz zum Schutz vor schädlichen Umwelteinwirkungen durch Luftverunreinigungen，Geräusche，Erschütterungen und ähnliche Vorgänge”，简称“Bundes-Immissionsschutzgesetz”，缩写“BImschG”。

考点

- 根据民法典第906条第2款第2句的补偿请求权（Entschädigungsanspruch）（基础）
- 根据《联邦无形侵害防治法》第14条第2句的损害赔偿请求权（物权法之外的问题）
- 民法典第823条的违法性及公法上的批准（物权法之外的问题）
- 《联邦无形侵害防治法》第6条的因果关系推定（物权法之外的问题）

难点

涉及《联邦无形侵害防治法》及《环境责任法》（Umwelthaftungsgesetz）

利益状况

K希望能为汽车遭受的损害得到赔偿。相反，在遵照规定正常使用设备且未超标排放的情况下，B希望不必承担损害赔偿义务。

解答

一、根据民法典第906条第2款第2句，K对B的补偿请求权（Anspruch auf Entschädigung）

K对B或许享有基于民法典第906条第2款第2句的补偿请求权。

（一）请求权人的范围

根据民法典清晰的文句，民法典第906条的容忍义务仅关乎土地所有人，与此相应，对超出期待可能性的侵害（unzumutbare Beeinträchtigung）之补偿——民法典第906条第2款第2句的补偿请求权——也属于土地所有人。但是在本案中，K仅是土地上停车位的暂时使用人，此外，他也仅是动产（汽车）的所有人。因此，K不在民法典第906条第2款第2句规定的直接请求权人的范围之内。

然而，司法实务却超越法律之文句，将民法典第906条的适用范围扩张至承租人及用益租赁人的占有保护请求权（民法典第862条），因为，即便如此，占有人所享有的防卫请求权（Abwehransprüche）之范围亦不会超过所有人。本案中，究竟能否将 K 视为邻地的占有人，却有疑问；K 仅仅是土地的使用人，欠缺成立占有所必需的管领力。此外，补偿请求权属于由土地所有权衍生出来的请求权，旨在补偿对土地用益的侵害。因此，土地损害进一步造成的结果损害（Folgeschäden）才可能有补偿之必要。但是，本案中，汽车之损害与土地之损害不存在关联性（an dieser Grundstücksbezogenheit fehlt es aber hier）：K 之汽车所遭受之损害并非——与企业接壤的——停车土地损害导致的结果损害，而是直接由化铁炉的无形侵害所导致。

（二）结论

K 不属于民法典第 906 条第 2 款第 2 句的保护人员范围。K 对 B 基于民法典第 906 条第 2 款第 2 句的补偿请求权不能成立。

二、基于《联邦无形侵害防治法》第 14 条第 2 句，K 对 B 的损害赔偿请求权（Anspruch auf Schadensersatz）

如果无形侵害无法防止（《联邦无形侵害防治法》第 14 条第 1 句）且按照当时的技术条件（《联邦无形侵害防治法》第 3 条第 6 款）无法实施保护性预防措施，或在经济上不可行，则可主张《联邦无形侵害防治法》第 14 条第 2 句的损害赔偿请求权，该请求权与民法典第 906 条第 2 款第 2 句的补偿请求权相当。该损害赔偿请求权亦为对无法防止的土地侵害之补偿，因此亦要求损害与土地损害具有关联性。因此，与民法典第 906 条第 2 款第 2 句的补偿请求权不能成立的理由相同，K 亦不享有基于《联邦无形侵害防治法》第 14 条第 2 句的损害赔偿请求权。

三、K 对 B 基于民法典第 823 条第 1 款的损害赔偿请求权

但是，K 对 B 或许享有基于民法典第 823 条第 1 款的损害赔偿请求权。

（一）法益损害

对油漆涂层的损害属于对汽车“物之实体的侵害”（Substanzverletzung），因而损害了 K 对汽车的所有权。

（二）责任成立的因果关系（Haftungsbegründende Kausalität）

法益之损害亦须与 B 对化铁炉的运营行为之间存在条件因果关系及相当因果关系。若无粉尘排放，则几乎可以百分百确定不会发生损害。B 未超越《空气保洁技术指导》所确立之标准的事实亦不能导致条件因果关系中断，因为《空气保洁技术指导》并不能保证不会对第三人造成损害。化铁炉排放的粉尘损害停放在周围的汽车，亦未超出事物发展的普遍可能性。

（三）违法性

原则上，所有权之损害征引（indizieren）违法性。然而，K 之容忍义务却有可能阻却违法性。或许可以从《联邦无形侵害防治法》第 14 条第 1 句以及民法典第 906 条的基本思想中得出 K 负有这样的容忍义务。设备根据《联邦无形侵害防治法》第 4 条获得批准，却并不意味着能排除基于该法第 14 条第 1 句的对设备无形侵害的防卫及不作为请求权；此外，即便遵守了旨在细化法律规范的行政规定——如《空气保洁技术指导》——所确立的上限值，通常也不能得出无形侵害非重大（unwesentlich）以及对方因此而应予以容忍（民法典第 906 条第 1 款第 3 句）。依联邦最高法院之见，在土地所有人依法律规定对系争无形侵害有容忍义务的情形中，对其他动产所有人亦不构成违法侵害。

注意：从结果上看，有很多人赞同侵害不具有违法性并且支持联邦最高法院的解决方案。但是，若借助《联邦无形侵害防治法》第 14 条第 1 句或民法典第 906 条第 1 款第 1 句和第 3 句将容忍义务亦加诸 K，将会导致不能立即否定 K 根据《联邦无形侵害防治法》第 14 条第 2 句和民法典第 906 条第 2 款第 2 句的补偿请求权。因此，正确的做法是，在第“一”和“二”部分检验损害赔偿请求权的其他要件。

（四）结论

因不具备违法性，K 对 B 不享有基于民法典第 823 条第 1 款的请求权。

四、K 对 B 基于《环境责任法》第 1 条的损害赔偿请求权

最后，K 或许享有基于《环境责任法》第 1 条的损害赔偿请求权。

（一）请求权成立的要件

1. 损害了受《环境责任法》第 1 条保护的法益

对物的损害属于对所有权的损害。所有权属于受《环境责任法》第 1 条保护的法益。

2.《环境责任法》第 1 条之附件列举的设备

B 运营的化铁炉为《环境责任法》第 1 条之附件第 30 项所列之设备。

3. 因果关系

化铁炉的粉尘排放须亦与对 K 的所有权损害之间存在因果关系。

（1）《环境责任法》第 6 条第 1 款的因果关系推定

若设备足以引发既有之损害，那么，根据《环境责任法》第 6 条，推定设备对环境的干涉与损害之间存在因果关系。本案中，应认定以下事实：排放的铁氧化物经过与油漆、铬层及玻璃层发生化学反应，损害了靠近排放源停放的汽车。

（2）根据《环境责任法》第 6 条第 2 款，对推定的排除（Ausschluss der Vermutung）

然而，若对设备的运营合乎规定，则不适用上述因果关系推定（《环境责任法》第 6 条第 2 款）。若已履行特定的运营义务（《环境责任法》第 6 条第 2 款第 2 句），则可认为合乎运营规定。在发生损害的时间段内，若运营人已经做了必要的检测，应推定已履行运营义务（《环境责任法》第 6 条第 4 款第 1 项）。

本案中，K 的汽车遭受损害之时，距上次检测已将近一年。因此，《环境责任法》第 6 条第 4 款第 1 项不能适用于 B。然而，B 却可以证明，在造成损害之时，他遵守了法律规定的上限值。此时，根据《环境责任法》第 6 条第 2 款，应由 K 证明存在因果关系。根据案情，应认为，K 完成了这一证明。

（二）赔偿义务未被排除

但是，根据《环境责任法》第 4 条和第 5 条，B 的赔偿义务或许已经被排除。汽车之损害系因运营化铁炉的行为所致［参见上文之“三、（二）”］，而非因不可抗力。因此，不能根据《环境责任法》第 4 条排除 B 的责任。

根据《环境责任法》第5条，若物之损害非为重大，或者根据当地的情况损害亦有可能发生，则在运营行为合乎规定时，不应为物之损害承担责任。K的汽车受到了永久性损害，因此，汽车损害为重大损害。这种损害亦超出了通常情况下应予容忍的限度。因此，不能根据《环境责任法》第5条排除B的赔偿义务。

（三）请求权未罹于时效

根据《环境责任法》第17条之规定，基于《环境责任法》第1条结合民法典第195条的请求权，时效期间为三年。

（四）结论

K对B享有基于《环境责任法》第1条的损害赔偿请求权。

补充说明

在“焰火案”中，法院亦讨论了基于民法典第906条第2款第2句的补偿请求权（BGH Urt. v. 18.9.2009–V ZR 75/08 = BGH NJW 2009，3787）。

案情（略有改编）：元旦前夜，邻居N在自己的土地上燃放焰火。燃放时，他按说明书把焰火的火箭筒插到了空瓶里。然而，火箭筒在低空中突然改变了飞行轨迹，并穿过外墙的细缝射入12米外邻居家土地上谷仓的防火层。[1] 于是整栋建筑被引燃并被烧光。

因N没有过错，故排除民法典第823条第1款的侵权损害赔偿请求权：N保持了12米的安全距离，也是按照说明书燃放，因此他未违反交易上所必需的注意义务。

亦无须考虑基于民法典第280条第1款、第311条第2款、第241条第2款的损害赔偿请求权。N的行为不存在过错，故可根据民法典第280条第1款第2句免责，除此以外，此处也不存在可资违反的债务关系。所谓的“邻居共同体关系”（nachbarschaftliches Gemeinschaftsverhältnis）并不足以构成债务关系：从民法典第311条第2款第3项可以看出，债务关系至

[1] 译者注：经查证，判决原文曾提及屋顶及外墙为防火材料，无法查明谷仓是否防火。此处改编或有不当。

少应具有“与交易类似”（geschäftsähnlich）的特点。单纯的“更紧密的社会接触”（gesteigerter sozialer Kontakt），如邻里关系，并不能满足债务关系的要求。

这样的话，可以考虑的就只剩下类推适用民法典第 906 条第 2 款第 2 句不以过错为要件的相邻关系补偿请求权（之所以说类推适用，是因为［造成损害的］不是无形侵害，而是大块的侵入物，不能直接适用民法典第 906 条）。该请求权成立的条件为，所有人根据民法典第 1004 条对土地所受到的干涉无容忍义务，因情况特殊又无法阻止这些干涉。此外，对有些应予容忍的侵害无须进行补偿，但是这些侵害不应超出合理限度（das zumutbare Maß），该请求权之成立，需要干涉产生的不利后果超出了这一限度。［适用］民法典第 906 条需要满足所谓的“双重土地关联”。[1]

联邦最高法院对此作了如下论证：邻居土地上发射焰火的火箭筒产生的仅仅是抽象的危险，原则上，不能以之作为提起预防性不作为之诉（vorbeugende Unterlassungsklage）的理由，［提起诉讼］需要存在具体危险。若建筑物的外墙不可燃，安全距离也足够大，那么，发射火箭筒的行为就不构成具体的危险。本案中，在火箭筒穿过外墙的细缝之时，才产生了具体的危险。亦是在此时才构成了民法典第 1004 条第 1 款的违法侵害。（显然）无法以法律手段来对抗这一侵害，这导致他人在事实上被迫容忍侵害（faktischen Duldungszwang）。

然而，本案中的“双重土地关联”却有疑问。首先，须对土地的所有权造成了损害。与“化铁炉案”不同，本案符合这一要求。此外，这一损害须来自另一宗土地。这要求土地本身处于可以造成损害的状态，不过本案不符合这一要求。然而，若损害系因对土地进行具体的用益所致并且侵害与土地之间存在客观关联（sachlicher Bezug），亦可满足这一要求。

在土地上发射火箭筒，属于对土地的具体用益。然而，本案中，火箭筒之发射却与特定土地之间不存在客观关联，因为可以从任何一宗土地上发射火箭筒。易言之，在本案中，发射火箭筒的行为与土地之间不存在特殊关系（若在游乐场的土地上为吸引游客而每天都燃放焰火，则另当别论）。经过价值衡量，我们认为这一结论亦有说服力：土地上比邻而居者乃命运共同体（Schicksalsgemeinschaft der Grundstücksnachbarn），这可以说明民

[1] 译者注：即请求权人与请求权相对人需要同时与各自的土地存在关联。

法典第 906 条第 2 款第 2 句为何要把责任加诸共同体之成员。若与土地之间无关联性，则无理由支持比侵权责任更重的责任，亦即不以过错为要件的责任（verschuldensunabhängige Haftung）。

案例二十　住宅所有权与观念上的无形侵害

案件事实

A与B是一座住宅的所有人（Wohnungseigentümer）。该住宅带有花园，为二人的共有财产（Gemeinschaftseigentum）。在花园里，B在地界附近安放了两个花园小矮人[1]，一个20厘米高，另一个25厘米高，小矮人头上戴着发红光的小尖帽。A请求B将小矮人挪开，因为这些小矮人是“偏执和愚蠢”的象征。

可否？

案例来源及深入学习的提示

OLG Hamburg NJW 1988, 2052 gegen AG Hamburg-Harburg JZ 1988, 1032; AG Grünstadt NJW 1995, 889; AG Essen-Borbeck NJW-RR 2000, 461 = MDR 2000, 762 mAnm *Schmittmann*; AG Recklinghausen NJW-RR 1996, 657.

Vieweg/Werner SachenR § 3 Rn. 13; § 9 Rn. 3, 13, 20, 22 ff., 31, 65 f.

考点

- 《住宅所有权法》[2]（深化）
- 观念上的无形侵害（基础）
- 《住宅所有权法》第15条第3款的使用权（Gebrauchsrecht）的范围

---

[1] 译者注：Gartenzwerge，是德国院落中常见的一种装饰用的陶俑，外形为小矮人。

[2] 译者注：全称“Gesetz über das Wohnungseigentum und das Dauerwohnrecht”，简称“Wohnungseigentumsgesetz”，缩写“WEG”，最后一次修订时间为2014年12月5日。中文版参见胡晓静译，杨代雄校：《德国住宅所有权与长期居住权法（德国住宅所有权法）》，载《中德私法研究》（第5卷），北京大学出版社2009年版，第163—181页。须注意的是，中文版是参照2007年3月26日修订版译出，与现行版本略有差异。

（物权法之外的问题）

- 根据《住宅所有权法》第 14 条第 3 项的容忍义务（物权法之外的问题）

难点

涉及《住宅所有权法》

利益状况

A 感觉自己受到了花园小矮人的侵扰并因此非常希望能把它们挪走。与此相对，B 认为在花园里安放小矮人属于对共有花园的合理使用，也不想放弃之。

解答

一、A 对 B 根据《住宅所有权法》第 15 条第 3 款的移除花园小矮人的请求权

根据《住宅所有权法》第 15 条第 3 款，每一个住宅所有人都可以请求使用共有财产，对共有财产的使用应符合法律规定、共有人之间的约定和决议，并按照合理标准符合住宅所有人的整体利益。据此，只有在安放小矮人不符合《住宅所有权法》第 15 条第 3 款之使用时，A 才享有移除小矮人的请求权。根据《住宅所有权法》第 14 条第 3 项，若 A 对安放小矮人的行为负有容忍义务，则该请求权不成立。

（一）基于《住宅所有权法》第 14 条第 3 项结合第 1 项的容忍义务

根据《住宅所有权法》第 14 条第 3 项结合第 1 项，只有在其他住宅所有人对共有财产的使用所带来的不利未超过必要限度时，每一个住宅所有人才负有容忍义务。

与土地所有人之间的相邻关系（Nachbarverhältnis）相比，住宅所有人之间的相邻关系更为紧密，因此，他们互相负有更重的体谅义务（Pflicht zur Rücksichtnahme）。[1] 依通情达理的住宅所有人之感受，只要［其他住宅

---

[1] 译者注：指在共有人之间，侵害方更应体谅受侵害方的感受，即便是较小的侵害，亦不能期待受侵害方容忍之。

所有人］造成的侵害不是完全可以忽略不计（nicht ganz unerheblich），就可以对侵害实施防卫。这类侵害也包括所谓的观念上的侵害，特别是对视觉整体造成的审美侵害。在具体个案中，对他人之使用是否负有容忍义务——恰如民法典第 906 条第 1 款第 1 句——应在利益衡量之后再作判断。作利益衡量时，主要应考虑侵害的类型和程度，以及［对共有财产进行］使用背后的利益（Belange und Interessen）。

本案中，首先应予注意的是，花园小矮人与所有人共同体的生活之间不存在任何社会关联。因此，并无理由认为放置花园小矮人这一行为具有法律上应予认可的更高利益，亦不能认为这些花园小矮人有实际用处，足以让人牺牲审美方面的想法。此外，花园小矮人对他人审美感受的妨碍亦非转瞬即逝。花园小矮人顶着发红光的小尖帽，格外刺眼。至于在放置花园小矮人时是否注意到了它们可能是“小气”和品位差的象征，其实无关紧要，因此，在本案中可以认为，被 A 所指责的放置花园小矮人的行为对居住环境所造成的视觉整体上的损害非为完全可以忽略不计，因此，A 对这些损害没有容忍义务（亦可主张其他观点）。

（二）结论

根据《住宅所有权法》第 14 条第 3 项结合第 1 项，A 对放置花园小矮人的行为没有容忍义务。由于亦无理由认为存在其他容忍义务，故 A 可以根据《住宅所有权法》第 15 条第 3 款请求 B 移除花园小矮人。

二、A 对 B 基于民法典第 1004 条第 1 款的小矮人移除请求权

A 或许享有基于民法典第 1004 条第 1 款的花园小矮人移除请求权。

（一）A 主张请求权的资格

作为共有人，A 在其份额权（Anteilsrecht）遭受侵害且无容忍义务时，可以根据民法典第 1004 条第 1 款基于份额权请求对方不作为；本案中，［该请求权之成立与否］与民法典第 1011 条无关，因为该规定仅涉及共同共有人与第三人之间的关系。

（二）因观念上的（审美上的）无形侵害导致的所有权受损

有疑问的是，根据民法典第 1004 条第 1 款，是否可以对观念上的无

形侵害，尤其是审美上的无形侵害（本案中是指因 B 的花园小矮人而导致的纯粹的视觉上的侵害）进行防卫。

有人认为，这一诉求具有部分合理性，因为基于观念上的侵害亦可使土地的价值受损。对于因“道德上的”（sittlich）无形侵害所导致的严重且不可容忍的用益侵害，尤其符合上述情况。若认为可以适用民法典第 1004 条第 1 款，亦不存在可对抗 A 的防卫请求权的容忍义务；可以根据《住宅所有权法》第 14 条第 3 项结合第 1 项再次得出这一结论。

但是，最近的司法实务及绝大多数文献却不欲将民法典第 1004 条第 1 款扩张至观念上的侵害，特别是审美上的侵害，因为，这类侵害通常不是由土地越界（Grenzüberschreitung des Grundstücks）导致的。这一思想可以化用到共有人间的关系上。此外，如对观念上的无形侵害适用民法典第 1004 条第 1 款的话，可能会导致防卫请求权的过度主观化。民法典第 1004 条第 1 款的适用范围可能会因此而无限扩大。在本案中，按照后一种观点，在仅造成观念上的侵害的情况下，不能以所有权遭侵害为由进行防卫。

（三）结论

对 A 的共有财产造成的视觉上的侵害，不属于民法典第 1004 条第 1 款意义上的所有权侵害，不得对这类侵害进行防卫。因此，A 只能根据《住宅所有权法》第 15 条第 3 项请求移除花园小矮人。

补充说明

关于“一、（一）”

在判断［防止侵害的措施］是不是不具有期待可能性（Unzumutbarkeit）时，不同情况下的判断标准也是千差万别：在民法典第 906 条的框架下，“不具有期待可能性”要满足较高的要求，而在住宅所有权法中，应特别注意住宅所有人相互之间的体谅义务。这导致，即便是对审美感受造成的微小侵害，亦不能期待对方予以容忍。然而，在住宅所有权法中须再次对共有部分和专有部分进行区分：较之于专有部分，共有部分更容易满足不具有期待可能性的要求。

民法典第 1004 条概览

民法典第 1004 条允许［被侵害人］向侵害人主张不以过错为要件的排除妨害及不作为请求权。法条文句（“所有权”）之外的其他全部与所有权类似的权利都可被认为是须予保护的法益，因为它们同样具有用益及排他功能（对此参见关于案例二的补充说明），此即为所谓的“准否定性权利”（quasi–negatorische–Rechte）。

侵害人既包括行为侵害人（Handlungsstörer）——其积极的意思实现（Willensbetätigung）造成了侵害，也包括状态侵害人（Zustandsstörer）——他支配的物造成了损害。［认定侵害人，］需要有损害之存在，该损害至少应间接地由行为人的意思实现导致。纯粹的自然事件不符合要求。原则上，给受法益保护的功能带来不利影响的干涉均为损害。

对于什么是对土地造成“干涉”的无形侵害并可根据民法典第 1004 条对其进行防卫，存有争议。多数文献认为，对观念上的无形侵害不可以根据民法典第 1004 条进行防卫（如本案），部分文献认为，应以无形侵害是否达到了严重的程度为判断依据。消极的无形侵害（比如，取用地下水，遮挡阳光及妨碍空气流通等）属于另一类富有争议的案例类型。在这些情形中，未对他人之物造成积极干涉。申言之，权利人是在未越界的情况下对自己的土地进行用益，结果造成了损害。根据之前的观点，对遮挡阳光及妨碍空气流通之类的“剥夺行为”（Entziehung）亦可根据民法典第 1004 条进行防卫。相反，通说却并不认为可以根据民法典第 1004 条进行防卫，原因在于，根据民法典第 906 条，有形的材料之“侵入”可以得到正当化。立法者认为，“剥夺行为”明显不符合民法典第 1004 条的构成要件。

案例二十一　物保与人保竞合时的追偿

案件事实

基于买卖合同，S 欠 G 2000 欧元。B 以保证的方式为该债务提供担保。此外，E 与 G 达成合意，以 E 收藏的邮票设定质权来担保价金债权，并完成交付。在债务到期时 S 未支付价款。于是 E 清偿了 G 的债权。

E 对 S 和 B 享有哪些请求权？

案例来源及深入学习的提示

BGHZ 108，179 =NJW 1989，2530 =JuS 1990，61（*K. Schmidt*）；*Mertens* JURA 1992，305.

Vieweg/Werner SachenR § 10 Rn 8 ff.，39；§ 15 Rn. 65.

考点

- 有效的质权设定（基础）
- 人保与物保的关系（深化）
- “担保人的竞争”（深化）
- 清偿对债权和质权的影响（深化）

难点

涉及保证（民法典第 765 条以下）

利益状况

E 关心的是，G 对 S 的债权是否已经转移给了自己。此外，他还欲向 B 追偿（Regress）。申言之，E 想知道是否可让 B 共同承担责任（Mithaftung）。否则，在 S 明显没有支付能力或不想支付的情况下，E 须自己承担 S 的偿付风险。相反，B 却不愿意看到 E 向自己主张请求权；E 最好去找 S 算账。

解答

一、E 对 S 的请求权

（一）基于民法典第 433 条第 2 款、第 1225 条第 1 句，E 向 S 请求支付 2000 欧元的请求权

可以考虑 E 对 S 基于民法典第 433 条第 2 款、第 1225 条第 1 句的支付 2000 欧元的请求权。根据民法典 1225 条第 1 句，债权转移的条件如下：质押人与主债务人非为同一人，且质押人向质权人进行了清偿。

1. 为 G 有效地设定质权

对此，首先须 G 已成为 E 的邮票收藏品的质权人。

根据民法典第 1205 条第 1 款第 1 句，E 与 G 已达成符合民法典第 1204 条之内容的物权合意。此外，E 已让 G 取得对邮票收藏品的直接占有。[1] 因此，已经完成了民法典第 1205 条第 1 款第 1 句意义上的交付，且于此时仍存在设定质权的物权合意。

将邮票收藏品出质亦是为债权——本案中为价金债权——提供担保（民法典第 1204 条第 1 款）。

此外，E 作为所有人有权处分邮票收藏品。因此，G 已取得对邮票收藏品的质权。

2. 根据民法典第 1225 条第 1 句，质押人向质权人进行了清偿

质押人 E 与主债务人非属同一人，并且清偿了受质权担保的债权。

3. 法律后果

根据民法典第 1225 条第 1 句，债权不会因质押人清偿而消灭（[不适用] 民法典第 362 条第 1 款），而是转移给质押人。

---

[1]　译者注：原文尚有“und seinerseits jeglichen Besitzrest aufgegeben”（“同时已放弃对邮票收藏品的任何形式的占有”）。在设定质权之后，出质人仍继续享有间接占有，故“已放弃对邮票收藏品的任何形式的占有”一说不妥。经与原作者协商，译文删除了这一句。

（二）结论

因此，E 根据民法典第 433 条第 2 款、第 1225 条第 1 句取得了向 S 请求支付 2000 欧元的请求权。

二、E 对 B 的请求权

（一）E 对 B 基于民法典第 433 条第 2 款、第 1225 条第 1 句、第 412 条、第 401 条、第 765 条第 1 款向 B 请求支付 2000 欧元的请求权

由于债权已经转移给了 E［参见上文之“一、（一）3.”］，E 或许已经成了保证债务的债权人（Bürgschaftsgläubiger），这导致 E 根据民法典第 433 条第 2 款、第 765 条第 1 款对保证人 B 享有支付 2000 欧元的请求权。

1. 根据民法典第 412 条、第 401 条，保证的转移

根据民法典第 412 条、第 401 条，债权的转移（民法典第 1225 条第 1 句）导致债权上的担保权同时一并转移，本案中，根据民法典第 765 条、第 766 条为 G 设定的保证一并转移。

据此，E 或许可基于保证向 B 主张权利。根据民法典第 767 条第 1 款第 1 句，保证债务的范围依主债务而定，在本案中为 2000 欧元。

2. 对这一结论的疑虑

若 G 向 B 主张其请求权，且 B 向 G 清偿的话，则 B 也可以向 E 全额追偿而避免蒙受损失，就此而言，上述结论的妥当性不无疑问。因为，若 B 向 G 清偿，根据民法典第 774 条第 1 款第 1 句 B 同样可以取得对 S 的债权，并根据民法典第 412 条、第 401 条取得对邮票收藏品的质权。申言之，在数个担保人并存的情况下，民法典第 412 条、第 401 条导致谁先履行担保义务，谁就可以向其他担保人全额追偿。据此，所有担保人均须力争率先向债权人清偿。其他担保人则要承担主债务人的破产风险。

为避免这种不公正的“担保人竞争”的出现，有以下几种解决思路备选。

（1）让保证归于消灭

部分学者认为，应只允许保证人向物保人追偿，而在物保人率先清偿的情况下，人保自动消灭。之所以优待保证人并加重物保人责任，原因在于民法典第 776 条：对质押人或抵押人不存在相应的规定。与物保人不同，保证人要以自己的全部财产承担责任，因此更有保护之必要。若赞同这一

观点，则 E 不得向 B 追偿，因为 B 的保证已因 E 之清偿而消灭。然而，这一思路因过于死板而被多数人拒绝。

（2）所有担保人承担按份责任

另有观点认为，应优先考虑债权人与诸担保人之间是否存在分配追偿风险的约定。若无约定，则不仅可以将民法典第 774 条第 2 款结合第 426 条适用于数个质押人间的关系（参见民法典第 1225 条第 2 句），也可［类推］适用于物保人与保证人并存的情况。其结果是，在有疑问的情况下，各担保人按相同份额承担责任（民法典第 426 条第 1 款第 1 句）。

（3）后果

让各担保人按相同份额承担责任，法律技术上应当如何实现，尚未得到阐释。可以考虑的是，从民法典第 774 条第 2 款之思想得出权利消灭之抗辩，或者根据民法典第 273 条通过留置抗辩权来实现。

（二）结论

基于民法典第 774 条第 2 款之思想，E 仅可向 B 追偿一半，额度为 1000 欧元。

补充说明

向债权人进行清偿的效果

在质押人为质物的所有人，并且质押人与主债务人非属同一人的情况下（本案情形）

在根据民法典第 1225 条第 1 句发生债权转移的情况下，质押人根据民法典第 401 条、第 412 条、第 1250 条第 1 款第 1 句同时取得质权。若不存在民法典第 1256 条第 1 款第 2 句或第 2 款的例外情形，根据民法典第 1256 条第 1 款第 1 句，质权消灭（混同）。

在质押人不是质物的所有人，[1] 并且质押人与债务人非属同一人的情况下

质押人在取得债权的同时亦取得质权（参见上文）。在对质权人仅进

[1] 译者注：此处的情况是非权利人出质，质权人善意取得质权。

行了部分清偿的情况下，因尚有剩余债权未获清偿，债权人的质权在顺位上优先于质押人的质权（民法典第1225条第2句、第774条第1款第2句：债权转移不得给质权人带来不利益）。

主债务人自己清偿

根据民法典第362条，债权消灭，根据民法典第1252条质权随之消灭。

质物的所有人既非与债务人属同一人，又非质押人的情况下，质物的所有人清偿

根据民法典第1249条第1句质物的所有人享有清偿权，清偿的后果依照民法典第1249条、第268条第3款：债权转移给质物的所有人，根据民法典第401条、第412条、第1250条质权随之亦转移给质物的所有人，通常情况下，质权会根据民法典第1256条因混同而消灭（参见上文）。

各种形式的质权概览

依质权的产生事由，可将质权分为意定质权（民法典第1205条以下）、法定质权及扣押质权（Pfändungspfandrecht，民事诉讼法第804条）。

根据民法典第1205条以下，意定质权以当事人约定及质物的交付为要件，并以受担保的债权之存在为前提。非权利人出质时，可善意取得意定质权（民法典第1207条）。这有别于法定质权［参见案例十七之“二、（三）1.（3）”］。

法定质权可以分为如下几种情形

占有质权（Besitzpfandrechte），如基于提存（民法典第233条）、附属物上的用益承租人之质权（das Pächterpfandrecht am Inventar，民法典第583条）、承揽人质权（民法典第647条）及基于商法典第397条、第440条、第464条、第475a条、第495条的质权。

携入质权（Einbringungspfandrecht），这类质权不以质权人占有质物为要件，如出租人质权、用益租赁的出租人质权及旅店主人的质权（民法典第562条至第562d条；第581条第2款结合第562条至第562d条；第704条）。

法定质权基于法律规定产生，亦即不需要通过法律行为出质，符合各自的构成要件即足以产生法定质权。对于已经产生了的法定质权，根据民

法典第 1257 条之规定，准用民法典第 1204 条以下。应予注意的是，个别条文对不以占有为要件的法定质权并不适用。

基于民事诉讼法第 804 条的扣押质权属于特殊的质权，它因强制执行官的扣押而产生。有争议的是，扣押非属债务人所有之物是否也可以产生扣押质权，现在的通说持否定立场（公私法混合理论，gemischt öffentlichrechtlich–privatrechtliche Theorie）。

案例二十二 期待权的（善意）取得

案件事实

1月2日，卡车商人V将七辆卡车以所有权保留的方式卖给了K。K收到卡车后将其投入企业中使用。K因资金紧张于4月5日从银行B处得到了一笔贷款并将其对卡车的权利让与给了B作为担保。7月1日，V与K约定，卡车上的所有权保留的担保范围扩大至K对V的其他债务。9月1日，K支付了卡车的最后一笔价款。然而，K后来未履行对V的其他支付义务，V让人在K不知情的情况下将卡车取回。不久后，B向V请求返还卡车。

可否？

案例变型

V自己虽不是卡车的所有人，却将其以附所有权保留的方式转让给K。这些卡车是所有人E停放在V的场地上的，而K对此却并不知情。在进行买卖磋商时，V告诉K，这些卡车是新车。

随后，与案例原型一样，K将其对车的权利转让给了B以资担保。

K本应于8月15日支付最后一笔卡车价款但未支付。8月16日，E向V了解停放的卡车的情况，并请求返还。V没有将与K的交易告诉E。

在此期间，V深感良心不安并打算解除与K的汽车买卖。由于K尚未履行付款义务，这给了V可乘之机。于是,V在8月30日表示解除买卖合同。K立即致电B，并告之以详情。

B想知道，他是否可以在9月1日支付最后一笔价款并因此而取得卡车的担保所有权。

案例来源及深入学习的提示

BGHZ 75, 221 = NJW 1980, 175; BGH NJW 2005, 1365; OLG Hamm NJW 1964, 2257; *Loewenheim* JuS 1981, 721.

Vieweg/Werner SachenR § 11 Rn. 34 ff., 49, 52, 55 f., 61, 63.

考点

- 动产期待权的取得与转让（基础）
- 事后对所有权保留的条件之成就另作约定（深化）
- 自非权利人处善意创设取得[1]（Ersterwerb）期待权（深化）
- 期待权的消灭（基础）

利益状况

案例原型

B基于自己与K约定的条款取得了期待权，B希望自己可以信赖这一期待权强化为完整权（Vollrecht），否则的话该期待权将无法为其提供足够的担保。相反，V却希望在其对K的全部债权获得清偿之前，一直是卡车的所有人。

案例变型

B关心的是，自己是否已经取得卡车的期待权，并因此而通过支付最后一笔价款取得担保所有权。这却与E的利益背道而驰，因为，这样的话，E将丧失所有权，只能向V主张损害赔偿请求权、不当得利请求权及基于不法管理的请求权（Ansprüche aus angemaßter Eigengeschäftsführung）。

---

[1] 译者注：自非权利人处直接善意取得期待权称“善意创设取得”（gutgläubiger Ersterwerb）。与此相对，若转让期待权者自己不享有期待权，则有期待权的“善意移转取得”（gutgläubiger Zweiterwerb）问题。期待权的善意移转取得存在争议。对于其他类型的限定物权，亦有善意创设取得和善意移转取得的问题。

案例原型的解答

一、根据民法典第 985 条 B 对 V 的卡车返还请求权

B 对 V 或许享有基于民法典第 985 条的卡车返还请求权。其前提为具备原物返还请求权之基础（Vindikationslage）。

（一）B 的所有权

最初，V 是卡车的所有人。然而，如果 K 将其期待权转让给 B 以资担保且取得完整权的条件已经成就，B 或许已经成为所有人。对此，首先须 K 已取得期待权。

1. K 取得期待权（创设取得）

原则上，在以附所有权保留的方式让与所有权的情况下，受让人会取得一项稳固的法律地位，它符合期待权的条件：受让人可因支付价款而取得所有权，并且所有权保留出让人无法单方面破坏这一法律地位（民法典第 161 条）[期待权的产生，参见案例九案例原型之“一、（四）1.”]。对此，根据民法典第 929 条第 1 句、第 158 条第 1 款，需要满足的条件为：以移转所有权为内容的物权合意附延缓条件，并且在完整权的权利人进行交付之时，物权合意仍然存在。

根据民法典第 929 条第 1 句和第 158 条第 1 款，V 与 K 达成的移转卡车所有权的物权合意以完全支付价款为延缓条件，至少可以根据民法典第 449 条第 1 款的解释规则得出这一点。此外，V 已经将卡车交付给 K，并且在交付之时，V 与 K 所达成的物权合意仍然存在。最后，V 在处分之时为所有人，因此是有权处分人。

因此，K 根据民法典第 929 条第 1 句、第 158 条第 1 款取得了对卡车所有权的期待权。

2. K 将期待权转让给 B（移转取得，Zweiterwerb）

期待权作为所有权的前一阶段，在进行转让之时类推适用动产所有权的转让规则。

（1）类推适用民法典第 929 条第 1 句进行的转让

K 和 B 已经就期待权之转让达成物权合意。然后，因 K 未完全放弃对卡车的占有，未能完成民法典第 929 条第 1 句意义上的交付：K 仍是卡车的直接占有人。

（2）类推适用民法典第 929 条第 1 句、第 930 条进行的转让

①物权合意，占有改定

物权合意已经达成［参见上文案例原型之“一、（一）2.（1）”］。类推适用民法典第 930 条，双方或许已经通过约定占有媒介关系替代了交付。可以认为，让与担保之约定属于此处所需的民法典第 868 条意义上具体的占有媒介关系。因为，在 B 因实现担保权的条件成就而请求交出卡车之前，K 作为让与担保人基于让与担保之约定可以继续保有对卡车的直接占有。同时，K 作为直接他主占有人，具有为 B（第一阶间接他主占有人）媒介占有的意思。

在约定占有改定之时，物权合意仍然存在。

② K 的处分权

最后，除了上述内容，K 须具有转让期待权的权限。对此，因期待权人处分的是自己的权利，故无须完整权的权利人事前同意转让。因此，K 作为卡车的期待权人享有处分权。

（3）中间结论

B 已经取得了对卡车所有权的期待权。

3. 条件之成就

只有在取得所有权的条件成就之时，B 才可以成为卡车的所有人。

（1）最初的条件之成就

最初，V 与 K 约定，以付全款为延缓条件，该条件在 9 月 1 日已经成就。

（2）后续补充约定的效果

然而，V 与 K 在期待权之转让完成之后，延缓条件之成就之前，双方又就以下内容达成一致：只有在额外的条件成就之后，亦即在 K 清偿完其他债务之后，所有权才会移转。这或许会导致，B 在这一额外的条件成就之后才成为卡车的所有人。

有观点认为，期待权的移转取得人（Zweiterwerber）应承担因债务关系变更或解消而生的风险。较之于其他担保手段，以期待权进行担保的弱点就在于期待权自身的性质。据此，K 与 V 已经有效地扩张了原来约定的条件。因此，在全部债权未获得清偿之前，B 尚未取得所有权。

与此相反，司法实务和文献中的多数派观点认为，应分不同情形讨论。移转取得人只需要承担债权行为的内在风险，就这些风险而言，没有必要保护移转取得人（比如，因出让人未获得对待给付或买受人因物之瑕疵而

解除买卖合同带来的风险）。若在转让期待权之时债务关系中没有涉及债务变更事宜的约定，则债务关系之变更不应对移转取得人产生不利影响（比如，事后双方协议解除合同，或者扩张延缓条件）。其理由在于，若在债务关系中未约定变更权，最初的期待权人在转让期待权之后，已经无权再擅自变更债务关系之内容。因此，这一类债务关系内容之变更属于对期待权的无权处分，根据民法典第 185 条，该无权处分在获得期待权的新权利人的同意之后，始得生效。

若不这样的话，K 与 V 之间的约定会成立法律所不允许的不利于第三人的合同，因为受让人之稳固的法律地位事后会因此蒙受损害；这一理由支持“分类讨论说”。因 K 不享有必要的权限，V 与 K 事后达成扩大所有权保留的约定无效。因此，在完全清偿价款之后，B 已经直接自 V 处取得卡车所有权。

4. 中间结论

B 已经成为卡车所有人。

（二）V 的占有

在取回卡车之后，V 成了直接占有人。

（三）根据民法典第 986 条，不享有占有本权

V 不享有民法典第 986 条意义上的占有本权。

（四）结论

B 可以根据民法典第 985 条向 V 请求返还卡车。然而，根据通说，类推适用民法典第 986 条第 1 款第 2 句，该请求权（因实现担保权的条件未成就）只能由 K 行使，其内容为返还直接占有。

二、根据民法典第 861 条第 1 款、第 869 条第 1 句，B 对 V 的返还请求权

此外，亦可考虑 B 因占有遭侵夺而享有纯粹基于占有的返还请求权（possessorischer Herausgabeanspruch）。对此，根据民法典第 861 条第 1 款、第 858 条第 1 款，须 B 因法律所禁止的私力而丧失占有。然而，B 却只是间接占有人。若有人对直接占有人实施法律所禁止的私力，且已经满

足民法典第 861 条第 1 款的其他条件，根据民法典第 869 条第 1 句，间接占有人亦享有民法典第 861 条第 1 款的返还请求权。本案中，V 在未获 K 之同意且无法定许可（gesetzliche Gestattung）的情况下将卡车自 K 之土地上移走，可以认为，K 之直接占有因民法典第 858 条第 1 款意义上的法律所禁止的私力而遭侵夺。因此，民法典第 861 条第 1 款规定的条件已经得以满足。该请求权亦未因民法典第 861 条第 2 款或民法典第 864 条第 1 款被排除。

因此，间接占有人 B 亦享有基于民法典第 869 条第 1 句、第 861 条的返还请求权。然而，根据民法典第 869 条第 2 句前段，该请求权仅可由 K 主张，请求恢复直接占有，原因在于，民法典第 869 条第 2 句后段的例外情形不成立。

三、基于民法典第 1007 条第 1 款和第 2 款，B 对 V 的返还请求权

此外，B 对 V 亦可能享有基于民法典第 1007 条第 1 款和第 2 款的数个返还请求权。这些返还请求权基础所要求的条件，有些相同，另一些则不同。

本案中，相同的部分条件已经具备：卡车系动产，B 曾为前手间接占有人（已经可以满足要求）以及请求权相对人 V 不享有民法典第 1007 条第 3 款第 2 句和第 986 条意义上的占有本权。

此外尚需满足民法典第 1007 条第 1 款所规定的特殊条件：在取得占有时，就其占有本权而言，V 为恶意，原因在于，V 错误地认为他可以随便把卡车取走，对于未认识到本权之欠缺，V 至少具有重大过失（民法典第 932 条第 2 款）。此外，B 未根据民法典第 1007 条第 3 款第 1 句情形二自愿放弃间接占有。因此，基于民法典第 1007 条第 1 款的请求权成立。

基于民法典第 1007 条第 2 款的请求权之成立，需要卡车自 B 处脱手。此处所称之脱手，与民法典第 935 条的脱手相同。亦即，原则上需要请求权人非因自己之意志而丧失直接占有。在 B 成为间接占有人之后，类推适用民法典第 935 条第 1 款第 2 句，须直接占有人 K 非因自己之意志而丧失直接占有。对此应予认可（参阅案例原型之“二”）。据此，B 亦享有基于民法典第 1007 条第 2 款的请求权。

须予注意的是，上述这些请求权皆准用民法典第 986 条第 1 款第 2 句（或者类推适用民法典第 869 条第 2 句前段），其内容为恢复 K 的直接占有。

四、其他返还请求权

最后，依民法典第 823 条第 1 款 B 亦享有基于侵权的返还请求权（占有人与所有人关系规则不排除该请求权）以及基于民法典第 812 条第 1 款第 1 句情形二的不当得利请求权。

五、结论

根据民法典第 985 条、民法典第 869 条第 1 句及第 861 条第 1 款、民法典第 1007 条第 1 款及第 2 款、民法典第 823 条第 1 款或民法典第 812 条第 1 款第 1 句情形二向 V 请求返还卡车。然而，根据通说，这些请求权（在实现担保权的条件成就之前）的内容仅仅是恢复 K 的直接占有。

案例变型的解答

期待权可因支付最后一笔价款而强化成为所有权，若 B 已取得期待权，则 B 在支付最后一笔价款之后，可以取得卡车的担保所有权（Sicherungseigentum）。首先应再次检验 K 是否已经取得了期待权。

一、K 取得期待权

（一）K 自 V 处取得期待权；民法典第 929 条第 1 句、第 158 条第 1 款

如案例原型之“一、（一）1.”已经具备基于民法典第 929 条第 1 句和第 158 条第 1 款的物权合意，并且在交付之时物权合意仍然存在。

然而，V 并非卡车的所有人，故应该排除基于民法典第 929 条第 1 句及第 158 条第 1 款的期待权取得。

（二）根据民法典第 929 条第 1 句、第 158 条第 1 款及第 932 条第 1 款第 1 句善意取得期待权

期待权系与所有权本质相同的“缩型”，故在满足民法典第 932 条及其以下条款规定的情况下，亦可善意取得动产期待权。可以考虑根据民法典第 929 条第 1 句、第 158 条第 1 款及第 932 条第 1 款第 1 句的期待权善意取得。

1. 民法典第 929 条第 1 句及第 158 条第 1 款的前提条件

除处分权以外，民法典第 929 条第 1 句及第 158 条第 1 款的一般要件已经具备。

2. 民法典第 932 条的特殊要件

期待权之取得，需通过一项属于交易行为的法律行为。卡车之交付亦足以使人相信 V 享有处分权，故已经具备权利外观（民法典第 932 条第 1 款第 1 句）。

然而，有疑问的是，在交付之时 K 是否曾善意地（民法典第 932 条第 2 款）相信 V 为所有人。相反，在法律行为所附之条件成就之时的恶意不会对 K 产生不利影响。

本案中，K 与车行 V 均为商人：在商事交往中，商人的货物之上通常附有供货商之延长的所有权保留（unter verlängertem Eigentumsvorbehalt），商事交往的参与人亦了解这一情况。据此，若商人仅以车行具有占有取得力（Besitzverschaffungsmacht）为据，就推断出车行亦享有所有权，那么应认为商人严重违反注意义务（对非商人未必如此）。因此，K 原则上应因其重大过失（民法典第 932 条第 2 款）而不能善意取得［关于因重大过失而不知的一般情况，参阅案例五之“一、（一）5.（4）”］。

然而却可以考虑根据民法典第 932 条第 2 款结合商法典第 366 条第 1 款的善意取得。商法典第 366 条第 1 款将判断善意的连接点扩张至相信对方具有处分权。[1]V 属于商法典第 1 条意义上的商人，并且出让卡车的行为亦属于商法典第 343 条意义上的商行为（Handelsgeschäft）。此外，对于 V 的处分权之欠缺，K 须非为恶意。于此情形，应以民法典第 932 条第 2 款结合商法典第 366 条第 1 款为标准进行判断。

K 并非积极知晓 V 没有处分权，却有可能因重大过失而不知。K 未要求对方出示机动车证书，据此可以认为他有重大过失。在取得机动车时应注意，除了交付以外，出让人的所有权或处分权还有其他的权利外观载体（关于民法典第 929 条第 1 句及第 932 条中的权利外观载体，参见案例十补充说明）：车产证（Die Zulassungsbescheinigung Teil II）。据此可以认

[1] 译者注：《德国民法典》中的善意取得要求受让人善意相信处分人享有所有权，而《德国商法典》却将善意相信的对象扩张至处分权。中国《最高人民法院关于适用〈中华人民共和国物权法〉若干问题的解释（一）》第 15 条的立场与《德国商法典》类似。

为，在某些情形下受让人亦须要求占有车辆的出让人出示车产证，否则他就违反了审查义务（Nachforschungsobliegenheit），这会致受让人因重大过失而不知。从私人手中购买二手车时，更有理由这么认为。有疑问的是，因信赖车行的处分权而购买新车是否也属于这类案例。在即兴购买（bei Gelegenheitskäufen），亦即在取得行为算不上主要业务的情况下，联邦最高法院认为不属于上述案例类型。其理由首先在于，此类检验与审查义务无关当事人是否有疑虑，它们会导致过度扩张受让人的注意义务。受让人可以认为，声誉良好且靠谱的新车车行有权处分这些卡车。此外，由于证书颁发不及时，车行尽管享有处分权却无法出示证书。在这种情况下，如果将这一过分的审查义务（有时费用甚巨）加诸受让人，那么他就必须作审查，以确保自己能够取得所有权。

本案中，并无理由认为车辆之取得属于 K 的主要业务（主要业务是商业租赁）。据此，K 仅从 V 有能力交付车辆这一点，就可以得出 V 享有处分权。因此，K 非为恶意。

此外，根据民法典第 935 条第 1 款，V 系自愿将车辆的直接占有交与他人，故车辆非为脱手物，K 可善意取得卡车所有权之期待权。

3. 中间结论

根据民法典第 929 条第 1 句、第 158 条第 1 款及第 932 条第 1 款第 1 句，K 已经取得了对卡车的期待权。

二、将期待权转让给 B（类推适用民法典第 929 条第 1 句、第 930 条）

类推适用民法典第 929 条第 1 句、第 930 条，K 可能已经将这一期待权转让给了 B，以资担保［参考案例原型之“一、（一）2.（2）”］。由于转让期待权的条件均已具备（特别是 K 为有权处分），B 已取得期待权。

三、期待权在条件成就之前未消灭

然而，这一期待权可能已经在 9 月 1 日消灭。本案中，如果 V 根据民法典第 346 条第 1 款、第 323 条第 1 款已经有效地解除了合同，那么 K 支付价款的义务可能已经转化成为返还清算义务（Rückabwicklungspflicht）。因未及时支付价款而导致合同被解除，这属于债务关系本身具有的风险，根据较为合理的观点（也是我们赞同的观点），这一风险应由 B 承担。因此在本案中，期待权的存续风险（Bestandsrisiko）由 B 承担。

由于 K 未履行到期债务，根据民法典第 323 条第 1 款的解除事由已经具备。然而，V 未给 K 指定履行期限，而根据民法典第 323 条第 2 款又必须指定履行期限，这导致 V 没有满足有效解除合同的所有条件。因此，期待权未因 8 月 30 日的解除而消灭。

四、条件之成就

仍有必要考虑的是，B 在 9 月 1 日支付最后一笔价款，是否可以促使条件成就。对此具有决定性意义的是，B 之支付作为第三人支付（Drittzahlung）是否同样可促使条件成就。

原则上，第三人有权进行给付（民法典第 267 条第 1 款）。若 V 无正当事由拒绝 B 的支付，属于以违反诚实信用的方式阻止条件成就。根据民法典第 162 条第 1 款，这会导致“条件视为已经成就”。因此，B 通过支付最后一笔价款，可以促使条件成就。

五、结论

B 通过在 9 月 1 日支付最后一笔价款，可以促使期待权强化为完整权（所有权）。其结果是，B 可以直接取得所有权，无须先行经过 K 的过手取得。

补充说明

关于案例原型之“三”

“准用民法典第 986 条第 1 款第 2 句”及“类推适用民法典第 2 句前段”的说法取自 Staudinger/Gursky, 2012, § 1007 Rn. 31. 对于这个问题，不同观点采用的术语并不统一。

关于案例变型之“一、（二）2.”

机动车受让人的恶意之判断，有大量的判决可以参考。“未要求对方出示车产证”是否可以作为“因重大过失而不知”的理由，因买卖车辆的种类之不同可能会有不同的评价。

一般情况下，在买卖二手车时应要求出示车产证。对于私人间的“路边买卖”，出示车产证为强行性要求。此外，若有特殊事由（超低价、在黑暗的小巷中进行交易或出让人与车辆登记持有人身份不一致等情况），则受让人负有额外的审查义务。通常情况下，即便从二手车车行购买，亦应要求出示。若无特殊情况，对处分权的善意信赖（商法典第 366 条）使得车行无须先行登记（Voreintragung des Händlers）。

私人从车行购入新车［包括展示用的样车和车行暂有车[1]（Tageszulassung）］时，因车辆首次被许可上路的特殊性而未要求出示证书，通常不能排除善意取得。若商人从车行购买车辆，而购买车辆的行为又属于商人的主要业务，则情况又有所不同（对此，参阅案例解答）。

关于案例变型之“三”

不能根据民法典第 323 条第 2 款第 2 项因法律行为是相对定期行为而得出不必指定期限。对于相对定期行为，虽有必要确定给付的时间，但是仅仅确定给付时间又不足以满足条件。必须从确定的时间中（这与本案的情况不同）得出以下内容：法律行为之“存废”取决于是否遵守给付时间（信号词：“最迟不晚于”“确定”……）。与绝对定期行为不同，在相对定期行为的情况下，即使过了给付期间，仍有补救之余地，从而避免陷入民法典第 275 条的给付不能。

关于案例变型之“四”

通常情况下，若债务人表示异议，债权人可以拒绝受领第三人的给付（民法典第 267 条第 2 款）。本案属于例外情节，K 的异议却不能让 V 获得拒绝受领权。其理由在于，因期待权已被转让，所有权保留买受人 K 亦随之放弃了异议权。

[1] 译者注：车行从生产商处进货时常常有最低数量要求，并且进货越多折扣越大。在车辆无法及时卖出时，车行会把车辆登记到自己名下，并于车产证上注明“Tageszulassung”。消费者购买此类车辆时，可以享有折扣。消费者买到的车虽与新车无异，但是从车产证的信息上看，却是二手车。不过在涉及瑕疵担保时，Tageszulassung 与新车同等处理。译者结合交易的情况，将 Tageszulassung 意译为“车行暂有车”。

案例二十三　期待权的善意取得

案件事实

V 以附所有权保留的方式将两台机器卖与 K。在卖方交付机器时，由于库房紧张，K 把机器暂寄存在了 F 处。此时，K 已支付三分之一的价款。

F 由于资金紧张，于是向 D 自称是机器的期待权人。F 与 D 就以下内容达成合意：将 V 对机器享有的一切权利转让给 D，并完成交付。为此，F 出示了伪造的证书，证明他已经从 V 处以附所有权保留的方式取得了机器且已经支付了三分之二的价款。于是 D 误以为还有三分之一的价款未支付，并向 V 完成支付。D 在支付价款时得知了真相。

D 想知道，他是否已经因为这次支付而取得了机器的所有权，或者，他有没有可能通过支付实际剩余价款取得所有权。

案例变型

若在将期待权转让给 D 之时，K 已经向 V 支付了剩余价款，则应如何处理？

案例来源及深入学习的提示

Baur/Stürner SachenR § 59 Rn. 38 ff.; *Westermann/Gursky/Eickmann* SachenR § 45 Rn. 9.

Vieweg/Werner SachenR § 11 Rn. 57 f.

考点

- 善意移转取得既有的期待权（深化）
- 善意信赖的范围（深化）
- 善意移转取得一项原本不存在的期待权（深化）

利益状况

所有权保留买受人 K 关心的是，能否继续享有期待权并于条件成就之时取得所有权。受让权利的第三人 D 之利益在于，先取得期待权，然后取得所有权。

案例原型的解答

一、D 因支付三分之一的价款而取得所有权

若 D 从 F 处已经取得了期待权且已经通过向 V 支付误信的余款促使条件成就，那么 D 就已经成了所有人。

首先，所有人 V 根据民法典第 929 条第 1 句和第 158 条第 1 款将机器以附所有权保留的方式转让给了 K，此时（在 F 与 D 达成交易之前）因条件尚未成就，K 未能取得完整的所有权，取得的只是机器的期待权［参阅案例九之“一、（一）1.”］。

D 可能已经继受取得（亦即通过 F 的转让行为）这一期待权。

（一）F 将期待权转让给 D

期待权之转让可类推适用所有权转让的规定，对于动产期待权，类推适用民法典第 929 条及以下。

1. 类推适用民法典第 929 条第 1 句取得期待权

类推适用民法典第 929 条第 1 句，转让期待权需 F 与 D 达成物权合意，并且在交付机器之时物权合意仍然存在，这两项条件均已具备。然而，由于期待权人是 K，不是 F，这会导致 D 无法取得期待权。亦即，F 是无权处分。

2. 类推适用民法典第 929 条第 1 句、第 932 条第 1 款第 1 句之取得

可以考虑类推适用民法典第 929 条第 1 句、第 932 条第 1 款第 1 句从误信的权利人 F 处善意取得期待权（所谓的期待权之善意移转取得）。

（1）善意移转取得期待权之可能性

有观点认为，一般情况下不能善意移转取得期待权。期待权之存续依赖于基础债务关系——至少所有权保留买受人之期待权是这样，这使得期待权难以善意移转取得。此外，期待权亦无权利外观：占有或占有取得力仅可以用来支持出让人的所有权，而不能支持期待权。以期待权

人的身份出现者，自己就推翻了所有权之推定。所以，受让人信赖的并非客观的权利外观，而仅仅是出让人的一面之词。因此，受让人并无保护之必要。

相反，多数派观点却认为，原则上应允许善意移转取得一项既有的期待权。受让人之信赖有保护之必要，因为期待权与正在产生的所有权并无本质区别。与前述观点不同，期待权亦有充分的权利外观：由于期待权是完整权的“缩型”，占有或占有取得力亦足以彰显期待权。此外，经济上之需求亦支持期待权的善意取得：对于刚生产出的商品，买受人通常只能取得期待权，而买让人又无法百分之百地确定该期待权存在与否。期待权之存废依赖于债务关系，受让人承担由此而生的风险（对此，详请参阅案例二十二之变型之“三”）；受让人之善意至少应受保护，使其免遭出让人处分权欠缺的风险之累。

如果赞同第二种观点，则原则上可善意移转取得期待权。

（2）类推适用民法典第 929 条第 1 句及第 932 条第 1 款第 1 句取得期待权

通过类推适用，除了处分人的处分权之外，民法典第 929 条第 1 款的其他要件均已具备［参阅案例原型之“一、（一）1.”］。

期待权之转让亦需要通过一项属于交易行为的法律行为。同时，因 F 能完成机器之交付，显示 F 对机器享有相应的权利外观（民法典第 932 条第 1 款第 1 句）。因 D 已经要求对方出示权属证书，就算不知道出让人非为权利人，亦不能认为 D 有重大过失。虽然 D 后来得知对方非为权利人，但这无关紧要，因为对受让人的善意进行判断时，应以受让人取得期待权——亦即向 D 交付机器——的时间点为准。

民法典第 935 条第 1 款第 1 句亦不能阻止善意取得之发生，因为权利人（此处是 K）丧失机器之占有并不违背其意志。此外，（进行交付之时的直接占有人）F 原本是为 K 媒介占有，后来自愿将机器交付与 D。所以，民法典第 935 条第 1 款第 2 句亦不能阻却善意取得之发生。

因此，类推适用民法典第 929 条第 1 句及第 932 条第 1 款第 1 句、第 2 款，D 可以通过物权合意加交付自 K 处取得期待权。

3. 中间结论

若赞同通说，则 D 已经善意取得期待权。

（二）条件之成就

如果付款可促使条件成就，D 就可以通过向 V 支付价款的三分之一取得机器的所有权。然而，K 与 V 已经约定，只有在价款支付完毕后，V 才丧失所有权。然而，D 的支付并不能导致条件成就。至于 D 曾认为只有三分之一的价款有待支付，在所不问：期待权原来是什么样，就只能取得什么样的期待权——期待权的额度和期待权自身的存续只取决于基础债务关系，只有清偿这一债务，才可以促使条件成就［对此详请参阅案例二十二之原型之“一、（一）3.”］。D 善意地相信已有更高额度的价款获得清偿，不受保护。所以，条件尚未成就。

（三）中间结论

虽然 D 支付了部分价款，但是因条件尚未成就，D 未能取得所有权。

二、是否可以通过支付全部余款促使条件成就

然而，根据民法典第 267 条第 1 款，D 可以通过支付最后剩余的三分之一价款促使条件成就（对此参阅案例二十二之变型之“四”）。

然后需要考虑的是，若——人们可以预期——K 不同意 D 来清偿的话，V 可以根据民法典第 267 条第 2 款拒绝受领。所有权保留买受人（本案 K）不能享有异议权的理由，我们在关于案例二十二的补充说明中已经提及，不过这一理由无法直接适用到本案：在关于案例二十二的补充说明中，因所有权保留买受人自愿放弃期待权，从而丧失异议权，而本案却非如此。但是，如果承认期待权的善意移转取得的话，就必须否定所有权保留买受人的异议权，否则，善意移转取得将无法实现其目的。

所以，K 无权提出异议，而 V 若是硬要拒绝受领剩余价款的话，会导致条件被视为已经成就（根据民法典第 162 条第 1 款）。

三、结论

D 可以通过支付全部余款取得机器的所有权。

案例变型的解答

在 F 将期待权转让给 D 之时，K 已经向 V 支付了全部余款，故 K 的期待权在转让之时就已经强化成为所有权。这与案例原型中的情况不同，也就是说，此时已经根本不存在期待权了，更遑论向第三人（D）转让了。

不可以善意移转取得一项根本不存在的期待权，大家对此并无异议，原因在于，类推适用民法典第 932 条，受保护的善意仅限于出让人权利归属之欠缺，如果被转让的权利根本就不存在的话，那就爱莫能助了。善意移转取得须以权利确实存在为前提，权利确实存在亦是善意取得的关键点。本案中，可以考虑的只有 F 违背事实的一面之词：他享有期待权。履行债法上所负担之义务，才会促使期待权的条件成就，如果债法上的负担根本就不存在，那么期待权既无立足之地，也无法因受让人之善意而无中生有。

因此，在案例变型中，D 未从 F 处取得期待权，这导致 D 无法通过支付余款取得所有权。

补充说明

被转让的期待权之内容，仅限于权利人实际享有的，这是本案例的研习重点。对于期待权的经济价值（案例原型）及期待权存在与否，没有信赖保护的问题。

关于案例变型

在本案中，如果 F 自称是所有人并将机器以附延缓条件的方式转让给 D，则有可能发生期待权的善意取得。这种情况其实是——大家一般都认可的——期待权的善意创设取得（gutgläubiger Ersterwerb），而非期待权的善意移转取得，这不同于案例变型。

案例二十四　所有权保留与相互矛盾的一般交易条款

案件事实

B利用自家的采购条款从A那里订购了两台机器，每台10000欧元。到货后付款。B的购买条款中有如下内容：

“以我方的采购条款订购机器。其他条款不是合同的内容，纵使我方没有明确表示反对，亦然。收到机器之后，我方在正常的业务往来中使用机器和转卖机器的权利不受限制。”

A在确认B的订货时使用的却是自己的卖方条款，部分重要内容如下：

“1. 全部供货，包括未来的供货，仅适用以下条款。如果对方提出使用己方的采购条款，我方在此表示不接受。对方的采购条款再次到达我方之后，即便我方未再次明确表示拒绝，亦不代表我方接受对方的采购条款。至迟于对方接受我方送货之时，视为接受我方的供货和支付条款。

2. 在所有债权获得清偿之前，所有已经送出之货物的所有权仍归我方（货物所有权保留）。”

A依照约定将货物送到B处。在支付价款之前，B陷入破产。针对B的财产，已经启动破产程序。现在，A以自己仍是所有人为由向破产管理人请求返还机器。

可否？

案例来源及深入学习的提示

BGHZ 125，83=NJW 1994，1154；BGHZ 104，129=NJW 1988，1774；BGH NJW 1982，1749=JuS 1982，938（*K. Schmidt*）；*Baur/Stürner* SachenR § 59 Rn. 9 ff.；*Wilhelm* SachenR Rn. 2443，2445 ff.；*Ulmer/H. Schmidt* JuS 1984，18.

Vieweg/Werner SachenR § 11 Rn. 6，9 ff.

考点

- 所有权保留的单方意思表示（深化）
- 相互矛盾的一般交易条款（物权法之外的问题）

难点

涉及一般交易条款法

利益状况

继续保持所有人之地位，为 A 的利益之所在，这样他就可以根据破产法第 47 条主张取回权。

解答

一、根据破产法第 47 条第 2 句结合民法典第 985 条，A 对破产管理人的机器返还请求权

若 A 基于物权或债权可以主张机器不属于破产财产（破产法第 35 条、第 47 条），则可以通过行使取回权向破产管理人请求返还机器。若 A 仍是机器所有人，即属上述情况的典型情形；此时，他可以根据民法典第 985 条请求返还。

（一）A 的所有权

最初 A 是机器的所有人。然而，其所有权可能已经根据民法典第 929 条第 1 句被转让给了 B。A 已经根据民法典第 929 条第 1 款把机器交付给了 B，进行交付之时 A 为所有人，为有权处分人。然而，物权合意似有疑问。

1. 物权合意

A 与 B 最迟可于送货之时以默示方式达成合意，即 B 应成为机器的所有人：A 之送货构成要约，而 B 之受领构成承诺。若根据民法典第 151 条第 1 款无须对要约进行承诺，则进行承诺的意思表示无须达到 A。然而，这一物权合意只能以 B 履行其全部支付义务为延缓条件（民法典第 158 条

第 1 款)。

(1)依民法典第 133 条及第 157 条所为之意思表示解释与依民法典第 449 条第 1 款所为之意思表示解释的关系

按照一般法律原则，在有疑义的情况下，不能认为双方已达成附条件的物权合意。申言之，物权合意须以明示的方式达成，或依照民法典第 133 条和第 157 条通过意思表示解释而得出。若在物权合意之上既未明确约定附延缓条件，亦无法通过意思表示解释得出明确的结论，那么在这种情况下，可参酌民法典第 449 条第 1 款的解释规则。据此，如果买卖合同预先约定了所有权保留，则在有疑义的情况下，应认为移转所有权的物权合意系附延缓条件。如果通过对物权合意进行解释已经得出明确结论，则无须再考虑民法典第 449 条第 1 款(对此，参阅案例九，补充说明)。

(2)根据民法典第 133 条及第 157 条对物权合意进行的解释

在送货之时，双方未明确约定所有权保留。因此，应依民法典第 133 条和第 157 条对物权合意进行解释。

对此，首先应予考虑的决定性因素是要约：A 先向 B 寄送卖方条款，再通过送货的行为发出默示的所有权让与之要约。在卖方条款中，A 的意思一清二楚：只想通过附延缓条件来让与所有权，并且不接受与卖方条款不一致的买方条款。处于 B 之位置的理性第三人也肯定会将送货理解为附条件的所有权让与要约(民法典第 133 条、第 157 条)。

从客观受领人的角度看，尽管卖方条款与买方条款不一致，仍可将 B 的收货行为理解为默示的、与卖方让与所有权要约一致的承诺，另外，根据民法典第 151 条第 1 款，该承诺无须到达 A。如果认为 B 的收货行为属于对卖方要约的拒绝并构成新要约，则会导致 B 因未达成物权合意而得不到任何权利。这不符合 B 的利益。

因此，根据民法典第 133 条及第 157 条应得出如下结论：B 与 A 已经以默示的方式就附条件转让所有权达成合意。

2. 中间结论

A 已经以完全支付价款为延缓条件将机器的所有权让与给 B(民法典第 929 条第 1 句、第 158 条第 1 款)。由于 B 尚未支付价款，故条件尚未成就。因此，A 尚未丧失机器所有权。

（二）B的占有

机器尚在B处且由B行使实际管领，故B为占有人（民法典第854条第1款）。

（三）根据民法典第986条不享有占有本权

然而，根据民法典第986条第1款第1句B可能享有一项债权性的占有本权，可以用来对抗A的返还请求权。本案中，基于B与A签订的机器买卖合同，B原则上享有占有本权。

然而，这一占有本权却有可能嗣后因合同被解除（民法典第323条第1款）而消灭。行使返还请求权意味着以默示的方式作出解除合同的意思表示（参阅民法典第449条第2款）。然而，行使解除权亦须具备解除事由。尽管已经到期，B却不履行支付义务。然而A却既未向B，亦未向破产管理人根据民法典第323条第1款指定支付期限。因此，只有在可以不指定支付期限的情况下，才能有效地解除合同。本案可能符合民法典第323条第2款第3项的情况。因B陷入破产而导致破产程序被启动（破产法第17条），在这种情况下，须B的破产构成民法典第323条第2款第3项意义上的特殊情事。然而，这有可能会架空破产管理人根据破产法第103条和第107条第2款的选择权。因此，只有在破产管理人选择让B履行合同，并且在指定期限之后B仍不履行的情况下，才有解除合同之可能。

因A未有效地解除合同，故B原本享有的对机器基于买卖合同的占有本权未消灭。易言之，B根据民法典第986条第1款第1句享有占有本权。

此外，基于期待权B也可能享有占有本权；就这一问题，已经在案例九之变型之“一、（三）1.（2）②”中作过说明。

二、结论

尽管A仍是机器的所有人，并因此原则上可以根据破产法第47条行使取回权，然而B基于买卖合同而享有的占有本权却可以对抗基于民法典第985条的返还请求权。

补充说明

至于是否已在债法层面预先约定了所有权保留，在解答案例时可以不予处理。是否要处理这一问题，取决于是否查考到了 B 对 A 享有的后续请求权（比如，请求无条件让与所有权或损害赔偿）。只有在 A 负有无条件让与所有权之义务时，才有可能产生这些请求权。基于这一原因，我们将在下文详细讨论，应如何处理本案买卖合同中互相矛盾的一般交易条款问题：

相互矛盾的一般交易条款问题

虽然 A 与 B 未在买卖合同中作明确约定，并因此而导致卖方之义务不明，但是双方分别向对方提供了一般交易条款，且相互矛盾。在过去，对于应该如何解决这类问题，大家曾长期争执不休。

旧司法实务采纳的是“后来者居上说”（Theorie des letzten Wortes），易言之，谁最后向对方发出一般交易条款，就把谁的一般交易条款纳入合同。根据民法典第 150 条第 2 款，如果承诺之内容与前面的一般交易条款的内容矛盾，视为拒绝前面的要约，并构成新要约。因此，若合同相对人未再向对方发出自己的一般交易条款从而至少以默示的方式对新要约作出承诺，则只有最后被发送的一般交易条款会被纳入合同，因为承诺人系以默示的方式对此表示认可。在本案中，这会导致 A 的一般交易条款被纳入合同，因为 A 是以自己的一般交易条款来作为“订购确认书”的基础（新要约），而 B 在受领对方的送货时，又没有明确提出自己的一般交易条款（以默示的方式承诺并接受卖方条款）。然而，这一观点有其弱点：常常难以查明究竟是谁最后提出一般交易条款的。

然而，依今日之通说，在这种情况下，应认为双方未达成合意（民法典第 154 条第 1 款）。有疑问的仅仅是其法律后果：尽管未达成合意，如果双方仍然开始履行合同，则表示双方愿意舍弃民法典第 154 条第 1 款的解释规则，不欲因“应该适用哪方的交易条款”之争议而使合同不成立。若卖方条款和买方条款存在矛盾，则矛盾的部分不纳入合同。根据这一观点，若合同内容有疑义，则应以任性规范补充之，易言之，卖方所负之义务为无条件转让所有权（民法典第 433 条第 1 款第 1 项）——此即该观点的优点所在。

若赞同今日之通说，则基于买卖合同 A 负有无条件转让所有权之义务。因此，B 对 A 仍享有无条件让与所有权的请求权。

案例二十五　连环让与担保

案件事实

在4月，A自银行B处获得一笔20000欧元的贷款。为了给贷款提供担保，A将其挖掘机的所有权转让给了B。在担保合同中有如下约定：由A保管并继续使用挖掘机。此外，担保合同中还有以下条款：

"第6条　本合同担保银行之还款请求权，在该请求权获得实现之后，担保人收回（zurückerhalten）基于本担保约定所转让的挖掘机所有权。"

C知道前述让与担保的情况，A与C在5月约定：A将其对挖掘机所享有的一切即将产生的权利都转让给C，以担保[另一债权]。在12月，A向B偿还了最后一笔贷款。

谁是挖掘机的所有人？

案例来源及深入学习的提示

BGH NJW 1984，1184 = JuS 1984，720（*K. Schmidt*）；BGH NJW 1991，353 = JuS 1991，422（*K. Schmidt*）；*Baur/Stürner* SachenR，§ 57 Rn. 2，10；*Westermann/Gursky/Eickmann* SachenR § 44 Rn. 20.

Vieweg/Werner SachenR § 12 Rn. 6 ff.，10 f.，14 ff.，20.

考点

- 让与担保的前提条件（基础）
- 债权得到清偿对所有权状况的影响（深化）

利益状况

C通过5月的约定取得了一定的法律地位，基于这一法律地位，C在必要时可于12月支付最后一笔贷款并自动成为所有人——这是C的关切之所在。

相反，B关心的是，在最后一笔贷款获得清偿之后，能否仅让A取得一项债法上的回复让与请求权，从而让物权性担保的丧失与否“完全操之在我”。

而A的利益却在于，在将挖掘机之所有权让与给B时附了解除条件，从而给自己留下期待权，以便用来继续提供担保。

解答

起初，挖掘机的所有权属于A。然而，A却可能已经因让与担保而丧失所有权，而由B或C取得之。

一、在4月，根据民法典第929条第1句，A丧失所有权，B取得之

由于A一直是直接占有人，故根据民法典第929条第1句之所有权转让因未交付而未完成。

二、在4月，根据民法典第929条第1句及第930条，A丧失所有权，B取得之

A与B已经就挖掘机所有权之转让达成物权合意。

此外，尚需完成民法典第930条规定的替代交付。约定一项具体的占有媒介关系（民法典第868条），即可满足这一条件。根据民法典第311条第1款及第241条第1款让与担保合同属于特殊合同（Vertrag sui generis），在让与担保合同中A与B约定了如下内容：A应保管挖掘机，且在B为实现债权而请求返还之前，A可以继续使用之。可以认为，本案已经具备一项具体的法律关系，根据该法律关系，相对于B，A暂时有权占有机器。此外，B亦享有一项（尚未到期的）返还请求权，而且A具有他主占有意思。易言之，担保合同构成民法典第868条意义上的占有媒介关系，并因此而完成民法典第930条及第868条意义上的交付替代。

另外，A与B之间的物权合意在约定占有改定之时仍然存在，且A在处分之时为所有人，亦即有权处分人。

因此，在4月B已经成了挖掘机的所有人。

三、在 5 月，C 根据民法典第 929 条第 1 句、第 930 条及第 933 条取得所有权

然而，A 与 C 在 5 月约定的让与担保却有可能已经导致 B 丧失所有权并使 C 取得了所有权。然而，此处的物权合意却有疑问。A 与 C 之约定——C 应该取得一切“即将产生的”权利——却表明双方达成的物权合意之内容并非立即转让所有权。

四、因 A 在 12 月偿还全部贷款而使 C 取得所有权

最后，A 在 12 月完全偿还贷款可能已导致 C 取得所有权。

（一）直接取得抑或过手取得（Durchgangerwerb）

这一所有权之取得既可能是自 B 处直接取得，也可能经由 A 的过手取得而完成。

1. 直接取得——期待权之转让

A 原本享有一项回首取得所有权的期待权，通过类推适用民法典第 929 条第 1 句及第 930 条，若 A 已经将这一权利——通过转让其全部权利——转让给了 C，则可以考虑直接取得。其结果将是，因 A 在 12 月偿还最后一笔贷款而使得 C 的期待权直接强化为完整权（所有权），而无须由 A 再先行取得所有权。

2. 过手取得——预先的所有权转让

然而亦可考虑，A 与 C 在 5 月所达成的物权合意之内容为“根据民法典第 929 条第 1 句及第 930 条转让所有权”。由于在 5 月 A 不享有处分权，因此，只有 A 在 12 月有“逻辑上的一秒钟”成为所有人，才有可能让其处分根据民法典第 185 条第 2 款第 1 句情形二自取得处分权时起生效（ex nunc wirksam）。若以这种方式［转让所有权］，则 C 系经由 A 的过手取得而取得所有权。

3. 中间结论

C（通过 A 偿还贷款）取得所有权的上述两种可能性具有共同的前提：A 与 B 之间的让与担保系（以偿还贷款为）解除条件（民法典第 158 条第 2 款）。

相反，若 A 与 B 仅仅约定了一项债法上的回复让与所有权的请求权，

则 A 无法成为期待权人［关于期待权的一般条件，参见案例九原型之“一、（四）1.”］：因 B 可以单方阻止 A 取得所有权，这导致 A 的权利地位难谓稳固。结果导致，C 既不能自权利人处取得期待权，亦不能因非权利人之处分而善意取得期待权（无法善意移转取得一项不存在的期待权，参见案例二十三变型），从而排除 A 的直接取得。

在 A 仅享有债法上的回复让与所有权之请求权的情况下，C（直到事发之时）也无法经由 A 的过手取得而取得所有权。其原因在于，B 尚未将挖掘机之所有权转让给 A，民法典第 185 条第 2 款第 1 句情形二所规定的条件未获满足。

（二）A 向 B 让与所有权时附了解除条件

双方在让与所有权时究竟是为物权合意附了解除条件，还是仅仅约定了在清偿债权之后，A 享有一项债法上的回复让与请求权，应该根据民法典第 133 条和第 157 条通过对物权合意进行解释来确定。在解释之时，可将担保合同作为补充性因素加以考虑。

本案中，双方在物权合意中并未［对所附条件之性质］达成明确约定。因此，应查考担保合同的措辞。然而，［担保合同中的］“收回［所有权］”（zurückerhalten）这一表述既不必然表示所有权会自动回归原主，亦不必然表示双方约定的仅仅是债法上的回复让与所有权的请求权。因此，文义解释在这里行不通。

不过，不能仅仅根据文义来确定物权合意的内容，而是应探求双方真意。对此，应从客观第三人的视角切入，假定客观第三人面临意思表示受领人的各种不同处境，来分析这一问题（民法典第 133 条、第 157 条）。

1. 联邦最高法院的观点

对于该问题，联邦最高法院认为，银行在通常情况下仅会接受债法上的回复让与所有权之义务。因此，应将物权性的物归原主条款视为例外。据此可以得出，与银行缔约的理智且正直的合同相对人只有在担保合同中有明确依据的时候，才会认为所有权之让与是附解除条件的，亦即双方约定的是物权性的物归原主条款。

2. 相反的观点

相反的观点认为，在物权合意的框架之内，担保人通常不会觉得需要向担保权人提供“过多的”担保。因此，理智的第三人在没有明确约定的情况下（亦包括银行的一般交易条款）只能认为所有权之让与是附了解除条件。此外，担保人有保护之必要，这也可作为支持本观点的理由：通过附解除条件让与所有权，担保人以期待权的形式为自己保留了稳固的法律地位，根据民法典第 161 条第 2 款担保权人无法单方面破坏担保人的这一法律地位并且第三人亦无法因善意无负担取得而使之归于消灭［类推适用（民法典第 161 条第 3 款结合）民法典第 936 条第 3 款］。

3. 适用于本案

然而，若以银行的惯常实践为基础，则应该认为本案中约定的是债权上的回复让与请求权。即便贷款在 12 月已经全部获得偿还，B 仍是所有人。

若采纳相反的观点，则又回到了前面所提出的问题：究竟是直接取得还是过手取得，这又取决于［A 向 C］究竟是预先转让了所有权，还是转让了期待权。然而，这又取决于应该如何根据民法典第 133 条和第 157 条对物权合意进行解释。

根据双方约定中的措辞，既可以考虑所有权之预先转让，亦可以考虑期待权之转让：双方所选择的措辞仅仅表明，债权得以实现之后在挖掘机上所产生的权利（本案中即所有权）应该归 C。然而，上面的两种解释路径均可实现这一目的。无法从约定内容的措辞推断出双方究竟想让 C 直接取得所有权还是过手取得。因此，应从客观受领人的角度来探求双方真意。

对于担保权人来说，取得期待权意味着安全性更高。在这种情况下，担保人 A 对担保物不再享有任何法律地位，也就无法再为第三人设定权利了。

若 A 与 C 仅约定了预先转让所有权，则情况又有所不同。这样的话，C 的地位不如前一种情况稳固：因为 A 仍然是期待权人，而且在条件成就之前，A 仍可在期待权之上再度为第三人设定权利。类推适用民法典第 1287 条第 1 句，这些后来设定的权利负担可以在 A 取得所有权的“逻辑上一秒钟”（因为 A 的过手取得）延续到完整权之上。

由于转让期待权可让担保权人之利益获得质的提升，故处于意思表示受领人之境地的理智第三人会对约定做如下理解：约定的内容是转让期待权。

由于上述有关期待权之取得的条件也已经具备，故按照这一观点，在条件成就之时（偿还最后一笔贷款）期待权直接在 C 处强化为完整权，亦即 C 成为所有人。

五、结论

若赞同联邦最高法院在司法实务中的观点，则 B 取得挖掘机的所有权；否则，C 取得所有权。

补充说明

关于“三”

本案中，5 月的所有权取得因欠缺物权合意而未能完成。此外，5 月的所有权之善意取得亦因未满足民法典第 929 条第 1 句、第 930 条和第 933 条的其他条件而失败：首先，C 知悉让与担保的情况，因此为恶意；其次，亦欠缺民法典第 933 条意义上的适格交付。民法典第 933 条意义上的交付与民法典第 929 条第 1 句中的交付相同，亦即，除了受让人至少应取得间接占有以外，尚需出让人完全丧失占有。然而，本案中 A 仍是直接占有人。

关于“四、(二)”

这一争议在实践中已无太大意义，因为银行多数情况下会预先在担保合同中写明，担保人享有的仅仅是债法上的回复让与请求权。在本案中我们却需要讨论这一争议，因为合同条款表述得不够明确。

案例二十六　土地所有权之取得与土地登记簿更正请求权

案件事实

V欲将一宗土地卖给K并移转所有权，这块土地在土地登记簿中的地籍编号为“地段序号39、地籍单位序号31”（Flur Nr. 39，Flurstück Nr. 31）。在公证文书形式的买卖合同及转让土地所有权的物权合意中，该土地却被错误地记载成了“地段序号39、地籍单位序号30”（Flur Nr. 39，Flurstück Nr. 30）。后一土地亦属V所有，在V提交变更登记之申请后，K被登记为土地的新所有人。

问题一：这两宗土地的权属状况如何？

问题二：V可否就地籍单位序号为30的土地向K请求更正登记簿？

案例来源及深入学习的提示

BGH NJW 2008，1658；2002，1038；MDR 2001，1046；*Brehm/Berger* SachenR § 9 Rn. 2 ff.，§14；*Westermann/Gursky/Eickmann* SachenR § 71 Rn. 6 ff.

Vieweg/Werner SachenR § 13 Rn. 19 ff.，57 ff.

考点

- 土地权利之取得（基础）
- 登记簿更正请求权（基础）

利益状况

V和K都关心，K是否已成为地籍单位序号为31的土地（以下简称“31号土地”）所有人，而非地籍单位序号为30的所有人。此外，V还关心能否对地籍单位序号为 30 的土地（以下简称“30 号土地”）进行更正登记，否则他将面临土地被他人善意取得的风险。

解答

问题一：两宗土地的权属状况

起初，两宗土地都属于 V。然而，通过所有权之让与，V 可能已经丧失所有权，由 K 取得之。

一、根据民法典第 873 条第 1 款、第 925 条第 1 款，K 对“30 号土地”的所有权取得

土地所有权之取得应该依照民法典第 873 条第 1 款、第 925 条第 1 款。据此，K 自 V 处依法律行为有效取得所有权的前提为：双方达成土地所有权让与合意（Auflassung，民法典第 925 条第 1 款）且将 K［作为所有人］登入登记簿。此外，V 应享有转让所有权的处分权。

自客观角度观之，K 与 V 是就让与“30 号土地”之所有权达成了物权合意，然而双方的真实意思却是转让“31 号土地”所有权。因此，须追问，双方所达成的物权合意内容如何。

根据民法典第 133 条、第 157 条，原则上应该从客观受领人的立场对合同进行解释，在解释之时，应将在客观上所表达出的内容（das objektiv Erklärte）作为首要依据。但是，在双方内心已经达成意思一致的情况下，仅应以内心的真实意思为准，而非与内心意思相悖的外在表示（“误载不害真意”，falsa demonstratio non nocet）。

按照“暗藏说”（Andeutungstheorie），在法律行为为要式行为的情况下，客观上所表达出的内容至少暗藏了双方实际追求的内容，［故应以双方的真实意愿为准，］即便采纳这一观点，结果亦无二致。在民法典第 873 条第 1 款、第 925 条第 1 款的情形中，即便在要式证书中无法找到“暗藏”真实意思的依据，亦应以双方在实际中共同追求的内容为准。因未［就“30 号土地”］达成合意，故 K 未能成为“30 号土地”的所有人。

二、根据民法典第 873 条第 1 款、第 925 条第 1 款，K 对“31 号土地”所有权之取得

然而，K 却有可能已经成为“31 号土地”之所有人。

V 与 K 已经就转让“31 号土地”之所有权达成了合意（“误载不害真意”，参见上文）。然后，须追问，这一合意是否符合民法典第 925 条第 1 款的形式要求，因为双方在公证员处仅对转让“30 号土地”之所有权达成了合意。然而，在双方就不真实的内容达成的合意符合形式要求的情况下，如果双方一致认为合意内容有误，则可认为双方的真实意思也已经满足形式要求。本案中，双方对错误合意所为之公证，可以视作双方对真实合意做的公证。易言之，本案中让与“31 号土地”所有权之合意，已经满足民法典第 925 条第 1 款所要求的形式。

然而，在登记簿中，K 却未被登记为“31 号土地”的所有人。在这一条件未获满足的情况下，K 不能取得该土地的所有权。

三、问题一的结论

K 既未取得“30 号土地”的所有权（因未达成合意），亦未取得“31 号土地”的所有权（因未完成登记）。V 始终是所有人。

问题二：就“30 号土地”，V 向 K 提请同意更正土地登记簿的请求权

一、基于民法典第 894 条的请求权

V 对 K 可能享有基于民法典第 894 条的请求权，请求 K 同意对土地登记簿进行更正。

（一）土地登记簿记载错误

如果实际权属状况与土地登记簿中的登记不一致，则土地登记簿为记载错误。本案中，虽然 V 仍是所有人，但 K 被作为“30 号土地”所有人登入了土地登记簿（参见上文问题一之“三”）。

（二）V 之实质上的利害关系（materielle Betroffenheit）

真正的权利人，也就是本案中的土地所有人 V，有权提出请求

(aktivlegitimiert)。

(三) K之形式上的利害关系(formelle Betroffenheit)

在土地登记簿被错误地登记为权利人者(所谓“簿载所有人”, Bucheigentümer),本案中也就是被错误地登记为所有人的K,有权作出回应(passivlegitimiert)。

(四) 法律后果

基于民法典第894条的请求权之内容,提请前手被登记人同意(参阅《土地登记法》第19条、第39条)更正土地登记簿,使之与实际权属状况相符。在本案中,即提请K同意。

(五) 结论

V对K享有基于民法典第894条的请求权,提请K同意更正土地登记簿。

二、基于民法典第812条第1款第1句情形一的请求权

就“30号土地”,根据民法典第812条第1款第1句情形一V对K或许亦可基于不当得利请求恢复其在登记簿中的地位(基于非债清偿的给付不当得利)。

(一) 获得利益

对“30号土地”,K取得了一项不正确的登记。簿载地位(Buchposition)可以产生权利外观(尤其是考虑到民法典第892条之规定),从而可以体现出某种有利的法律地位,因此,这一登记簿地位属于可以依不当得利进行返还的财产利益。

(二) 通过给付

基于V之同意,土地登记部门把K作为所有人登入了登记簿,从而将“30号土地”之簿载地位赋予了K,这属于有意识且有目的地履行债务,亦即通过民法典第812条第1款第1句情形一意义上的给付。即便在这一过程中V混淆了两宗土地的编号,亦不影响上述判断。

（三）无法律上的原因

K之取得前述法律地位，欠缺法律上的原因。尽管在公证书形式的买卖合同中亦记载着应转让“30号土地”之所有权，然而，在对买卖合同进行解释时，起决定性作用的还是双方内心的真实合意。所以，买卖合同之标的并非让与“30号土地”所有权的义务，而是让与“31号土地”所有权的义务。因此，对于“30号土地”而言，这一买卖合同并不构成取得簿载地位的法律上的原因。

（四）法律后果

根据民法典第812条第1款第1句情形一，V可以向K请求返还所获得之利益，本案中也就是提请K同意依照土地登记法第19条及第39条将V重新登入登记簿，从而回复其对“30号土地”的簿载地位。

三、问题二之结论

V既可以按民法典第894条提请K同意对土地登记簿进行更正，亦可以根据民法典第812条第1款第1句情形一请求返还簿载地位。

补充说明

从结果来看，可以确定的是，K的法律地位非常不稳固：

K享有的仅仅是一项基于民法典第433条第1款和第311b条第1款的所有权让与请求权，由于他不享有期待权，而无力应对V的中间处分（Zwischenverfügung）：根据通说，如果已经具备有约束力的物权合意、受让人已经提交登记申请且出让人已经同意登记三个条件，则可认为受让人已经取得对土地所有权的期待权。然而，本案中，K未对“31号土地”提出登记申请。

关于问题一之“一”

在让与动产所有权时，因双方均可随意撤回民法典第929条第1句所规定的物权合意，故在完成所有权取得的最后一个要件之时，双方之物权合意须仍然存在。这一要求同样适用于根据民法典第873条第1款和第925条第1款的土地所有权让与，通常情况下，登入土地登记簿的时间为准据时点。然而，民法典第 873 条第 2 款对这一原则设定了例外：根据民法典第 873 条第 2 款的情形一，如果已经根据民法典第 128 条将转让土地所有权的合意制作成公证文书（notarielle Beurkundung），那么，这一合意对双方具有拘束力。在实践中，[将物权合意] 制作成公证文书是常态（制作成公证文书这一形式要求，要严于民法典第 925 条[1]第 1 款所规定的要求）。其理由在于，只有在让与土地所有权的合意被制作成公证文书时（《土地登记法》第 20 条、第 29 条第 1 款第 2 句），土地登记部门才会将受让人登入土地登记簿。所以，若在解题时草率地认为登入土地登记簿之时仍然具有合意，将有失允当，原因在于，根据民法典第 873 条第 2 款合意对双方具有约束力，故无须检验合意之存在。因此，在后续答案中，未再检验合意之存在。

关于问题二之“三”

债权性的更正请求权（如基于民法典第 823 条第 2 款结合刑法典第 263 条，或像本案，基于民法典第 812 条第 1 款第 1 句情形一）可以与基于民法典第 894 条的物权性更正请求权并存。易言之，数个土地登记簿更正请求权之间存在竞合。若考虑到基于民法典第 1004 条因侵害所有权而生的妨害排除请求权（den negatorischen Beseitigungsanspruch），则情况会有所不同。在这种情况下，应将民法典第 894 条视为特别规定。

---

[1] 译者注：根据民法典第 925 条之规定，达成转让土地所有权的物权合意需要符合下列条件：（1）双方同时在场；（2）向有受领权者作出；（3）不得附条件。做成公证文书非必要条件。Vieweg/Werner, Sachenrecht（2015）, Vahlen, S. 443.

案例二十七　向未成年人赠与设有权利负担的土地

案件事实

丧偶的父亲 V 欲将房屋土地赠与未成年的女儿 T，这块土地已被出租给 M 很多年了。为达到赠与之目的，V 于 2000 年 2 月 1 日找了一名公证员。公证员将赠与之合意及让与土地所有权之合意制作成了公证文书，并随后促使［土地登记部门］将 T 登记为新所有人。登记完成于 2000 年 5 月 15 日。T 自己在进行公证之时没有现身，而是由 V 来代理。在被制作成公证文书的合同中，V 为自己在土地上设定了终身免费的用益权（Nießbrauch），并承担重大修缮费、装修费以及土地上之重大负担（die außergewöhnlichen Grundstückslasten）。该项用益权被登入了土地登记簿。

在 2012 年 1 月 8 日，V 撒手人寰。他的遗产由两个子女 S 和 T 继承。业已成年的 T 在 2012 年 1 月 11 日决定转让房屋土地。邻居 N 对这块土地垂涎已久，他非常熟悉邻居的家庭内部关系，并于 2012 年 1 月 15 日向 T 发出购买要约。得知妹妹要“贱卖”家产时，S 提醒 T，未经他的同意（S 已经拒绝了），不能转让土地。与此同时，S 告诉邻居 N，登记簿记载有误。

T 想知道，她能否将房屋土地有效地转让给邻居，抑或，她只能和 S 共同转让。

请出具专家意见书。

案例变型

土地未被出租，而是被设定了土地债务。在土地登记簿中有如下记载：未来的任何所有人都应接受即时的强制执行之约束。此外，按照赠与合同，V 在下述情形中享有解除权（Rücktrittsrecht）：土地未经 V 之许可被转让或设定负担，或，T 先于 V 死亡。

专家意见书的结论与案例原型会有不同吗？

案例来源及深入学习的提示

BGHZ 162，137 = BGH NJW 2005，1430；BGHZ 78，28 = NJW 1981，109 = JuS 1981，292（*Emmerich*）；BGHZ 161，170 = BGH NJW 2005，415 = JuS 2005，457（*Emmerich*）；BayObLG NJW 2003，1129；*Benecke* ZJS 2008，217；*Löhnig* JA 2002，466；*Röthel/Krackhardt* JURA 2006，161.

Vieweg/Werner SachenR § 4 Rn. 13；§ 13 Rn. 19 ff.

考点

- 履行之完成（Erfüllungseintritt）作为法律上的不利益（基础）
- 根据民法典第 181 条、第 1795 条第 2 款，代理权之排除（基础）
- 联邦最高法院的“通盘考虑说”（Gesamtbetrachtungslehre）（基础）

难点

涉及民法总则的未成年人保护

利益状况

T 与 N 关心的是，T 是否已成为单独所有人并且可以处分土地。相反，S 关心的却是，V 在去世前是否仍是土地所有人，亦即土地由继承人 T 与 S 共同共有（Gesamthandseigentum）。这样的话，T 就不能单独对土地进行处分了。

案例原型的解答

根据民法典第 873 条 1 款、第 925 条第 1 款，T 向 N 转让所有权之可能性

一、转让不动产所有权的合意与登记；民法典第 873 条第 1 款、第 925 条第 1 款

毫无疑问，T 与 N 有达成物权合意之可能。该合意须符合民法典第 925 条第 1 款规定的形式要求。此外，为完成所有权之转让，还需要完成

土地登记簿之登记。

二、T 的处分权

最后，T 须享有处分权。若 V 在去世之前已经成功地将房屋土地所有权转让给了 T，则应认为 T 享有处分权。否则，V 在去世之时仍为所有人，所有权应当依民法典第 1922 条于继承开始之时（Erbfall）移转给法定继承人 S 和 T(民法典第 1924 条第 1 款)。在此情形下,T 与 S 为共同继承人(民法典第 2040 条第 1 款)，只能共同对土地进行处分。[欲使处分行为生效，]T 须事先征得 S 的同意，或事后获得 S 的追认，然而两者均已为 S 所拒绝。

（一）在 V 生前，T 根据民法典第 873 条第 1 款、第 925 条第 1 款取得所有权

1. 有效的土地所有权让与合意

首先，须具备民法典第 873 条第 1 款和第 925 条第 1 款规定的土地所有权让与合意。本案中，T 未亲自作出意思表示。但是，根据民法典第 164 条、第 1626 条第 1 款、第 1629 条第 1 款第 1 句及第 3 句、第 1680 条第 1 款，她却有可能已经被 V 代理。这样的话,V 可能已通过“自我交易”(Insichgeschäft)，先是以自己名义作出转让土地所有权意思表示，然后再以代理人的身份为 T 受领之。由于民法典第 925 条第 1 款的形式要求已经得到满足，故可认为[物权合意]所需之外部识别性亦已具备（参见案例四的补充说明）。然而，如果 V 被禁止代理 T 并因此而不享有法定代理权的话，根据民法典第 177 条第 1 款，转让土地所有权的合意效力待定（schwebend unwirksam）。

（1）根据民法典第 1795 条第 2 款、第 181 条排除 V 的代理

如果监护人依民法典第 1795 条被排除代理，则根据民法典第 1629 条第 2 款第 1 句，V 不能代理 T。在“自我交易”的情况下更是如此（民法典第 1795 条第 2 款、第 181 条）。V 一方面为自己，另一方面以代理人的身份为 T 作出意思表示，故属“自我交易”。

（2）代理权排除之例外

①对民法典第 181 条进行目的性限缩

然而，若通过“自我交易”实施的法律行为对被代理人而言属于纯获法律上利益行为，则代理人与被代理人之间就不存在利益冲突，从而没有必要适用民法典第 181 条。若不考虑其他情况，取得土地所有权属于法律

上的利益。然而，因取得所有权而导致的法律后果却可能属于法律上的不利益（rechtlich nachteilig）。

（a）因承担公共负担之义务而导致的法律上的不利益

对于 T 而言，以土地为基础的惯常公共负担（如地产税）可能属于严重的法律上的不利益。

仅法律行为的这些间接后果就可能导致无法将法律行为定性为“纯获法律上利益”。根据联邦最高法院的观点（与之前的通说相左），不利益究竟源于双方约定还是基于法律规定，无关紧要。此外，地产税属于个人债务。因此，原则上构成法律上的不利益。然而，不能以未成年被代理人会蒙受财产损失为由，否定法律上利益之存在。联邦最高法院据此认为：存在具体的、可以清楚界定的案例类型，在这些案例中，法律上的不利益不过是潜在的微不足道的财产损失，然而，仅这点儿潜在风险，并不足以否定法律上的纯获利益。持续性的公共土地负担即属此类：这些土地负担的范围有限，而且通常可以通过土地的持续性收益获得清偿。值是之故，即便根据民法典第 1629 条第 2 款第 1 句、第 1795 条第 2 款、第 181 条、第 1909 条第 1 款第 1 句指定了补充性保佐人（Ergänzungspfleger），此人也不会拒绝追认。基于上述理由，若排除 V 的代理权，则有因小失大之虞。

若赞同联邦最高法院的观点，那么，惯常的公共土地负担对 T 来说过于微不足道，难谓法律上的不利益。

（b）因债权请求权依民法典第 362 条消灭而导致的法律上的不利益

有人认为，根据民法典第 362 条，由于债法上的所有权让与请求权（基于民法典第 518 条第 1 句）会因清偿而消灭，故物权行为[1]本身就已经是法律上的不利益了。

相反的观点也是对债权行为和物权行为作通盘考虑（Gesamtschau），却得出以下结论：与丧失的请求权相比，未成年人所获得的所有权价值更高，因此，清偿行为属于法律上的获利行为。

然而，通说另辟蹊径，认为未成年人可以取得所有权。同时，债法上的请求权却不消灭，原因在于，未成人无资格受领清偿（Empfangszuständigkeit）。民法典第 362 条所规定的清偿效果没有出现，故不成立法律上的不利益。

---

[1] 译者注：此处的债权请求权通过物权行为得到清偿。

（c）因土地出租而产生的法律上的不利益

然而，在本案中，对 T 而言，将房屋土地出租给 M 却有可能构成法律上的不利益。根据民法典第 566 条第 1 款，随着所有权之移转，受让人应概括承受因既有之租赁合同而产生的全部权利和义务。例如，有时受让人可能会承担范围不定的法律义务，如民法典第 535 条第 1 款第 2 句的租赁物维护义务（Erhaltungspflicht）。因此，对未成年人而言，取得已被出租的土地难谓纯获法律上的利益。

然而，本案中 V 为自己保留了对房屋土地的用益权，据此或许可以得出其他结论。用益权将会使 V 根据民法典第 1041 条承担日常维护费用。此外，V 也承担了重大修缮费。因此，可以考虑对民法典第 566 条第 1 款作目的性限缩：首先，转让所有权的情况不会影响租赁合同关系；其次，租赁合同内容不变继续有效，基于 V 的用益权可以将其视为租赁关系的出租人。

然而，准用民法典第 1056 条第 1 款，在 V 离世之后，T 无论如何都得承担因既有租赁合同而产生的义务——这可作为反对上述目的性限缩的理由。这仅仅是物权行为的一个间接后果，也是所有人自身的地位所致，故可忽略不计［参见上文案例原型之“二、（一）1.（2）①（a）”］。假如在达成让与土地所有权的合意之时，是否有租赁合同可让未成年受让人接手［即，土地可能未被出租］以及什么时候接手，两件事都还无法确定的话，则可维持上述判断：受让人在未来要承受一项负担，纯粹是一种理论可能性，这种可能性不足以影响判断。但是在本案中，达成土地所有权让与合意之时土地已经被出租，故在用益权消灭之时，由未成年人接手租赁合同负担的可能性，就不再是纯粹的理论可能性了，它已经足够具体。为未成年人之利益计，应将［转让土地所有权的物权行为］视为法律上的不利益。

（d）中间结论

因此，对 T 而言，转让土地所有权的物权行为不算纯获法律上的利益。

②履行一项基于赠与合同的义务（民法典第 181 条后半句、第 518 条第 1 款）

V 之所以会转让所有权，是为了履行一项基于赠与合同的义务。申言之，根据民法典第 181 条后半句，V 的代理权可能未被排除。对此，须存在有效的赠与合同（民法典第 518 条第 1 款）。

然而，需要加以考虑的是，是否可以通过“自我交易”有效订立赠与合同（民法典第164条、第1626条第1款、第1629条第1款第1句及第3句、第1680条第1款、第1795条第2款、第181条）。债权性的赠与允诺对T不会产生法律上的不利益。因此，在本案中，可对民法典第181条作目的性限缩：该债权行为虽然属于“自我交易”，但不受民法典第181条的限制。[然而，对于物权行为而言，] 让与土地所有权的物权合意系专为履行一项业已有效设定的债务。因此，根据民法典第181条后半句，[在达成物权合意时，] V原则上可以有效代理T。

（a）因履行行为属于法律上的不利益，而导致改变结论

在未请补充性保佐人（民法典第1909条）参与的情况下，V作为T的代理人，自己与自己先是有效缔结负担行为，然后可能还会再实施会带来法律上不利益的履行行为。

（aa）联邦最高法院的“通盘考虑说”

首先，联邦最高法院通过对债权行为和物权行为作“通盘考虑”（Gesamtschau），对上述结论作了校正。若只有物权行为会带来法律上的不利益，那么，这一状况应该“渗透”（durchschlagen）到对债权行为的评价。

据此，本案中不存在有效的赠与合同［这与后文案例原型解答之“二、（一）1.（2）②”的结论不同］：因物权行为的不利益可以“渗透”到债权行为，故亦应将赠与合同本身视为法律上的不利益。因此，在判断赠与合同的效力时，不能对民法典第181条作目的性限缩。如此一来，就不存在有效的债务关系了，这导致旨在转让土地所有权的物权合意的后果如下：民法典第181条后半句对“自我交易”之禁止所设定的例外不再适用于该项物权行为，而导致物权行为效力待定。

（bb）对民法典第181条后半句进行目的性限缩

不少人认为，“通盘考虑说”与物权行为无因性原则冲突，进而认为，仍应对民法典第181条后半句作目的性限缩。据此，只有在履行行为使未成年人纯获法律上利益时，才应允许在履行债务时实施“自我交易”。其理由为，民法典第181条后半句暗含立法者的如下立场：若法律行为专为履行一项债务，则无利益冲突问题，故无禁止之必要。然而，如果履行行为会带来法律上的不利益，则该思想将无用武之地。

根据这一观点，尽管存在有效的赠与合同，却因物权行为会带有法律上的不利益，从而不适用民法典第181条后半句的例外规定，于是，应排

除 V 的代理。

（b）中间结论

依照上述两种观点，根据民法典第 181 条，V 都不能实施“自我交易”。

（3）中间结论

根据民法典第 1629 条第 2 款第 1 句、第 1795 条第 2 款、第 181 条，V 不得代理，并因此属于无权代理人。因此，根据民法典第 177 条，转让土地所有权的合意首先为效力待定。

（4）因 T 之追认而自始有效

然而，在成年之后（类推适用民法典第 108 条第 3 款），T 却可能已根据民法典第 184 条第 1 款进行追认，使物权合意摆脱效力未定，成为自始有效（ex tunc）。尽管 T 未明确表示追认，然而，在成年之后她却将土地视为己有，特别是在 V 去世之后，从 T 转让土地的意思中更是可以直接得出这一点。从中或许可以得出，T 已经通过默示行为进行了追认，而根据民法典第 182 条第 2 款，追认无须满足主法律行为（Hauptgeschäft）的形式要件（民法典第 925 条）。

即便认为 T 未在 V 生前以默示的方式进行追认，那么，从她寻找土地买家并开始磋商买卖合同等行为中，也可以得知她已经追认。V 之离世亦不会终结效力未定状态，因此，原则上仍有追认之可能。由于追认属于单方意思表示且需要有人受领，因此，还有最后一个问题有待解决：谁才是正确的受领人。原则上，须向 V 表示追认，在 V 去世之后，就只能向共同继承人 S 表示追认了。因此，T 已经以默示的方式进行过追认了。

因此，转让土地所有权的合意自始有效。

2. 民法典第 873 条第 1 款、第 925 条第 1 款的其他要件

民法典第 873 条第 1 款、第 925 条第 1 款的其他要件——登记和 V 的处分权——也已经具备。

（二）中间结论

因此，T 已经取得了土地的所有权。

三、结论

T 可以将土地所有权转让给 N。

案例变型的解答

在本案中，T的处分权亦有可能来自她的所有人身份。就T的所有权取得而言，唯一有疑问的仍是T与V之间的物权合意。

一、根据民法典第873条第1款、第925条第1款，V向T有效转让土地所有权的合意

本案中，“自我交易”可能会因如下原因而有效：物权行为对T来说属于纯获法律上利益行为，并因此通过目的性限缩而成为民法典第181条“自我交易”之禁止的例外。

（一）土地债务作为法律上的不利益

根据民法典第1192条第1款、第1147条，土地债务仅让所有人负有容忍债权人强制执行土地的义务。因此，T的责任仅限于她所获得物——土地——并不涉及她的个人财产。尽管所有权取得所带来的利益可能会因上述责任而有所减损，却还不至于使其化为乌有。

对土地进行强制执行时需要一项执行名义（Titel），而取得这一执行名义会产生费用，T可能要承担该项费用的支付义务。这究竟算不算法律上的不利益，在本案中可以不予讨论，因为，在设定土地债务之时，V接受了对土地即时的强制执行（民事诉讼法第800条第1款、第794条第1款第5项），土地的任何后手所有人都有义务容忍之。因此，已经具备了强制执行名义，这使得T不会承担其他费用。

所以，不能将土地上的该项负担——土地债务——视为法律上的不利益。对民法典第181条作目的性限缩，结果为，V也可以有效地代理T与自己缔结法律行为，达成转让土地所有权的合意。

（二）因赠与合同带来法律上的不利益而对结果进行校正

然而，由于V保留了解除权，结论或许会有所不同。在解除合同的情况下，T有回复义务（Rückgewährverpflichtung，参阅民法典第346条第1款），有时甚至可能会因中途土地毁损而负有价值补偿或损害赔偿义务（民法典第346条第2款至第4款）。所以，本案中，赠与合同不属于纯获法律上的利益。

1. 文献中的观点以及“通盘考虑说”对转让土地所有权之合意的影响

有疑问的是，若债权行为可能会招致不利益，那么它是否会对物权行为带来的法律上利益造成影响。

文献中有观点认为，基于物权行为无因性，债法上的原因行为对转让土地所有权的物权合意不产生影响。然而，即便按照“通盘考虑说”，转让土地所有权的物权合意亦为有效：“通盘考虑说”的功用只有一项，在民法典第 181 条后半句的框架内，让带来法律上不利益的履行行为［物权行为］去影响纯获法律上利益的原因行为。然而，此处要处理的是其前置问题：如果不考虑其他因素，物权行为本身是不是纯获法律上利益的行为。若是，就没有必要再讨论原因行为的效力问题了。联邦最高法院在其判决中做过如下简要说明：不能逆向适用“通盘考虑说”。

因此，根据这两种观点，效力待定的赠与行为对让与土地所有权的物权行为之效力不产生影响。

2. 根据民法典第 139 条，让与土地所有权的物权合意无效

然而，根据民法典第 139 条，让与土地所有权的物权合意却可能因原因行为无效而无效。例外情况下，可依双方当事人之意思，将物权行为和履行行为视为民法典第 139 条意义上的整体。[1] 然而，受民法典第 925 条第 2 款之限制，不得将原因行为与转让土地所有权的物权合意合并为行为整体。

二、结论

转让土地所有权的物权合意自始有效。其他结论与案例原型相同。

补充说明

关于案例原型之“二、（一）1.（2）②（a）（aa）”

在不久前的一个判决（BGHZ 162，137，142 f.）中，联邦最高法院未采“通盘考虑说”，而是采如下标准：专为履行一项债务而实施的法律行为，

---

[1] 译者注：即所谓的“行为整体说”或“一体法律行为说”，详请参阅郝丽燕：《德国物权行为抽象原则相对化之质疑》，载《中德私法研究》（第 12 卷），北京大学出版社 2015 年版，第 191 页以下。

在其清偿后果之外是否还会为被代理人带来其他法律上的不利益。

联邦最高法院在该判决中虽未明确表示放弃“通盘考虑说”，却有意疏远之，并向文献中的观点靠拢。即便按照联邦最高法院的新思路，让与土地所有权的物权合意也首先为效力待定。

关于案例原型之“二、（一）1.（4）”

物权行为暂时为效力待定，并且最后肯定会因默示的追认而有效，即便如此，在解题时亦应讨论“自我交易”问题。显然，出题人在案情中设置了这一考点，并“期待”考生讨论之。

关于案例变型之“一、（一）”

强制执行法上的受强制执行约束之表示（Unterwerfungserklärung）：

在不动产担保物权（Grundpfandrecht）中，接受即时的强制执行之约束乃是常态。在实践中，土地债务的债权人会坚持这一点。强制执行需要强制执行名义，对此，法律将可执行的、具有既判力的判决书（民事诉讼法第 704 条）规定为法定的常规情形。照此规定，土地债务的债权人应当先去起诉所有人，诉请容忍强制执行，然后再以法院同意强制执行的判决去对所有人采取行动。这一程序常常耗时耗力。因此，为缓解这一状况，民事诉讼法第 794 条第 1 款第 5 项规定，如果在某一文书中，所有人表示接受即时的强制执行之约束，那么该文书亦可作为执行名义。其结果为，债权人基于该文书即可请求强制执行，而所有人——如果想对抗强制执行的话——需要通过根据民事诉讼法第 767 条提起执行异议之诉（Vollstreckungsabwehrklage）来对抗之。也就是说，启动诉讼程序之负担（die prozessuale Initiativlast）被从债权人转嫁给了所有人。

对土地的强制执行，依照强制执行法（ZVG）的相关规定，需要通过强制拍卖或强制管理（Zwangsverwaltung）（民事诉讼法第 886 条第 1 款情形二和情形三）来实现。在强制拍卖的情况下，不动产担保物权随着拍卖师落槌而消灭（强制执行法第 52 条、第 91 条），土地抵押权人的诸项权利在拍卖所得款项上继续存在（所谓代位原则，Surrogationsprinzip）。然后，债权人可以在分配程序（Verteilungsverfahren）中按照强制执行法第 10 条以下所规定的顺位获得清偿（强制执行法第 105 条以下、第 156 条以下）。然而，强制管理却不会改变土地的权属状况。债权人只能从土地的收益中获得清偿（强制执行法第 152 条、第 155 条）。

案例二十八　土地连环转让与善意取得

案件事实

A 以 15 万欧元的价格将一宗土地卖给 B。双方已经就土地所有权之转让达成物权合意。B 在被登记为新所有人之前，就将该土地以 18 万欧元的价格卖给了 C。B 与 C 就转让土地所有权达成合意之后，C 马上就提交了登记申请。最后，C 在登记簿中被登记为所有人，而在此之前，B 在登记簿中未被登记为所有人。不久之后，大家才发现 A 早就患有精神疾病。V 被指定为 A 的照管人（Betreuer），V 作为 A 的法定代理人（民法典第 1902 条），向 C 请求返还土地。

问题一：V 可否为 A 请求返还土地？

问题二：为给 A 的权利寻求保障，V 可以采取什么措施？

案例变型一

当 B 将土地转卖给 C 并达成转让土地所有权的物权合意时，B 已经在土地登记簿中被登记为所有人。他们提交了登记申请，C 在登记簿中被登记为所有人。然后，C 获悉 A 患有精神疾病。

案例变型二

在 B 将土地转卖给 C、双方已经就土地所有权转让达成物权合意并且 C 已经提交了登记申请之后，B 才被在登记簿中登记为所有人。在 C 提交登记申请之后，B 被登记为所有人之前，C 获悉 A 患有精神疾病。后来，C 被登记为所有人。

案例来源及深入学习的提示

BGH NJW 1980，2413 = JuS 1981，225（*K. Schmidt*）；*Medicus/Petersen*，

BürgerlR Rn. 469; *J. Hager* JuS 1991, 1.

Vieweg/Werner SachenR § 13 Rn. 40 ff., 48, 57 ff.

考点

- 根据民法典第 185 条自非权利人处取得土地所有权（常考知识）
- 根据民法典第 892 条的善意取得（基础）
- 民法典第 892 条中的“善意”的判断时点（基础）
- 土地登记簿更正请求权及异议（基础）

利益状况

V 关心的是，如何保住无行为能力人 A（可能还享有的）所有权，并替 A 请求返还土地。然而，C 可能已经为此支付了价款，故他希望能取得土地所有权。如果未能取得所有权，C 就只能通过向 B 行使回复请求权（Rückgewähransprüche）才能要回价款了，并且要承担 B 的破产风险。

案例原型的解答

问题一：V 代 A 行使返还请求权

如果 A 享有相应的请求权，则 V 可以根据民法典第 1896 条第 1 款第 1 句、第 1902 条代替 A 请求返还土地。

一、A 对 C 基于民法典第 985 条的土地返还请求权

首先可以考虑 A 对 C 基于民法典第 985 条的返还请求权。对此，须具备民法典第 985 条和第 986 条意义上的所有物返还请求权之基础（Vindikationslage）。

（一）民法典第 985 条是否可以适用于土地

民法典第 985 条的适用范围不限于动产。土地也是民法典第 985 条意义上的物（民法典第 90 条），并且可根据民法典第 985 条成为请求返还的对象。

（二）A 的所有权

起初 A 是土地所有人。然而，A 却可能已经丧失土地所有权，而由 B 或 C 取得之。

1. 根据民法典第 873 条第 1 款、第 925 条第 1 款，A 丧失所有权，B 取得之

A 可能已经根据民法典第 873 条第 1 款、第 925 条第 1 款将土地转让给了 B。

然而，虽然还没有被人发现，A 其实已经患有精神疾病。所以，根据民法典第 104 条第 2 项、第 105 条第 1 款，A 无法发出有效的——转让土地所有权合意的——意思表示，根据民法典第 131 条第 1 款，B 的意思表示也无法到达 A。此外，为使 B 取得所有权，尚需将 B 作为所有人登入土地登记簿，这一登记也还没有完成。

因此，A 尚未丧失土地所有权，B 亦未取得之。

2. A 丧失所有权，C 取得之

然而，A 却有可能丧失土地所有权，由 C 取得之。

（1）根据民法典第 873 条第 1 款、第 925 条第 1 款，通过 B 的处分，C 取得所有权

转让土地所有权的物权合意已经有效达成，并且 C 亦已被登入土地登记簿。

然而，B［在转让土地之时］却并非所有人［参见案例原型问题一之“一、（二）1.”］。所以，应排除根据民法典第 783 条第 1 款、第 925 条第 1 款自权利人处的所有权取得。

（2）根据民法典第 873 条第 1 款、第 925 条第 1 款、第 185 条第 1 款，在非权利人已被授权转卖的情况下，通过非权利人的处分取得所有权

可以考虑的是，在非权利人已被授权处分的情况下，通过非权利人的处分取得所有权。然而，A 根据民法典第 185 条第 1 款通过默示行为授权 B 转卖——可以从转让土地所有权的合意得出这一默示授权——之意思表示，亦因民法典第 104 条第 2 项、第 105 条第 1 款而无效。

（3）根据民法典第 892 条第 1 款第 1 句、第 873 条第 1 款、第 925 条第 1 款的善意取得

因此，可以考虑 C 根据民法典第 892 条第 1 款第 1 句、第 873 条第 1 款、

第 925 条第 1 款善意取得土地所有权。

对此，首先须满足以下条件：在所有权取得的最后一个要件完成之前，土地登记簿不正确。然而，在将 C 登入土地登记簿之前，A 一直被登记为所有人。据此，B 并不享有基于土地登记簿的权利外观。因此，基于这一理由就已经可以排除 C 的善意取得了。

即便 A 已经有效地事先同意 B 进行转卖，而 C 又善意地相信这一授权，那么，C 之善意仍不受民法典第 892 条第 1 款第 1 句保护，原因在于，这类事先同意无法登入土地登记簿。

3. 中间结论

A 仍是土地的所有人。

（三）C 的占有

C 是土地的占有人。

（四）不享有民法典第 986 条意义上的占有本权

C 对 A 不享有自有的债权性占有本权（eigenes obligatorisches Recht zum Besitz，民法典第 986 条第 1 款第 1 句情形一）：B 与 C 根据民法典第 433 条、第 311a 条第 1 款缔结的土地买卖合同无法设立针对所有人 A 的占有本权，此即所谓债的相对性［对此参见案例五之“一、（三）2.（2）”］。

因此，可以考虑的就只剩下民法典第 986 条第 1 款第 1 句情形二规定的继受的占有本权了。然而，根据民法典第 104 条第 1 项、第 105 条第 1 款、第 131 条第 1 款，A 与 B 之间的债权合同亦为无效，因此，此处并不成立“占有连锁”（Besitzrechtsbrücke），这样就把 C 之继受的占有本权也排除掉了。

（五）可执行（Durchsetzbarkeit）

由于支付价金不属于民法典第 994 条意义上的支出费用（Verwendung），因此，即便 C 已经向 B 支付价金，亦不能根据民法典第 1000 条、第 994 条享有留置权。因此，A 的请求权可执行。

（六）结论

A 对 C 享有基于民法典第 985 条的土地返还请求权。因此，V 可以代 A 请求返还。

二、基于民法典第 861 条第 1 款的请求权

对 A 而言，C 之占有并非民法典第 861 条第 1 款第 1 句、第 858 条第 2 款第 1 句意义上的瑕疵占有，故基于民法典第 861 条第 1 款的回复占有请求权不能成立。

通说亦认可上述结论，其理由为，从未有人实施过民法典第 858 条第 1 款规定的法律所禁止的私力：A 自愿将占有交给 B，因此，A 之丧失占有系基于自己意志。A 的行为能力之欠缺，对此不产生影响，因为，基于自然意志放弃占有即为自愿放弃占有［放弃占有不属于法律行为，故行为能力欠缺对此没有影响］。

相反的观点认为，在行为能力欠缺的情况下放弃占有，都属于非基于自己意志放弃占有，故 B 之行为属于法律所禁止的私力，然而，即便采纳这一观点，亦应排除基于民法典第 861 条第 1 款的请求权：准此以言，虽然 B 的占有相对于 A 属于民法典第 861 条第 1 款、第 858 条第 1 款和第 2 款第 1 句意义上的瑕疵占有，然而，C 在取得占有之时，对 B 之占有属于瑕疵占有这一事实并不知情，故根据民法典第 858 条第 2 款第 2 句情形二，他人不得向 C 主张占有存在瑕疵。

三、基于民法典第 812 条第 1 款第 1 句情形二的请求权

此外，根据民法典第 812 条第 1 款第 1 句情形二，基于侵害型不当得利（Eingriffskondiktion），A 可能享有一项返还请求权。然而，C 之占有系因 B 之给付而获得。故基于［非给付不当得利的］辅助性（Subsidiarität），应排除此处的非给付不当得利请求权。

四、对问题一的结论

根据民法典第 985 条、第 1902 条，V 可代 A 向 C 请求返还土地。

问题二：A 的权利之保障

尽管未能取得所有权，C 还是被作为所有人登入了土地登记簿，因此，根据民法典第 892 条第 1 款第 1 句、第 873 条第 1 款、第 925 条第 1 款，善意第三人可因相信土地登记簿的正确性而从 C 处取得所有权。因此，为保障 A 的权利，须对土地登记簿进行更正。按照土地登记法第 19 条，在更正

土地登记簿之前需征得 C 的同意，而 V 可代 A 根据民法典第 894 条向 C 提出这一请求（民法典第 894 条的具体要件参阅案例二十六问题二之“一”和案例第二十九之“一”）。

若 V 代 A 通过假处分（或译“临时禁令”，einstweilige Verfügung，民事诉讼法第 935 条及其以下条文）请求根据民法典第 899 条第 1 款将异议登入登记簿，A 将会更早一些受到保护。根据民法典第 892 条第 1 款第 1 句后半句，异议登记可以阻却善意取得，并因此而保障 A 的权利。

案例变型一的解答

问题一：V 代 A 请求返还土地

一、根据民法典第 985 条，A 对 C 的土地返还请求权

B 未取得所有权［参阅案例原型问题一之“一、（二）1.”］，因此，只有 C 自己已经取得所有权，才可以对抗 A 基于民法典第 985 条的返还请求权。C 的所有权取得只有一种可能性：根据民法典第 892 条第 1 款第 1 句、第 873 条第 1 款、第 925 条第 1 款的善意取得［对此参阅案例原型问题一之“一、（二）2.”］。

（一）根据民法典第 892 条第 1 款第 1 句、第 873 条第 1 款、第 925 条第 1 款，A 丧失所有权，C 取得之

1. 根据民法典第 873 条第 1 款、第 925 条第 1 款，物权合意与登记

就物权合意与登记而言，此处的情况与案例原型完全相同。同此，这两个要件已经具备［参阅案例原型问题一之“一、（二）2.（1）”］。

2. 民法典第 892 条第 1 款第 1 句的特殊要件

（1）交易行为

［B 与 C 之间的］法律行为属于交易行为。

（2）B 因土地登记簿不正确而享有的权利外观

在达成转让土地所有权的物权合意和提交登记申请之时，由于登记簿显示 B 为所有人并使 B 因此而享有权利外观，故可认为土地登记簿的记载不正确。

（3）C 非为积极知晓

在完成权利取得之前，（通常）是在完成登记之时，C 不能已经积极知晓土地登记簿不正确（民法典第 892 条第 1 款第 1 句）。本案中，在完成登记之时 C 并不知道 B 其实不是所有人。C 事后获悉这一情况，不影响善意取得。

（4）不存在异议登记

在土地登记簿上亦不存在异议登记，所以，C 在被登记为所有人之后，取得所有权。

3. 中间结论

基于民法典第 892 条第 1 款第 1 句、第 873 条第 1 款、第 925 条第 1 款的善意取得的要件都已得到满足，所以，A 已丧失所有权，C 已取得之。

（二）结论

由于 A 不享有所有权，所以，A 对 C 也不享有基于民法典第 985 条的土地返还请求权。

二、其他请求权

由于［B 与 C 之间的］给付关系优先，故基于侵害型不当得利（民法典第 812 条第 1 款第 1 句情形二）的回复让与请求权和返还请求权不能成立（对此参见案例十之“三”）。

基于民法典第 861 条第 1 款的请求权也不成立（参见案例原型问题一之“二”）。

三、问题一的结论

A 对 C 不享有返还请求权，故 V 亦无法代 A 行使。

问题二：A 的权利保障

由于 C 已经成了所有人，故登记簿正确。所以，A 无权提请 C 同意更正土地登记簿（民法典第 894 条），亦无权申请异议登记（民法典第 899 条）。

案例变型二的解答

问题一：V代A请求返还土地

一、根据民法典第985条，A对C的土地返还请求权

如果A已经丧失土地所有权，则A对C基于民法典第985条的请求权将无法成立。

（一）根据民法典第892条、第873条第1款、第925条第1款，A丧失所有权，C取得之

与案例变型一相比，案例变型二案情只针对民法典第892条的特殊要件作了调整。

1. 基于不正确的土地登记簿，B享有权利外观

在C被登入土地登记簿之时（亦即在完成所有权取得的最后一个要件之时），B已事先被作为所有人登入了土地登记簿，然而，在B与C达成转让土地所有权的物权合意以及C提交登记申请之时，B却还没有被登入土地登记簿。也就是说，土地登记簿是后来才变得不正确。根据当今的多数派观点，如果受让人（此处指C）在完成权利取得之前，处分人（此处指B）就已经享有土地登记簿所彰显的权利外观，亦可满足要求。

2. C非积极知晓

然而，C获悉A罹患精神疾病（无行为能力）的时间，比B被登记为所有人的时间还要早（因此，也就比C被登记为所有人的时间早）。因此，根据一般生活经验，尽管在此期间B已经被登记为所有人，但是，在进行登记之时C还是已经知道B其实不是所有人。所以，C对于土地登记簿的不正确是知情的。

如果一项权利之取得需要登记（如本案），那么，在受让人提交登记申请之时不知道[出让人非为所有人]，即可满足要求（民法典第892条第2款）。在提交登记申请之时，C还不知道A患有精神疾病。就此而言，可以认为C属于民法典第892条第1款第1句和第2款前半句意义上的善意。

然而，在本案中，土地登记簿是在提交登记申请之后才变得不正确。与民法典第892条第2款前半句的文句相反，今天的绝对通说认为，对于

像本案这样的情况，具有决定性意义的不是提交登记申请的时间点：民法典第 892 条第 2 款蕴含着一项超出其字面含义的思想，[1] 我们可以将该思想作一般化处理——在本案中，判断受让人是否为善意，应当以早于登记的上一个要件为准据时点。其论据在于民法典第 892 条第 2 款后半句：在达成物权合意的时间晚于登记的情况下，以达成物权合意的时间点为判断受让人善意的准据时点。[2] 如此理解民法典第 892 条第 2 款后半句，亦符合立法者意欲保护受让人的意图，此时的受让人只需坐等完成登记（完成登记的时间点非受让人所能控制）就可以了。

基于这一原因，判断 C 是否为善意，应以将 B 登记为所有人的时间点为准。然而，此时 C 已经积极知晓土地登记簿不正确了，因此，C 在判断善意的准据时点上非为善意。

因此，C 不能根据民法典第 892 条、第 873 条第 1 款、第 925 条第 1 款善意取得土地所有权。

（二）结论

A 未丧失所有权，C 亦未取得之。

二、问题一的结论

由于民法典第 895 条以下的其他条件已经具备［参见案例原型问题一之“一、（三）（四）（五）”］，V 可以代 A 根据民法典第 985 条、第 1902 条

---

[1] 译者注：民法典第 892 条第 2 款的基本思想：从出让人与受让人的角度来看，如果为所有权变动所需的一切要件都已具备，双方只需坐等完成登记就行了，那么，判断受让人是否为善意的准据时点应当以除登记之外的最后一个要件的时间点为准。具体到案例变型二，判断的准据时点应当是把 C 登入登记簿之前的要件的时间点（把 C 登记为所有人已经是最后一个要件了，因此，把该要件剔除在外之后，最后一个要件应该是它的上一个要件）。为方便理解，将该案例的各个步骤按时间顺序排列如下：1. A 将土地转让给 B（债权行为）；2. A 与 B 达成物权合意；3. B 将土地转让给 C（债权行为）；4. B 与 C 达成转让土地所有权的物权合意；5. C 提交登记申请；6. B 被登记为所有人；7. C 被登记为所有人。在该案例中，在将 B 登记为所有人之后（步骤 6），C 才可坐等登记部门将自己登记为所有人，故应当将判断 C 是否为善意的时间点提前到步骤 6。按照案情，C 是在步骤 5 和步骤 6 之间获悉 A 患有精神疾病，故在 B 被登记为所有人之时（步骤 6），C 已经为恶意。

[2] 译者注：此时，买受人可以坐等登记部门将自己登记为所有人。

向 C 请求返还土地。

然而，根据民法典第 861 条第 1 款基于占有的返还请求权（possessorischer Herausgabeanspruch）以及根据民法典第 812 条第 1 款第 1 句情形一基于不当得利的占有返还请求权却不能成立（参见案例原型问题一之“二”和“三”）。

问题二：A 的权利保障

为保障自己的权利，A 享有土地登记簿更正请求权，并且可以向 C 征求同意，进行异议登记（参见案例原型问题二）。

补充说明

关于案例原型问题一之“一、（四）”

根据民法典第 986 条第 1 款情形二第 2 句，继受的占有本权成立之条件：占有人相对于第三人（“间接占有人”）须为有权占有，且第三人相对于所有人亦须为有权占有。可以将这一关系称为“占有连锁”（Besitzrechtsbrücke）。除此之外，通过对民法典第 986 条第 1 款第 2 句进行反推，可以得出，如果第三人（亦即，间接占有人）欲将占有托付与占有人，那么，相对于所有人，第三人自己须为有权占有。根据民法典第 986 条第 1 款之文句，须相关当事人之间存在占有媒介关系（理由为，该条使用的措辞是“间接占有人”）。然而，绝对通说认为，在长期（auf Dauer）转让占有的情况下，如在买卖合同中，第二买受人相对于所有人，亦享有继受的占有本权。

至于是否可以把依民法典第 1000 条因支出费用［然而，支付价款并不属于民法典第 994 条意义上的支出费用，参见案例原型问题一之“一、（五）”］而享有的留置权当作占有本权，在讨论本案占有之本权时，亦可提出这一问题。然而，［如果提出了这个问题，］就必须否定之，理由与案例十七之“二、（三）3.”相同。

关于案例原型问题一之“二”

并不一定非得检验这一请求权基础。但是，无权利能力人是否具有放弃占有的意思能力，有探讨的价值。如果在解题时探讨这一问题，会有积极效果。

关于案例原型问题一第“二”部分的后续问题

基于民法典第 1007 条的请求权不能成立，因为民法典第 1007 条仅适用于动产。

关于案例原型问题二

关于土地登记簿更正请求权，需加以注意的是，与案例二十六（问题二之“二”）和案例二十九（之“二”）不同，针对簿载地位（Buchposition）的不当得利返还请求权不能成立：作为 A 的请求权基础，需要考虑的只有根据民法典第 812 条第 1 款第 1 句情形二的非给付不当得利。由于 C 的簿载地位系因 B 的给付而获得，故基于非给付不当得利的辅助性原则，应该排除此处基于非给付不当得利的请求权。

关于案例变型二问题一之“一、（一）2.”

今日之通说认为，在土地登记簿事后才变为不正确的情况下，判断善意时须以登记簿变为不正确的时间点为准。而帝国法院（Reichsgericht，简称 RG，存在于 1879 年到 1945 年）却持相反观点：民法典第 892 条第 2 款第 1 句根本不适用于这种情况，而是应该以民法典第 892 条第 1 款第 1 句的一般原则为准，也就是说，受让人在所有权取得完成之时仍须为善意。

然而，帝国法院的这一观点与民法典第 892 条第 2 款存在冲突，根据第 2 款，在完成登记之前，所有权取得的最后一个要件具有决定性意义。此外，较之于坐等出让人先完成登记再提交登记申请的受让人（基于民法典第 892 条第 2 款前半句），帝国法院的观点不利于因信赖出让人事后确实会完成登记而［事先］提交登记申请的受让人（出让人在自己的登记完成之前须为善意），然而应该对两者进行同等保护。

案例二十九　土地连环转让与土地登记簿更正请求权

案件事实

A将一宗土地卖给V并让与所有权。两年之后，V又将土地转让给了K，在登记簿中K被登记为了所有人。后来查明，在完成上述两次交易之时，V患有精神疾病却没人发现。

V的照管人能否向K提出请求，提请K同意将V再次登入土地登记簿？

案例来源及深入学习的提示

BGH NJW 1973, 613; *Köbler* JuS 1982, 181.

Vieweg/Werner SachenR § 13 Rn. 57 ff.

考点

- 基于民法典第894条的土地登记簿更正请求权（基础）
- 簿载权利（Buchberechtigung）作为民法典第812条意义上“有财产价值的利益”（深化）

难点

涉及不当得利法

利益状况

V的照管人想代V要回失去的簿载地位（Buchposition），主要原因是，V自己可能要面对A的返还请求权。相反，K关心的是，能否继续保留这一有利的簿载地位。

解答

如果 V 享有相应的请求权，其照管人可代 V 向 K 提请同意将 V 再次登入土地登记簿（民法典第 1896 条第 1 款第 1 句、第 1902 条）。

一、根据民法典第 894 条，V 对 K 的请求权，提请 K 同意重新将 V 登入土地登记簿

V 对 K 的土地登记簿更正请求权可基于民法典第 894 条产生。

（一）土地登记簿不正确

首先需要 K 在土地登记簿中被错误地登记为所有人。但是，如果 V 已经根据民法典第 873 条第 1 款、第 925 条第 1 款将土地有效地转让给了 K，那么这一条件将不能成立。然而，[V 向 K 的所有权让与] 已经因 K 与 V 之间的物权合意无效而失败：根据民法典第 104 条第 2 项、第 105 条第 1 款、第 131 条第 1 款，无行为能力人 V 既无法作出有效的意思表示，亦无法有效地受领 K 向他作出的意思表示。

因此，K 未能成为所有人，故土地登记簿不正确。

（二）请求权人 V 的实质上的利害关系（materielle Betroffenheit）

只有实际权利人才可以成为民法典第 894 条所规定的请求权人，易言之，簿载地位本应属于谁，谁就是请求权人。因此，须 V 已经成为土地所有人。然而，V 的所有权取得已经因其无行为能力以及 A 与 V 之间未能有效达成转让土地所有权的合意而失败。即便取得土地所有权对 V 来说属于纯获法律上的利益，亦不能使让与土地所有权的物权合意生效，因为，民法典第 107 条仅适用于限制行为能力人。

因此，V 同样未能取得土地所有权。

（三）结论

由于 V 不是实际权利人，故 V 对 K 不享有基于民法典第 894 条的土地登记簿更正请求权。

二、根据民法典第 812 条第 1 款第 1 句情形一，V 对 K 的请求权，提请 K 同意重新将 V 登入土地登记簿

但是，V 对 K 却有可能根据民法典第 812 条第 1 款第 1 句情形一基于不当得利向 K 请求返还簿载地位。

（一）获得利益

从民法典第 812 条第 1 款的角度来看，K 取得了一项不正确的土地登记，亦即所谓的“簿载权利”（Buchberechtigung，参阅民法典第 891 条）。因簿载权利与权利外观紧密相关，算是有利的法律地位，尤其是考虑到民法典第 892 条规定的土地善意取得，所以，簿载权利属于可依不当得利返还的财产利益。

（二）通过 V 的给付

为履行一项误信的义务，V 有意识且有目的地将土地的簿载地位赋予了 K。根据多数派观点，V 在履行义务之时为无行为能力人，不影响对 V 之行为的定性。要么是 V 在确定行为目的时，既无法发出意思表示亦无法实施准法律行为（rechtsgeschäftsähnliche Handlung），从而根本无法适用民法典第 104 条以下；要么就是基于价值判断方面的原因，认为 V 已经有效地确定了行为目的，从而允许无行为能力人基于给付不当得利请求返还利益。

（三）无法律上的原因

由于根据民法典第 104 条第 2 项、第 105 条第 1 款、第 131 条第 1 款 V 与 K 之间的买卖合同亦为无效，故 K 在没有法律上的原因的情况下取得了簿载地位。

（四）不当得利返还请求权的客体

根据民法典第 812 条第 1 款第 1 句情形一，谁在无法律上原因的情况下通过 V 的给付取得了不正确的土地登记，V 就可以向谁请求返还簿载地位。根据《土地登记法》第 19 条、第 39 条，V 可以请求 K 同意恢复 V 在土地登记簿中的地位。

（五）因不当行使权利而导致的结果改变（民法典第 242 条）

但是，K 可能享有“权利不当行使抗辩权”（Einrede unzulässiger Rechtsausübung，民法典第 242 条），原因在于，如果允许 V 行使上述请求权，V 将会获得他本不应得的利益，或者，V 所获得之利益应当立即返还给第三人。然而，上述观点不能成立，原因在于，未达目的的法律行为之清算，原则上应该按照给付关系进行。本案中的给付关系有二，一是 V 与 K 之间的，二是 A 与 V 之间的，这两个法律行为应该分别进行返还清算。

（六）结论

因此，根据民法典第 812 条第 1 款第 1 句情形一，V 对 K 享有不当得利请求权，其内容为，请求 K 同意再次将 V 登入土地登记簿。

补充说明

民法典第 894 条与第 812 条间的关系：债法上的不当得利请求权与物权法上基于民法典第 894 条的土地登记簿更正请求权可以并存，二者关系属于自由竞合。

执行提请对方同意更正土地登记簿的请求权，其特殊之处在于：根据民事诉讼法第 894 条，在已经存在具有既判力的法院判决的情况下，可以视为已经作出［同意更正土地登记簿的］意思表示，亦即，这一意思表示为法律上的拟制。

案例三十　土地共有份额的善意取得与交易行为

案件事实

大家不知道 G 患有精神疾病。9 月 3 日，G 与一对夫妻（F 和 M）签订了一份公证文书形式的土地买卖合同。同时，G 表示向 F 和 M 各转让二分之一的共有份额并达成物权合意。6 月 19 日，F 和 M 被作为共有人登入了土地登记簿。

后来，F 与 M 越来越不能理解对方，二人作出以下决定：考虑到以后可能会离婚，先和平友好地分割共同财产。在分割财产的过程中，二人一致同意，F 取得房屋土地的全部所有权。

12 月 7 日，M 通过公证文书形式的合同，将其共有份额让与给 F 并达成物权合意。随后，F 被作为单独所有人登入了土地登记簿。

土地的所有权状况如何?

案例来源及深入学习的提示

BGHZ 173，71 = BGH NJW 2007，3204 = JuS 2008，276（*K. Schmidt*）= JA 2008，229（*Wolf*）.

Vieweg/Werner SachenR § 13 Rn. 41.

考点

- 共有份额的善意取得（基础）
- 交易行为（Verkehrsgeschäft）（基础）
- 在婚姻关系存续期间取得的物品的所有权关系（部分属于物权法之外的内容）

难点

涉及家庭法

利益状况

F关心的是，她是否已经成为土地的单独所有人；G关心的是，他的土地所有权是否已经丧失。

解答

一、G将土地转让给共有人F和M之后的所有权状况

起初，G是土地的单独所有人。在土地被转让给按份共有人F和M之后，二人可能已经根据民法典第1008条以下建立了按份共有关系。前述事项均按照转让土地权利的一般规则完成，也就是说，依据民法典第873条以下。

（一）根据民法典第873条第1款、第925条第1款，F自G处取得按份共有

根据民法典第873条第1款、第925条第1款，F可能已经取得了土地的按份共有（Miteigentum），份额为二分之一。

对此，根据民法典第873条第1款、第925条第1款首先须具备转让土地所有权的物权合意。G患有精神疾病并因此而无行为能力，根据民法典第104条第2项、第105条第1款，由G为达成转让土地所有权合意而发出的意思表示无效。此外，根据民法典第104条第2项、第131条，F的意思表示亦无法到达G。

所以，因欠缺物权合意F未能成为土地二分之一份额的共有人。

（二）根据民法典第873条第1款、第925条第1款，M自G处取得按份共有

在M取得共有权之时，G同样是无行为能力人，因此，M也无法根据民法典第873条第1款、第925条第1款自G处取得二分之一份的共有权。

二、M 将份额让与给 F 之后的所有权状况

（一）根据民法典第 873 条第 1 款、第 925 条第 1 款，F 自 M 处取得共有权

然而，根据民法典第 873 条第 1 款、第 925 条第 1 款，F 却可能已经通过 M 的处分行为取得 M 的登记份额（二分之一的共有份额）。M 与 F 已经有效达成转让土地所有权的合意。F 亦被作为所有人登入了土地登记簿。

然而问题却出在 M 的处分权上：M 既非共有人，亦未根据民法典第 185 条（通过达成转让土地所有权的物权合意）通过默示的方式获得 G 的处分授权——因为 G 是无行为能力人，故无法有效作出授权的意思表示。

因此，F 无法根据民法典第 873 条第 1 款、第 925 条第 1 款通过 M 的处分取得共有权。

（二）根据民法典第 892 条第 1 款第 1 句、第 873 条第 1 款、第 925 条第 1 款，F 通过 M 的处分取得共有权

然而，F 却可能已经通过 M 的处分而善意取得共有权。此处只有民法典第 892 条的特殊要件有疑问。

1. 因土地登记簿不正确 M 享有权利外观、善意、不存在异议登记

在土地登记簿中 M 被登记为共有人，因此土地登记簿不正确，并且 M 因此享有权利外观。

此外，F 对 G 罹患精神疾病的情况一无所知。F 并非积极知晓土地登记簿不正确，因此 F 为民法典第 892 条第 1 款第 1 句意义上的善意。

此外，亦未有人就土地登记簿的不正确进行异议登记。

2. 法律行为属于交易行为

最后，M 的处分行为须为交易行为。这一不成文的要件是从善意取得的目的和意义中推导出来的。在法律交往中，大家对土地登记簿正确性的信赖，应受保护。但是，不允许发生"类似自己向自己处分"（Quasi–in–sich–Verfügungen）的情况。

如果受让方至少有一人不同时属于出让方，则应认为成立交易行为。对此，须从经济和法律的视角来对当事人的身份作出判断。

（1）共有人之间对共有份额进行处分时的交易行为

有疑问的是，共有人向其他共有人转让共有份额是否属于交易行为。

①否定说

有观点认为，在这种情况下，通常不成立交易行为。其原因基于如下考虑：各共有人一致认为土地登记簿是正确的而且土地登记簿的正确性系处分行为的交易基础。土地登记簿的不正确［导致］处分行为［效力瑕疵］，这属于应由共有人承担的共同风险。

如果赞同该观点，那么在本案中，F将因不具备交易行为这一要件而无法善意取得。

②区别对待说

另有观点认为，原则上成立交易行为。但是，如果土地登记簿的不正确在同等程度上涉及出让人的共有权与受让人的共有权，那么应该作为例外［，亦即，不成立交易行为］：在这种情况下，较之于不知情的第三人，受让人更容易接近处分行为的标的物，故受让人可不依赖土地登记簿的记载内容。

本案中，因G无行为能力，F未能取得共有权。而M之所以未能取得共有权，原因与F相同，因此，根据这一观点，亦不应当认为成立交易行为，故应排除F的善意取得。

③肯定说

联邦最高法院赞同文献中多数派观点，在这种情况下，应认为成立交易行为。其理由为，共有人在取得共有权之时所面临的风险与不知情的第三人所面临的风险并无二致。所以，共有人同样有保护的必要。若赞同这一观点，则F可以善意取得。

共有份额属于独立的权利（可从民法典第747条第1句得出），这也可以作为支持肯定说的理由。共有人各有其相应的份额，并且也没有办法影响其他共有人的份额，因此，无论基于法律上的原因还是基于经济上的原因，都不能认为两个共有人的身份同一。因此，应赞同最后一种观点，认为在这种情况下成立交易行为（亦可主张其他观点）。

（2）在夫妻二人“分割共同财产”时的交易行为

然而，由于F与M是为了方便以后离婚而分割财产，在这一背景下，M的共同份额才被转让给了F，所以，这种情况还算不算是交易行为，并非无疑问。

①否定说

有观点认为，只要被分割的财产是在夫妻关系存续期间取得的，就不能认为成立交易行为。原因在于，他们取得这类财产时，就是想让它们成为共同财产。因此，在分割财产时，应认为夫妻双方在经济上属同一主体。

如果赞同这一观点，F 就无法善意取得。

②肯定说

然而，多数派观点认为，若夫妻双方采民法典第 1363 条第 1 款意义上的净益共同体财产制，且被分割的是夫妻关系存续期间取得的财产，则应该肯定交易行为之成立。理由在于，根据民法典第 1363 条第 2 款，夫妻任何一方都可以独立管理自己的财产，既不是另一方的财产信托人，也不是另一方的挡箭牌。

本案未给出其他信息，故应该认为 F 与 M 之间属于法定财产制［即净益共同体财产制，民法典第 1363 条］。

③我们的立场

我们认为，多数派观点更符合民法典第 1363 条的价值取向，故应采多数派观点。

因此，即便共有份额是在夫妻关系存续期间取得的，亦不妨碍此处成立交易行为。

3. 中间结论

由于成立交易行为，故民法典第 892 条第 1 款第 1 句、第 873 条第 1 款、第 925 条第 1 款的要件已经全部具备。

（三）结论

F 取得了二分之一的土地份额。

三、最终结论

在 6 月 19 日，由于转让土地所有权的物权合意无效，F 与 M 虽然被作为按份共有人（每人二分之一的份额）登入了土地登记簿，实际上却未能取得之，所以，G 暂时还是土地的单独所有人。F 通过 M 的处分取得了二分之一份额，之后，F 与 G 对土地所有权各享有二分之一的份额。

补充说明

关于“二、（二）1. 和 2.”

我们在此处也可以采用另一种检验顺序：一般情况下都是先检验交易

行为是否成立。在本案中，由于善意取得的其他要件已经全部具备且无疑义，故可先检验这些要件。考虑到结构的直观性，我们把有争议的问题——“交易行为”——放到了最后。

关于“二、（二）2.（1）”

此后，为反驳少数派观点，还可以提出下述理由：否定说没有注意到，土地权利的任何受让人——不仅仅是共有人——都可认为土地登记簿是正确的。如果采纳少数派观点，将会导致善意取得制度被“架空”。“区别对待说”也没有说服力：以［受让人或第三人是否对土地享有］权利进行区别对待，不符合民法典第 892 条第 1 款的规定。

案例三十一　被登入土地登记簿的民事合伙

案件事实

A、B、C为“A、B&C笔译和口译服务民事合伙”（GbR，Gesellschaft bürgerlichen Rechts）的合伙人，该民事合伙是一宗土地的所有人，合伙人的情况在土地登记簿中亦有登记。5月5日，C将其合伙份额（Geschäftsanteil）转让给了D，却未在土地登记簿中就份额之变更作变更登记。7月，因资金短缺，A与B决定转让土地，然后搬到A的私人场所继续执行合伙事务。因不动产市场低迷，D强烈反对转让土地。于是，基于与A和B的亲密关系，C建议继续转让土地并愿意提供协助。9月6日，A、B和C作为“民事合伙的代理人”（Vertreter der GbR）按法定形式将土地卖给了E并达成了土地所有权让与合意。E于12月被登记为所有人。

当D得知这一情况时，生气地告诉A和B，他完全不想卖地。随后，D向律师R求助并请求律师就土地的所有权关系出具鉴定书。

合伙合同中没有关于代理权和执行合伙事务权限的相关规定。

请代律师出具鉴定书。

案例变型一

该民事合伙仅仅是土地登记簿上记载的所有人。真正的所有人其实是X，而所有合伙人和E对此都不知情。R在查材料时发现了这一情况。

案例变型二

与案例原型不同，A和B打算听从D的意见，不转让土地了。然而，C听说D不想转让土地之后，决定自己接手这件事。C将土地按法定形式转让给了E，二人亦达成了符合法定形式的物权合意，在这一过程中，C自称是唯一可以代理民事合伙的合伙人。

案例变型三

与案例原型不同的是，A 与 B 事后深感良心不安。A 与 B 想知道，是否还有可能替民事合伙把土地所有权要回来。

案例来源及深入学习的提示

Prütting SachenR Rn. 235a；*Köhler* JURA 2012，83；*Lieder* JURA 2012，355；*Schürnbrand/Weiß* ZJS 2009，607；*Wellenhofer* JuS 2010，1048.

Vieweg/Werner SachenR § 13 Rn. 27，43.

考点

- 被民法典第 899a 条扩大了的善意保护（基础）
- 民法典第 899a 条对债法上原因关系的影响（基础）

难点

涉及合伙法

利益状况

E 关心的是，自己是否已经成了土地所有人。在案例原型和案例变型一中，合伙人 A 和 B 关心的是，是否已经成功地将土地转让给了 E。在案例变型二和三中，A 与 B 关心的是，民事合伙是否仍是土地所有人，或者能否恢复所有人的地位。在案例原型和三个案例变型中，C 都想让 E 成为所有人。在案例原型、案例变型二和案例变型三中，D 关心的是，民事合伙是否仍是土地所有人，或者能否恢复所有人的地位。在案例变型一中，X 不想丧失所有权。

案例原型的解答

一、最初的所有权状况

起初，“A、B&C 笔译和口译服务民事合伙”是土地所有人。民事合伙作为对外合伙（Außengesellschaft）具有部分权利能力，特别是可以享有物权。

二、根据民法典第 873 条第 1 款、第 925 条第 1 款，E 取得所有权

然而，根据民法典第 873 条第 1 款、第 925 条第 1 款，民事合伙之土地所有权可能已被有效转让给了 E。

（一）根据民法典第 873 条第 1 款、第 925 条第 1 款结合民法典第 899a 条第 2 句、第 892 条第 1 款第 1 句

根据民法典第 925 条第 1 款，转让土地所有权的意思表示须向有管辖权的机构作出。然而，有疑问的是，A、B 和 C 所发出之意思表示，是否可以借助机关代理之法理（über die Grundsätze der organschaftlichen Vertretung）算作民事合伙的意思表示。机关代理的有效要件参照民法典第 709 条和第 714 条并由民法典第 164 条以下作最后的补充。本案中，A、B 和 C 是公开以合伙的名义实施行为（民法典第 164 条第 1 款）。然而，C 在此时已经退伙，D 已入伙。

1. 根据民法典第 714 条、第 709 条，对民事合伙的有效代理

根据民法典第 714 条的解释规则，在合伙合同未作其他约定的情况下，代理权应根据合伙事务的执行权限来确定。而根据民法典第 710 条合伙事务的执行权限可以由合伙合同作出约定，否则根据民法典第 709 条第 1 款，应由全体合伙人共同执行合伙事务。

本案中，合伙合同未对代理或合伙事务之执行作出相应的约定。因此，应认为，由全体合伙人共同执行合伙事务，故根据民法典第 714 条、第 709 条第 1 款，原则上只能由全体合伙人 A、B 和 D 共同代理民事合伙（共同代理权的法定情形）。因此，未经 D 同意，A、B 和 C 为无权代理，所以是无权代理人，根据民法典第 177 条第 1 款，[如果不考虑下文讨论的民法典第 899a 条，] 他们转让土地所有权的意思表示为效力待定。合伙人 D 虽未参与，却有共同代理权，他拒绝对上述行为进行追认。类推适用民法典第 177 条第 1 款、第 184 条第 1 款，D 已向 A 和 B 表示拒绝追认，从 D 生气的言辞中，亦看出 D 已经拒绝，因此，[如果不考虑下文讨论的民法典第 899a 条，] D 之拒绝会导致法律行为最终无效。

所以，[如果不考虑下文讨论的民法典第 899a 条，] 因合伙未有效作让与土地所有权的意思表示，E 原则上无法取得土地所有权。

2. 民法典第 899a 条的影响

然而，若适用民法典第 899a 条，结论可能会有所不同。根据民法典第 899a 条第 1 句，除了可以积极推定土地登记簿上所记载的合伙人就是真正的合伙人之外，还可以作消极推定，亦即，除土地登记簿上记载的合伙人之外再无其他合伙人。通过这种方式，土地登记簿的权利外观效应被扩大到合伙人状况。根据民法典第 899a 条第 2 句之规定，关于合伙人之登记，准用民法典第 892 条至第 899 条。

因此，可以从民法典第 899a 条第 2 句、第 892 条得出，若民法典第 892 条中关于合伙人身份的其他要件已经得到满足，在达成物权合意之时，登记簿中的合伙人应被视为真正的合伙人。本案中，土地登记簿记载的合伙人状况不正确，基于不正确的土地登记簿，参与交易的 A、B 和 C 享有权利外观。此外，E 并非积极知晓 C 的退伙和 D 的入伙事宜，因此，E 非为民法典第 899a 条第 2 句、第 892 条第 1 款第 1 句意义上的恶意。另外，土地登记簿中没有异议登记，而且法律行为属于交易行为。

因此，根据民法典第 899a 条第 2 句、第 892 条第 1 款第 1 句，应将 A、B 和 C 视为有共同代理权的合伙人，进而可以认为，他们已经将土地有效地转让给了 E。

（二）民法典第 873 条第 1 款、第 925 条第 1 款的其他要件

由于民法典第 873 条第 1 款、第 925 条第 1 款的其他要件也已具备（登入土地登记簿、民事合伙作为所有人亦有处分权[1]），E 可以取得土地所有权。

三、结论

E 是土地所有人。

案例变型一的解答

最初的所有人 X 可能已经丧失所有权，E 取得之。

---

[1] 译者注：此处，民事合伙作为土地所有权人，并无疑问，故民事合伙享有处分权。问题在于 C 的代理权，民法典第 899a 条可以协助克服代理权的欠缺。

一、根据民法典第 873 条第 1 款、第 925 条第 1 款结合民法典第 899a 条第 2 句、第 892 条第 1 款第 1 句，X 丧失所有权，E 取得之

（一）转让土地所有权的物权合意有效、登入土地登记簿

有效的转让土地所有权的物权合意和登记均已具备［参见案例原型之“二、（一）2. 和（二）”］。

（二）处分权

然而，由于该民事合伙无处分权，而导致无法根据民法典第 873 条第 1 款、第 925 条第 1 款结合民法典第 899a 条第 2 句、第 892 条第 1 款第 1 句取得所有权。而这一权限之欠缺亦无法通过民法典第 899a 条第 2 句、第 892 条得到补正，原因在于，这两条规定仅关乎合伙人的状况，至于土地登记簿中所载之各权利地位是否真的属合伙所有，上述两条规定对此未置一词。

二、根据民法典第 892 条第 1 款第 1 句、第 873 条第 1 款、第 925 条第 1 款结合民法典第 899a 条第 2 句、第 892 条第 1 款第 1 句因善意取得而导致 X 丧失所有权，E 取得之

然而，根据民法典第 892 条第 1 款第 1 句、第 873 条第 1 款、第 925 条第 1 款结合民法典第 899a 条第 2 句、第 892 条第 1 款第 1 句，X 却可能已因 E 的善意取得而丧失所有权。

转让土地所有权的合意和登记都不成问题［参见案例变型一之“一、（一）”］。有疑问的仅仅是，民事合伙的处分权之欠缺是否可以通过善意取得而得以补正，亦即，民法典第 892 条关于民事合伙之所有人身份的特殊要件是否已经具备。

土地登记簿中关于所有人的记载不正确，因此，被登记为所有人的民事合伙享有权利外观。此外，E 亦非积极知晓以下事实：并非民事合伙而 X 才是土地所有人。另外，亦无异议登记。因此，民法典第 892 条的各要件皆已具备。

因此，根据民法典第 892 条第 1 款第 1 句、第 873 条第 1 款、第 925 条第 1 款结合民法典第 899a 条第 2 句、第 892 条第 1 款第 1 句，E 已经因善意取得而成为土地所有人。

三、结论

X已经丧失所有权，E取得之。

案例变型二的解答

最初，民事合伙是土地的所有人，然而它却有可能已经丧失所有权，而由E取得之。

一、根据民法典第873条第1款、第925条第1款结合民法典第899a条第2款、第892条第1款第1句，民事合伙丧失所有权，E取得之

（一）转让土地所有权的物权有效

因C无代理权，可能会导致转让土地所有权的物权合意无效。实际上，A、B和D才是享有共同代理权的合伙人。C一个人去替民事合伙作出旨在转让土地所有权的意思表示，属于无权代理［参见案例原型之“二、（一）1.”］。

然而，根据民法典第899a条第2句、第892条或许可以得出，C的意思表示对民事合伙不生效力。并且，从民法典第899a条之文句也可以得出上述观点：民法典第899a条第1句说得很清楚，推定的内容只针对被登记者的合伙人身份。由于其他有关代理权的事实（比如，个别代理权之授权）无法进行登记，导致权利外观之效力应限于一个方面，即全体被登入土地登记簿者应为共同代理人［参见上文案例原型“二、（一）2.”］。

由于没有A和B的配合，由C单独作出的转让土地所有权的意思表示首先为效力待定，然后因D拒绝追认而自始无效［参见案例原型“二、（一）1.”］。

（二）中间结论

由于未有效达成转让土地所有权的物权合意，E未成为所有人。

二、结论

民事合伙始终是所有人。

案例变型三的解答

可以考虑民事合伙基于不当得利的返还请求权，其内容为回复让与所有权。

一、民事合伙基于民法典第 812 条第 1 款第 1 句情形一的请求权

可以考虑民事合伙基于民法典第 812 条第 1 款第 1 句情形一的回复让与请求权。

（一）获得利益

E 取得了土地所有权。

（二）通过给付

民事合伙（通过 A、B 和 C 的代理）为清偿误认的债务而有意识且有目的地增益 E 的财产。因此，已经具备给付这一要件（亦可主张其他观点）。

（三）无法律上的原因

最后，所有权之取得须无法律上的原因。本案中，E 与民事合伙的买卖合同或许可以作为法律上的原因。然而，根据民法典第 899a 条、第 892 条或许可以认为，A、B 和 C 已经有效地代理了民事合伙。至于民法典第 899a 条第 2 句、第 892 条是否亦可适用于债法上的原因行为，从而使得买卖合同有效，进而排除不当得利，却有争议。

1. 否定说

文献中有观点认为，民法典第 899a 条不能适用于债法上的原因行为。该条文在民法典物权编中所处的位置及其所参引的民法典第 892 条（一般认为，这一条的规定仅涉及物权行为的后果），支持上述看法。此外，民法典第 899a 条的条文措辞亦可被拿来作论据，据此，该条的第 1 句和第 2 句仅“就被登记之权利”才有适用余地，也就是说，只有在法律上的行为（Rechtshandlungen）直接涉及被登记的标的时，才可适用。这类法律上的行为仅包括处分行为，而不包括负担行为。

只有借助容忍代理权和表见代理权之法理（Grundsätze der Duldungs-und Anscheinsvollmacht）才能达到债权层面的效果，而本案的案情不能满足容忍代

理和表见代理的条件。

若采纳上述观点，则买卖合同无效，并因此而欠缺法律上的原因。

2. 肯定说

另一观点认为，民法典第 899a 条可以适用于债法上的原因行为，或者，至少可以认为，不当得利请求权应被排除。民法典第 899a 条的意义和目的可以作为论证这一观点的理由：该条文的目的在于，通过保障民事合伙之土地所有权的流通性来保护法律交往。若允许主张不当得利返还，则对受让人的保护就难谓充分。

由于这一观点最接近民法典第 899a 条之规定所明确宣示的目的，故应采纳之。赞同这一观点的话，就应该排除对 E 的不当得利返还请求权。

二、结论

对 E 的不当得利请求权不成立（亦可主张其他观点）。

补充说明

民法典第 899a 条产生的历史

2008 年，联邦最高法院开始承认，对外民事合伙（Außen-GbR）可被登入土地登记簿，民法典第 899a 条是立法者对此作出的回应。根据联邦最高法院的这一判例，只有民事合伙的名称必须登入土地登记簿，而具体的合伙人却没有必要。这样的话，民事合伙的合同相对人就随时可能面临以下风险：在达成转让土地所有权的物权合意时，民事合伙未被有效代理，原因在于，合伙人的状况和代理规则没法登入专门的登记簿（Register）。

基于这一原因，立法者通过引入土地登记法第 47 条第 2 款第 1 句对上述情况作出回应，根据这条新规定，应将全体合伙人都登入土地登记簿。在登记有误的情况下，为保护［土地的］受让人，［立法者］通过引入民法典第 899a 条，将善意保护扩大至对合伙人身份的信赖。

关于对外民事合伙的机关代理（organschaftliche Vertretung）

即使不适用民法典第 899a 条，E 的意思表示也肯定可以到达（民法典第 130 条）民事合伙，因为，意思表示系对 A 和 B 作出的，而且在共同代理的法定常规情形下，原则上任何合伙人都有［受领意思表示的］消极代理权。

关于案例原型之“二、(一) 2.”

判断受让人之善意的准据时点，存有争议。民法典第 899a 条第 2 句参引的是民法典第 892 条的整个条文。因此有人认为，在所有权取得完成之时，受让人须为善意，在民法典第 892 条第 2 款前半句的情况下，至少得在提交登记申请之时为善意。另有观点认为，应该按照代理的一般规则，以代理权的存续期间为准。这就是实施代理行为的时间点，亦即达成转让土地所有权的物权合意的时间点。下面的情形与这一争议相关：在达成转让土地所有权的物权合意之后，提交登记申请之前，受让人成了恶意。

关于案例变型三之“一、(二)”

部分学者认为，因代理权不合规定，民事合伙所为之给付不成立。申言之，E 是以［给付之外的］其他方式取得了所有权。这样的话，民法典第 812 条第 1 款第 1 句情形二才是正确的请求权基础。

案例三十二　预告登记与一物二卖

案件事实

A将其土地按法定形式卖给了B。为了保障B之转让所有权的请求权，A同意在土地登记簿中为B作预告登记。后来，预告登记被登入了土地登记簿。不久后，C亦表示对这块土地感兴趣。由于C的报价明显高于A与B约定的价格，A决定将土地卖给C，并立即达成转让土地所有权的合意。最后，C被登记为所有人。

B很生气，想知道他对A和C享有哪些权利。

案例来源及深入学习的提示

Baur/Stürner SachenR § 20 Rn. 34 ff.; *Brehm/Berger* SachenR § 13 Rn. 15; *J. Hager* JuS 1990, 429; *Stamm* JuS 2003, 48.

Vieweg/Werner SachenR § 14 Rn. 1 ff., 17 f.

考点

- 预告登记的条件和法律后果（基础）
- 根据民法典第888条，对买受土地的第三人（Dritterwerber）的请求权（基础）

利益状况

B想取得土地所有权。与此相反，C却想继续保有土地所有权，因为他已经为此支付了价金。让C继续保有土地所有权，亦符合A的利益，这样的话，A就能保有C支付的价金。

解答

一、根据民法典第 433 条第 1 款、第 311b 条第 1 款，B 对 A 的交付并移转土地所有权的请求权

根据民法典第 433 条第 1 款、第 311b 条第 1 款，B 可能对 A 享有交付并移转土地所有权的请求权。

（一）请求权之产生

根据民法典第 433 条第 1 款、第 311b 条第 1 款，基于按照法定形式缔结的买卖合同，A 有义务将土地交付与 B。此外，A 亦须向 B 移转土地所有权，对此，双方须达成转让土地所有权的物权合意（民法典第 873 条第 1 款、第 925 条第 1 款）。

（二）请求权未消灭

请求权不能已消灭。

1. 根据民法典第 275 条第 1 款，因给付不能而消灭

根据民法典第 275 条第 1 款，若 A 已经不能将土地交付给 B 并移转所有权，则可以免除 A 的给付义务。此处可以考虑因 C 已取得所有权而导致的嗣后给付不能：由于 A 和 C 已经就转让土地所有权达成物权合意，且 C 已被登入土地登记簿。此外，A 作为所有人，其处分权未受限制，因此享有处分权。因此，根据民法典第 873 条第 1 款、第 925 条第 1 款，C 取得所有权所需的各要件均已具备。

因此，原则上，A 的处分权应该已经消灭，并因此而不能再向 B 移转所有权。然而，交付属于事实行为，所有权之变动不会导致交付陷入给付不能。因此，本案仅成立“部分不能”（Teilunmöglichkeit）。若仅让 B 取得占有而不取得所有权的话，似乎没有什么意义，因此，可以认为已经陷入全部不能。

2. 因 B 之前已取得预先登记而导致其他结果

然而，由于 B 此前已经对转让土地所有权的物权合意作了预告登记，这或许会影响最终的结论。

B 须已经取得预告登记。根据民法典第 883 条第 1 款，进行预告登记需

要有一项有待保全的债权请求权。本案中，基于买卖合同的所有权移转请求权即属此类。此外，根据民法典第 883 条第 1 款第 1 句、第 885 条第 1 款第 1 句，转让土地所有权的物权合意之预告登记需要登入土地登记簿，本案中，该登记已经完成。另外，A 为所有人，享有处分权并且已经同意进行预告登记（第 885 条第 1 款第 1 句）。因此，B 已经对转让土地所有权的物权合意作了预告登记。

其法律后果是，根据民法典第 883 条第 2 款第 1 句，阻碍受保全的请求权之实现或使其难度增加的处分行为，相对于预告登记的权利人无效（相对无效，relative Unwirksamkeit）。原则上，将所有权转让给 C，会导致 B 的请求权消灭，也就是说，会使 B 的请求权受到民法典第 883 条第 2 款第 1 句意义上的阻碍［参见之“一、（二）1.”］。所以，将所有权转让给 C 的行为属于相对无效，因此，相对于 B，A 的处分权受限。据此，因不成立给付不能，移转所有权的请求权未根据民法典第 275 条第 1 款消灭。

（三）结论

B 可以继续向 A 根据民法典第 433 条第 1 款、第 311b 条第 1 款请求移转土地所有权并交付。

二、中间考虑

此外，若欲成为土地所有人，B 尚需被登入土地登记簿。此前，C 已经被登记为所有人，因此，B 要完成登记，根据土地登记法第 19 条、第 29 条，需要 C 同意涂销其登记。因此，为实现其所有权让与请求权，B 亦须寻求 C 的协助，并请求 C 同意涂销其登记。

三、根据民法典第 888 条第 1 款，B 向 C 提请同意进行涂销登记的请求权

根据民法典第 888 条第 1 款，B 可能对 C 享有请求权，提请同意将 C 从土地登记簿中涂销，并将 B 登入土地登记簿。

请求权人 B 享有有效的预告登记。此外，导致 C 取得所有权的处分行为相对于 B 为无效［参见上文之“一、（二）2.”］。因此，民法典第 888 条第 1 款的各要件都已具备。

所以，B 可以提请 C 同意涂销自己的登记，并将 B 作为所有人登入土

地登记簿。

补充说明

关于“三”

亦可考虑根据民法典第 894 条的土地登记簿更正请求权（对此参见案例二十六问题二之“一”和案例二十九之“一”）。然而，由于土地登记簿非为不正确，故这一请求权不能成立：根据民法典第 883 条第 1 款，违反预告登记的处分行为仅仅是相对无效（相对于预告登记的权利人），而非绝对无效。预告登记的权利人行使受预告登记保全的请求权，可使违反预告登记而取得所有权者（本案中的 C）再次丧失其权利地位，而在丧失权利之前，却是所有人。也就是说，土地登记簿是正确的。因不具备民法典第 894 条的第一个要件，土地登记簿更正请求权不能成立。

案例三十三 先位继承与善意无负担取得

案件事实

R是富豪F的单独遗嘱继承人。遗产中有一宗土地。B女士被指定为后位继承人（Nacherbin）。

R在土地登记簿中被登记为处分权不受限制的土地单独所有人。2005年6月30日，R向M发出一项经过公证的不可撤回的出售要约：出售土地一宗，并且土地上无第三人负担。R同意为M将转让土地所有权的物权合意作预告登记，2005年8月11日，预告登记被登入土地登记簿。

后来，B得知了R在土地登记簿中被登记成了处分权不受限制的土地单独所有人。为保全其后位继承权（Nacherbenrecht），B让主管部门将其对R不受限制的处分权之异议登入土地登记簿。2007年1月23日，B的后位继承人之地位亦被登入了土地登记簿。

2007年5月24日，M最终还是对R的出售要约进行了承诺。经催告，M仍未支付约定的价金，于是，R于2008年1月19日表示解除买卖合同，遂成讼。经诉讼上和解（durch richterlichen Vergleich），法律纠纷在2010年1月3日得到解决。基于和解，M向R支付了价金，并且双方达成了转让土地所有权的物权合意。随后，M提交了登记申请，并最终于2010年11月7日被作为所有人登入了土地登记簿。

2010年12月29日，M以公证形式的合同将土地转让给了自己的女儿K，2011年2月1日，K被登记为所有人。K认为，她已经取得了无后位继承负担的土地所有权。K向B提请同意更正土地登记簿。

可否？

案例来源及深入学习的提示

BGH NJW 1981，446；JuS 1981，296（*K. Schmidt*）；*J. Hager* JuS 1990，429；

Hepting NJW 1987, 865.

Vieweg/Werner SachenR § 14 Rn. 5, 8 ff., 12 f., 23.

考点

- 民法典第 2113 条的处分限制（物权法之外的内容）
- 根据民法典第 2113 条第 3 款、第 892 条，善意无负担取得（基础）
- 根据民法典第 892 条第 2 款，判断善意的准据时点（基础）
- 将民法典第 892 条第 2 款扩张至民法典第 892 条规定的客观要件（深化）
- 将转让土地所有权的物权合意作预告登记，对民法典第 892 条所规定的要件成立之时点的影响（深化）
- 善意创设取得——对转让土地所有权的物权合意进行的——预告登记（基础）
- 预告登记的附随性（基础）

难点

准确把握案情的来龙去脉

涉及继承法[1]

利益状况

K 想取得无后位继承登记之负担的所有权。B 不想失去对土地的后位继承权，与此相对，尽管存在异议登记和后位继承登记，K 还是想取得不受限制的所有权。

解答

一、根据民法典第 894 条，K 向 B 提请同意更正土地登记簿的请求权

如果土地登记簿不正确、K 为实质上的利害关系人且 B 为形式上的利害关系人，则根据民法典第 894 条，K 可以向 B 提请同意更正土地登记簿（提

[1] 译者注：该案例涉及了大量德国继承法知识。建议读者参阅雷纳·弗兰克、托比亚斯·海尔姆斯：《德国继承法》，王保莳、林佳业译，中国政法大学出版社 2015 年版。

请 B 同意的必要性：土地登记法第 19 条、第 39 条）。

（一）土地登记簿不正确

如果 K 已经取得不受限制所有权，则为 B 之利益计而为的后位继承登记（参见，土地登记法第 51 条）会导致土地登记簿不正确。

1. K 自 M 处取得不受限制的所有权（民法典第 873 条第 1 款、第 925 条第 1 款）

K 与 M 已经达成了转让土地所有权的物权合意，且已完成登记。只有 M 的处分权有疑问：M 须已经通过 R 的转让行为取得不受限制的土地所有权。

（1）M 自 R 处取得不受限制的所有权（民法典第 873 条第 1 款、第 925 条第 1 款）

①转让土地所有权的物权合意与登记

通过诉讼上和解，R［与 M］达成了民法典第 873 条第 1 款、第 925 条第 1 款第 3 项规定的转让土地所有权的物权合意。M 亦被作为所有人登入了土地登记簿。

② R 之处分权

起初，F 是土地所有人。基于 F 的遗嘱处分（testamentarische Verfügung），R 根据民法典第 1922 条、第 1937 条通过概括继承取得了土地所有权。然而，R 却只是先位继承人（Vorerbe）。由于 F 将 B 指定为后位继承人（民法典第 2100 条），故 R 属于未被免除义务的先位继承人（nicht befreiter Vorerbe，参见民法典第 2136 条），应受民法典第 2113 条所规定之处分限制的约束。根据民法典第 2113 条第 1 款，对遗产中的土地所为之处分，自后位继承开始之时归于无效。据此可以得出，在已为土地指定后位继承人的情况下，先位继承人虽然有权处分土地，但是，他却无权转让不受限制的所有权。

（2）M 自 R 处善意取得不受限制的所有权（民法典第 2113 条第 3 款、第 892 条、第 873 条第 1 款、第 925 条第 1 款）

因此，M 只能根据民法典第 2113 条第 3 款、第 892 条、第 873 条第 1 款、第 925 条第 1 款善意取得不受限制的所有权。有疑问的是，民法典第 892 条第 1 款——关于 B 的后位继承地位的——特别要件是否已经具备。

R 与 M 在经济上和法律上均非同一人，故 R 向 M 转让土地所有权的行为属于交易行为。

①土地登记簿不正确，以及在所有权取得完成之时由土地登记簿产生

的权利外观

在完成所有权取得之时，亦即在 2010 年 11 月 7 日将 M 作为新所有人登入土地登记簿之时，B 的后位继承权已经被登入了土地登记簿。因此，在这个时间点上，土地登记簿是正确的，因此，R 不再享有“不受限制的所有人”这一权利外观。因此，民法典第 2113 条第 3 款、第 892 条第 1 款所规定的客观要件不成立。

②类推适用民法典第 892 条第 2 款，将民法典第 892 条第 1 款的客观要件前置

如果类推适用民法典第 892 条第 2 款，那么处分人基于土地登记簿的权利外观亦应以提交登记申请的时间为准据时点——这可能会得出其他结论。然而，本案中即便将这一客观要件的准据时点前置（通说已经正确地否定了这一观点），亦不能导致善意取得，原因在于，在提交登记申请之时，后位继承权已经被登入了土地登记簿。

③在已经对转让土地所有权的物权合意作了预告登记的情况下，将民法典第 892 条第 1 款的全部要件前置

如果 M 已经善意取得——对转让不受限制的土地所有权的物权合意进行的——预告登记，并且取得预告登记会导致后续的权利取得应该以取得预告登记的时间为准据时点的话，那么可能会得出其他结论。

（a）取得预告登记时，民法典第 892 条第 1 款的准据时点

根据当今多数派观点，善意取得预告登记的要件与善意取得土地所有权的要件相同，或曰，在善意取得预告登记之时，须具备善意取得所有权的诸要件。易言之，需要满足以下三个要件：在取得预告登记之时，处分人享有基于土地登记簿的权利外观；土地登记簿中无异议登记；受让人为善意。

然而，亦有少数派观点认为，不能将民法典第 892 条第 1 款要件的准据时点前置，其理由为，预告登记只应保护权利人免受其他处分之不利影响（Verfügungsschutz），但不保障受让人一定取得所有权（Erwerbsschutz）。

应赞同多数派观点，因为，土地交易中对交易安全的需求越来越多，而多数派观点考虑到了这一点。此外，虽然大家普遍认为可以善意取得预告登记，但是，如果在完成所有权善意取得之前，预告登记不能防止所有权善意取得的要件得而复失，那么，预告登记的善意取得就没有多大意义了（亦可主张其他观点）。

若赞同这一观点的话，则预告登记之取得会导致所有权善意取得的全部要件的准据时点前置。[1] 申言之，应该检验 M 是否已经取得了预告登记。

（b）M 善意取得不受限制的预告登记

大家普遍承认预告登记的善意创设取得（gutgläubiger Ersterwerb）。至于这一善意取得究竟是只依照民法典第 892 条就够了，还是按通说应依照民法典第 893 条情形二和第 892 条，虽然存有争议，但是在结果上并无不同。按照通说，这里可以考虑根据民法典第 883 条、第 885 条、第 893 条情形二、第 892 条、第 2113 条第 3 款善意取得不受限制的预告登记。

（aa）可以进行预告登记的请求权（民法典第 883 条第 1 款）

因预告登记具有附随性，需要事先存在民法典第 883 条第 1 款第 1 句意义上的转让土地所有权的请求权，然而，该请求权直到 2007 年 5 月 24 日才因缔结买卖合同而产生。此时，异议登记和后位继承权都已经被登入了土地登记簿，所以，不具备善意取得预告登记的条件。

然而，根据民法典第 883 条第 1 款第 2 句情形一，R 以公证文书形式发出出售要约，M 因对这一要约作出承诺而获得的法律地位可以作为未来的请求权登入土地登记簿：因 R 发出的要约具有拘束力且不可撤销，故所有权能否产生完全取决于 M 的意思。也就是说，这一请求权已经具有“法律根基”（Rechtsboden）。

（bb）登记（民法典第 883 条第 1 款第 1 句、第 885 条第 1 款第 1 句）

预告登记也已经被登入了土地登记簿（民法典第 883 条第 1 款第 1 句、第 885 条第 1 款第 1 句）。

（cc）交易行为、R 因土地登记簿不正确而享有的权利外观（民法典第 893 条情形二、第 892 条）

交易行为已经成立，不必赘言。2005 年 8 月 11 日，在预告登记被登入土地登记簿之时，土地登记簿不正确，因此 R 享有权利外观。由于民法典第 883 条第 1 款第 2 句情形一明确允许对未来的请求权进行预告登记，所以，即便异议登记在买卖合同成立之前四个月就已经被登入了土地登记簿，也不会产生不利影响。如果预告登记对未来请求权的保护［预告登记亦应保护受让人取得权利，参见“一、（一）1.（2）③（a）”］始于请求权

[1] 译者注：也就是说，不再按民法典第 892 条第 1 款的准据时点判断，而是将其提前到取得预告登记之时。

实际产生之时，则民法典第 883 条第 1 款第 2 句情形一将形同虚设。

（dd）M 对 R 之处分权的善意信赖

此外，R 同意 M 进行预告登记，根据民法典第 885 条第 1 款情形一，对于 R 之处分权，M 在登记之时或者至少在提交登记申请之时须为善意；民法典第 893 条、第 892 条第 1 款和第 2 款。也就是说，根据民法典第 893 条情形二、第 892 条情形一，M 不能积极知晓 R 的处分权受限。因案情中未给出相反信息，故不能认为 M 是积极知晓。即便部分人赞同“一、（一）1.（2）③（b）（cc）”所提之论据，认为在缔结合同之时 M 已经是积极知晓，也不会对［M 的善意］产生不利影响。

（ee）无异议登记

异议登记发生在预告登记被登入土地登记簿之后买卖合同成立之前，这一情况对 M 的善意没有不利影响。

（ff）预告登记未消灭

预告登记具有附随性，它随着被担保的债权之消灭而消灭，在本案中，移转所有权之请求权却可能已经因 R 表示解除买卖合同而消灭。

然而在本案中，因不具备民法典第 323 条的条件，故 R 不享有解除权。尽管 R 对 M 享有一项到期的价金支付请求权，且 M 尚未清偿之，但是，R 没有指定合理期限（案情中的催告与指定期限不是一回事）。亦无理由认为此处可以不指定期限。

④中间结论

通过 R 的处分，M 善意取得了预告登记，预告登记的内容为：R 应将不受限制的所有权转让给 M。

（3）中间结论

根据通说，因 M 已经取得预告登记，民法典第 2113 条第 3 款、第 892 条、第 873 条第 1 款、第 925 条第 1 款所规定的要件亦以取得预告登记的时间点为准据时点。

2. 中间结论

由于 M 的处分权未受限制，故 K 已经取得不受限制的所有权。在后位继承登记问题上，土地登记簿为不正确。

（二）K 的实质上的利害关系、B 的形式上的利害关系

K 作为不受限制的土地所有人有权提出请求（aktivlegitimiert）。根据民

法典第 894 条结合土地登记法第 19 条，在土地登记簿中被登记为后位继承权人的 B 有权作出回应（passivlegitimiert）。

（三）结论

根据民法典第894条，K可以提请B同意涂销掉不正确的后位继承登记。

二、基于民法典第 812 条第 1 款第 1 句情形二的请求权

基于民法典第 812 条第 1 款第 1 句情形二（非给付不当得利）亦可产生土地登记簿更正请求权。簿载地位（Buchposition）具有财产价值，属于民法典第 812 条意义上可依不当得利规则返还的利益。然而，本案中，B 是通过 R 的同意，也就是说，是通过 R 的给付取得了这一簿载地位。因此，基于非给付不当得利的辅助性原则，应该排除此处的非给付不当得利。

补充说明

关于“一、（一）1.（2）②”

在提交登记申请和完成登记之间，由于民法典第 892 条第 1 款的客观要件未曾得而复失，故不一定非得对这一问题进行探讨。[我们之所以在此对这个问题] 进行论述，是为了方便大家理解，并向考生指出背后存在的问题：根据民法典第 892 条第 2 款，是不是除了可将善意的准据时点从完成权利取得之时提前到提交登记申请之时，还可以将善意取得所需的其他客观要件的准据时点亦照此确定？一般情况下，大家不认为可以前置因土地登记簿不正确而产生的权利外观。大家讨论的是，在异议登记晚于登记申请之提交的情况下，能否类推适用民法典第 892 条第 2 款。然而，在这种情况下还是不能前置（对此参见 *Vieweg/Werner*, SachenR § 13 Rn. 48, 51）。

关于“一、（一）1.（2）③（b）”

关于预告登记的善意创设取得（des gutgläubigen Ersterwerbs）的法律基础存在不同观点：

如果认为预告登记是一项物权的话，那么 [预告登记之善意取得的] 法律基础就只有民法典第 892 条。然而，通说却认为，预告登记是一种特殊的保全手段，不是物权。然而，进行预告登记却是给土地设定负担，因

此属于民法典第 893 条情形二意义上的处分。这样的话，须直接或至少类推适用民法典第 893 条情形二、第 892 条。

一方面，预告登记保全的只是债权请求权，且预告登记之存续要依附于债权请求权；但是另一方面，预告登记又是在为物权变动作准备，就此而言，预告登记可以（通过民法典第 883 条和第 888 条）使被保全的债权提前发生物权效力——这两点理由可以用来支持通说。

案例三十四　预告登记内容的更新

案件事实

2006年2月19日，通过公证文书形式的合同，E将其房屋土地以先取继承（im Wege der vorweggenommenen Erbfolge）的方式转让给自己的女儿T。合同中有如下条款：E在世期间，T既不得转让土地，也不得在土地上设定抵押；如有违反，应将土地交还给E。为保全这一回复让与请求权，在合同缔结之日，双方在土地登记簿中对此进行了预告登记。

然而，在2007年间T陷入严重的经济困难。2008年3月14日，T通过公证文书形式的合同将土地卖给了D，2008年8月24日，D被登入土地登记簿。

E于2009年1月16日向有管辖权的法院起诉，诉请执行对T的回复让与请求权，诉状于2009年1月21日被送达于T。2011年9月8日，E被重新登记为所有人。2011年12月2日，E向D请求返还2009年2月至2011年8月底的用益。

D表示完全不能理解。他认为，他是所有人，他自己在房屋里居住；因此，他根本没有收取任何用益。D为更换掉坏暖气片而支出了5000欧元，因此，D认为他对E享有5000欧元的对待请求权（Gegenanspruch）。

E还能向D请求返还用益吗？

案例变型

在转让房屋土地、同意对回复让与请求权进行预告登记并于2006年2月19日完成登记之后，E与T于2007年1月7日通过公证文书形式的合同约定，若对T的财产启动破产程序（Insolvenzverfahren），亦产生回复让与请求权。与此同时，他们还约定，之前已经获得同意的预告登记，其效力亦应扩展至这一情形。

2008年3月14日，对T的财产启动了破产程序，I被指定为破产管理人，还在土地登记簿中对破产进行了登记。

E想知道，他还有没有可能取回土地。

法律状况如何？

案例来源及深入学习的提示

案例原型：BGHZ 144, 323 = NJW 2000, 2899 = JuS 2000, 1119（*K. Schmidt*）= JA 2000, 918（*Löhnig*）.

案例变型：BGHZ 143, 175 = NJW 2000, 805 = JuS 2000, 605（*K. Schmidt*）= JA 2000, 535（*Schöpflin*）; BGH NJW 2008, 578 = JuS 2008, 467（*K. Schmidt*）; BGHZ 193, 152 = NJW 2012, 2032 = JuS 2012, 943（*K. Schmidt*）.

Vieweg/Werner SachenR § 8 Rn. 7; § 14 Rn. 3, 11.

考点

- 预告登记权利人的地位（基础）
- 民法典第987条、第990条第1款第1句是否可以适用于“受让权利的第三人和预告登记权利人之关系”（深化）
- 已支出费用的补偿请求权（基础）
- 预告登记的“扩充”（常考知识）

难点

准确把握案情的来龙去脉

涉及破产法

利益状况

案例原型：

T将房屋交付与D使用，违反了T与E的合同约定，鉴于D已经在房屋中居住了一段时间，E想为这段时间请求补偿。与此相反，D却不想因为使用过房屋而偿还任何费用，因为，他在这一段时间曾是所有人。如果一定要对用益进行赔偿的话，D至少想为安装暖气片得到补偿，因为他再也无法使用了。

案例变型：

E想收回土地，而非仅按比例分得破产财产。如果土地属于破产财产并因此而被用于向全体债权人进行清偿的话，符合I所代表的其他债权人的利益。

案例原型的解答

一、根据民法典第990条第1款第1句、第987条第1款，E对D的用益返还请求权

根据民法典第990条第1款第1句、第987条第1款，预告登记的权利人E或可向受让所有权的第三人D主张用益返还请求权。然而，由于D在2009年2月至2011年8月底才是土地所有人，所以，在D与E之间从未成立过所有物返还请求权之基础（Vindikationslage）。

二、类推适用民法典第990条第1款第1句、第987条第1款，E对D的用益返还请求权

类推适用民法典第990条第1款第1句、第987条第1款，预告登记的权利人E或可向受让所有权的第三人D主张用益返还请求权。

（一）请求权已经产生

请求权产生的前提是，可将民法典第987条以下类推适用于本案，并且D为恶意。

1. 可以适用民法典第987条以下

除了设定预告登记所需的要件之外，民法典第883条以下所规范的就只剩预告登记的权利人向受让权利的第三人请求同意登记的请求权了（民法典第888条），[民法典第883条以下的规范对象中]没有结果请求权（Folgeansprüche），立法者亦非有意不对结果请求权制定规则。因此，此处存在违反立法计划的规则漏洞（planwidrige Regelungslücke）。

此外，[规则漏洞]须与已被规整之情形具有类似的利益状况。尽管第

三人自权利人处取得了所有权，然而，根据民法典第 883 条第 2 款第 1 句，相对于预告登记的权利人，第三人的所有权取得却属于相对无效，于是乎，相对于预告登记的权利人，受让权利的第三人在土地登记簿中被不正确地显示为所有人。可以说，在这个问题上，预告登记之权利人所享有的权利“更优”。然而，这却改变不了以下事实：E 对受让所有权的第三人仅享有债权性的、提请对方同意进行登记的请求权，于是，显而易见，参照民法典第 446 条的价值取向，用益应归受让所有权的第三人（债务人）所有。T 负有义务将所有权回复让与给 E，然而，根据民法典第 292 条，自诉讼系属（Rechtshängigkeit）开始之时起，亦即自诉状于 2009 年 1 月 21 日被送达 T 之时起（根据民事诉讼法第 261 条第 1 款、第 253 条第 1 款），E 可向 T 请求偿还用益（Nutzungsersatz）。因此，一方面，在与回复让与所有权的义务人 T 的内部关系中，用益应该归 E；另一方面，E 对 D 又享有债权性的请求权，提请 D 同意将 E 登记为所有人。如果预告登记的权利人对回复让与所有权的义务人还享有用益偿还请求权的话，那么，他的法律地位其实已经与所有人的法律地位差别不大了。因此，在这种情形下存在具有可比性的利益状况。

因此，可将民法典第 987 条以下类推适用于本案。

2. 民法典第 990 条第 1 款第 1 句意义上的恶意

D 须为恶意，也就是说，D 须明知欠缺占有本权或因重大过失而不知占有本权之欠缺（参见民法典第 932 条第 2 款）。本案中，应认为 D 在取得占有时为恶意，原因在于，D 只能认为自己因取得所有权而取得本权，而相对于 E——可以从土地登记簿中看到 E 的预告登记——D 又无法取得所有权。D 知道，根据民法典第 888 条第 1 款，他有义务同意［把 E 作为所有人登入土地登记簿］。如果 D 相信自己可以取得所有权并可继续维持之，并且相信自己的所有权取得可对抗任何人，那么，D 与不法的自主占有人（unrechtmäßiger Eigenbesitzer）因重大过失而相信自己是所有人一样，都不值得保护。因此，D 属于民法典第 990 条第 1 款第 1 句意义上的恶意。

3. 法律后果：返还用益

根据民法典第 987 条第 1 款，应予返还的只有实际收取的用益。根据民法典第 100 条，［应予返还用益的范围］包括物的孳息，以及因使用物而带来的利益。

D 自己使用了房屋。因自己使用而收取的利益应依用益的客观价值进行估价，也就是说，假定房屋是基于合同关系而被交付与他人使用，按照这种情况下收取的孳息的平均值进行计算。因此，按照当地正常租金水平，在 2009 年 2 月到 2011 年 8 月，D 根据民法典第 558 条应付的租金即为 D 应返还的用益。

4. 中间结论

类推适用民法典第 990 条第 1 款第 1 句、第 987 条第 1 款，E 可向 D 请求返还其所收取的用益。

（二）请求权可执行

请求权须为可执行。类推适用民法典第 1000 条第 1 句，D 可能享有留置权。据此，在占有人所支出的费用获得清偿之前，占有人可拒绝返还物。其前提为，D 享有费用偿还请求权（Anspruch auf Verwendungsersatz）。

1. 类推适用民法典第 994 条 2 款、第 684 条第 1 句、第 818 条第 2 款，费用偿还请求权

该请求权或可基于民法典第 994 条第 2 款因更换坏暖气片而产生。只有在支出费用之时支出人与请求权相对人之间存在所有物返还请求权之基础的情况下，才可直接适用民法典第 994 条第 2 款。然而本案却不成立所有物返还请求权之基础：D 在安装暖气片之时仍是所有人。但是，类推适用民法典第 994 条第 2 款，却可能会产生这一请求权。类推适用的前提条件已经成立［参见上文之“二、（一）1.”］。

（1）民法典第 994 条第 2 款的前提条件

在更换暖气片之时，E 与 D 之间须存在与“所有物返还请求权之基础”类似的关系。D 须已经支出必要费用。费用是指，直接为了维持、恢复或改善物的境况而支出的财产。必要费用是指，为了维持物的境况或对物进行正常经营所必需的费用。为安装新的、可正常使用的暖气片而支出的费用是为了恢复房屋土地［可正常使用的］状态。根据交易观念，若对房屋进行有意义的、经济上的用益，需要有暖气。因此，安装可正常使用的暖气片属于必要的费用支出。

然而，由于 D 为恶意，只有在符合民法典第 994 条第 2 款的条件下，才需向 D 进行费用偿还。这条规定仅参引了无因管理的部分构成要件。据此，不需要具有管理他人事务的意思（自主占有人通常没有管理他人事务的意思）。

（2）无因管理［的其他构成要件］

关键的前提条件是，安装暖气片是否符合 E 的意思和利益（民法典第 683 条第 1 句）。此时，由具体的事务管理人［本案中即 D］来管理事务，亦须符合 E 的意思。然而，E 却不想在生前看到土地被 T 转让。因此，E 也不想让第三人更换暖气片。所以，D 的事务管理不符合 E 的意思。因此，根据民法典第 684 条第 1 句，D 只能基于不当得利向 E 请求偿还费用。

（3）法律后果：不当得利返还

E 只需返还现存的财产增益，也就是说，应偿还暖气片的客观价值（民法典第 818 条第 2 款、第 3 款）。

2. 基于民法典第 951 条第 1 款第 1 句、第 812 条第 1 款第 1 句情形二的费用偿还请求权

D 的费用偿还请求权可能来自民法典第 951 条第 1 款第 1 句、第 812 条第 1 款第 1 句情形二。由于 D 是将暖气片安装在自家房屋里，在返还房屋时才蒙受权利损失，所以有疑问的是，D 的权利损失是否真的是因民法典第 946 条至第 950 条所致。此外，民法典第 951 条第 1 款第 1 句是否可与民法典第 994 条以下平行适用，还存在争议。有观点认为，民法典第 951 条第 1 款第 1 句与民法典第 994 条以下为想象竞合（Idealkonkurrenz）关系，其理由为，如果不肯定这一点，实际占有标的物的费用支出人的境况将比未实际占有标的物的费用支出人的境况差。与此相反，联邦最高法院却认为民法典第 994 条以下属于特殊规定，应优先适用；未实际占有标的物的费用支出人，其法律地位之所以较差，乃法律的有意安排。据此，本案中，D 不能以民法典第 951 条第 1 款第 1 句、第 812 条第 1 款第 1 句情形二为据主张费用偿还请求权。

3. 中间结论

类推适用民法典第 994 条第 2 款、第 684 条第 1 句、第 818 条第 2 款，D 享有费用偿还请求权。类推适用民法典第 1000 条第 1 句，D 可以将这一对待请求权作为对抗 E 的抗辩权。

（三）结论

类推适用民法典第 990 条第 1 款第 1 句、第 987 条第 1 款，E 对 D 享有用益返还请求权。然而，类推适用民法典第 1000 条结合民法典第 274 条第 1 款，只有在同时（Zug-um-Zug）偿还安装暖气片的费用（类推适用民法典第 994 条第 2 款、第 684 条第 1 句、第 818 条第 2 款）时，才可执行用益返还请求权。

案例变型的解答

一、根据破产法第 106 条第 1 款第 1 句，E 对 I 土地转让请求权

破产法第 106 条第 1 款第 1 句，E 对 I（根据破产法第 80 条，I 为适格的请求权相对人）可能享有请求权，请求转让破产财产中的土地。在启动破产程序之后（破产法第 27 条），土地原则上属于破产财产（破产法第 35 条）。通常情况下 E 的债权应被折算成货币（破产法第 45 条），并按照破产清算后的比例（Insolvenzquote）获得清偿（破产法第 187 条以下）。然而，根据破产法第 106 条，在破产的情况下，如果已经进行了预告登记，则预告登记的权利人可以直接请求清偿，而不必从破产财产中按比例获得清偿。对此，须已经为 E 进行了有效的预告登记。

（一）E 为有效的预告登记的权利人

对此，E 须已取得有效的预告登记。

1. 可进行预告登记的请求权（民法典第 883 条第 1 款）

基于 2007 年 1 月 7 日的合同，E 享有一项回复让与房屋土地所有权的债权请求权，这一请求权属于民法典第 883 条第 1 款意义上的可进行预告登记的请求权。根据民法典第 883 条第 1 款第 2 句，亦可对附条件的债权进行预告登记。

2. 同意（民法典第 885 条第 1 款第 1 句情形二）

不能认为新的债权会自动“补充”进预告登记。准确点说，需要再次征求“同意”。可以对 2007 年 1 月 7 日的补充约定作如下解释：T 已经同意，之前的预告登记之效力扩展到 T 陷入破产的情况。

3. 登记（民法典第 883 条第 1 款第 1 句、第 885 条第 1 款第 1 句）

为了 E 之利益，尽管 T 于 2007 年 1 月 7 日已经同意为回复让与所有权的请求权作预告登记，却未将其另行登入土地登记簿。然而，如果在土地登记簿中已经存在预告登记，并且该预告登记亦能用于保全因补充约定

而产生的回复让与土地所有权的请求权的话，那么可能就不需要再重新进行登记了。按照民法典第 879 条第 2 款、第 892 条第 2 款，双方可以先登记再达成物权合意，然而，适用这两条规定的前提条件为，被变动的不动产物权可以适用民法典第 873 条。预告登记在很多方面都与民法典第 873 条意义上的物权极为类似，从而我们可以认为，民法典第 885 条第 1 款是民法典第 873 条在实体法上的特殊规定，[在作预告登记时] 亦应准用 [民法典第 879 条第 2 款和第 892 条第 2 款“先登记后达成合意”的原理，允许先进行预告登记，再对预告登记作出同意]。如果后来又达成新的物权合意，尽管合意可能是基于新的债务关系（比如，债务更新，Novation），但是如果它导致的权利变动之内容与之前的物权合意相同，那么，在转让土地所有权的情况下，可以不再重新进行登记。如果已经存在相应的登记了，那么，先涂销旧登记再进行新登记就会流于形式，纯属多余。如果由预告登记所保全的请求权后来才产生，而且新请求权、已经存在的预告登记和新同意三者的内容完全一致，尤其是针对同一物权变动的话，那么，[参照土地所有权转让的情况，] 也就不用再重新进行预告登记了。由于新请求权、已经存在的预告登记和新同意三者的内容完全一致，亦再无法以预告登记的从属性为由反对前述观点。此外，让预告登记的顺位与预告登记的效果不以（之前）登记的时间点为准，而是以（后来）重新同意的时间点为准，这亦可使第三人的法律利益获得充分保障。所以，在新请求权、已经存在的预告登记和新同意三者内容完全一致的情况下，已经存在的预告登记亦可被用来保全新设立的权利。如果请求权的产生事由被扩大并且请求权应受预告登记保全，亦有必要适用这一规则。

基于上述这些原因，可以不将于 2007 年 1 月 7 日所获准之回复让与所有权的预告登记再次登入土地登记簿，准确点说，2006 年 2 月 19 日完成的预告登记就已足够。由预告登记所保全的各项权利之顺位，应以重新获得同意的时间点为准。因此，在完成预告登记和“扩充”预告登记之间被登入土地登记簿的各项权利，不因受预告登记所保全的请求权的范围扩大而受影响。然而，在本案中，破产登记是在 2008 年 3 月 14 日，也就是说，是在同意“扩充”预告登记之后，才被登入土地登记簿（参见破产法第 32 条第 1 款第 1 项），因此，预告登记的有效性不受破产登记影响（参见民法典第 879 条第 1 款）。

4. 处分权

在同意对预告登记进行“扩充”之时，T 是土地所有人，因此有权作出同意。

（二）中间结论

因此，E 已经有效取得预告登记，其顺位以 2007 年 1 月 7 日为准。

二、结论

尽管已经启动破产程序，根据破产法第 106 条第 1 款第 1 句，E 对 I 还是享有回复让与破产财产中的土地所有权的请求权，并可请求将自己登记为所有人。

补充说明

关于案例变型之“一、（一）3.”

联邦最高法院认为，在新请求权、已经存在的预告登记和新同意三者内容完全一致的情况下，可以利用已经存在的预告登记来保全新设立的请求权，或者扩大被保全的请求权的产生事由。联邦最高法院现在对此作了清晰的界定（BGHZ 193，152）：新请求权与新同意所针对的权利变动，与既有的预告登记之内容相同，尚不足以满足要求。申言之，其他的一致性要求亦须得到满足才行。因此，如果一项预告登记保全的请求权具有高度人身性、不可继承且不可转让，那么，这一预告登记就不能用来保全可继承的请求权，因为缺少一致性。

案例三十五　抵押权与被担保债权的分离

案件事实

B 向 A 提供了一笔 10000 欧元的贷款。相应地，B 请求 A 提供登记式抵押权[1]（Buchhypothek）。A 表示同意。然而，双方却未将“不能出具抵押证书”登入土地登记簿。[与约定的内容]相反，B 却取得了抵押证书（Hypothekenbrief）。十年后，B 罹患精神疾病，而大家对此都不知情。

B 将其带抵押权的债权通过公证文书形式的合同转让给了 C，并获得 7000 欧元对价。由于 C 把全部财产都投资到了债券，所以由他的妻子 F 向 B 支付了这笔款项。C 取得了抵押证书。两年后，C 与 F 离婚。F 认为，是她自己付的钱，所以她应该享有债权和抵押权。另外，F 还想恶心一下她的前夫，于是,F 就抵押权和债权的归属问题提请异议登记，并将异议登入了土地登记簿。

不久后，C 将这一带抵押权的债权以书面形式转让给了 D，并交付了抵押证书。D 知道，C 是从 B 处取得的这一抵押权，而在债权转让之前，D 就早就听人说过 B 患有精神疾病好多年了，却未信以为真。

B 和 D 对 A 有哪些请求权？

案例来源及深入学习的提示

Baur/Stürner SachenR §§ 37 f.; *Brehm/Berger* SachenR § 17 Rn. 1 ff., 95 ff.; *Westermann/Gursky/Eickmann* SachenR §§ 93 f., 102, § 104 III., IV.; *Karper* JuS 1989, 33; *Schreiber* JURA 2013, 1013; *v. Bismarck* JA 2011, 572.

Vieweg/Werner SachenR § 13 Rn. 52, § 15 Rn. 6, 12, 24, 32 f., 35, 37, 41, 43 f.

---

[1] 译者注：登记式抵押权（Buchhypothek）与证书式抵押权（Briefhypothek）的基本情况，请参阅［德］鲍尔、施蒂尔纳：《德国物权法》（下），申卫星、王洪亮译，法律出版社 2006 年版，第 40—42 页。

考点

- 抵押权的本质（基础）
- 抵押权的创设取得和移转取得（基础）
- 合意与登记的分离（基础）
- 在债权行为和物权行为都有瑕疵的情况下，善意移转取得抵押权（基础、深化）
- 抵押权与被担保债权的分离（常考知识）
- 非权利人的异议登记（基础）
- 民法典第 892 条第 1 款中善意的判断标准（基础）

利益状况

B 想继续享有债权和变价权（即抵押权）；与此相反，取得这两项权利却符合 D 的利益，这样的话，他就能基于这两项权利向 A 提出请求。如果这两项权利分属两人，则对 A 非常不利，因为，这样的话，A 会面临被两个债权人追债的风险。

解答

一、B 对 A 的请求权

B 的照管人可以代 B 行使请求权（民法典第 1896 条第 1 款第 1 句、第 1902 条）。需要检验的是，B 对 A 享有哪些请求权。

（一）根据民法典第 488 条第 1 款第 2 句，B 对 A 的贷款偿还请求权

1. 请求权之产生

A 与当时尚有行为能力的 B 已经根据民法典第 488 条达成合意。此外，由于 B 已经全额放款，故贷款偿还请求权已经产生。

2. 根据民法典第 398 条第 1 句、第 1154 条，因债权被让与给 C 而丧失请求权

然而，因依照民法典第 398 条第 1 句、第 1154 条债权已经被转让给了 C，B 可能已经丧失了请求权。根据民法典第 398 条第 1 句，欲有效地转

让带抵押权的债权，须债权出让人与受让人达成让与合意，并且债权让与的意思表示须符合民法典第 1154 条的形式要求。

后来 B 因罹患精神疾病而丧失行为能力，故此处未能达成有效的让与合意：根据民法典第 104 条第 2 项、第 105 条第 1 款，B 既无法有效发出债权让与之要约，C 之承诺亦无法到达 B（民法典第 131 条第 1 款）。

所以，因未能有效向 C 让与债权，B 未丧失请求权。

3. 根据民法典第 398 条第 1 句、第 1154 条，因 C 向 D 进行债权让与而导致 B 丧失请求权

由于 C 不是债权人，而债权原则上又不适用善意取得，所以，D 无法有效取得债权。原则上，民法典第 1138 条亦不能改变这一结果，因为，该规定只是为了让抵押权顺利移转而拟制（fingiert）出让人享有债权，而不会真的让受让人取得债权。

4. 暂时的结论

据此，[如果暂时不考虑其他可能的情况，] B 仍为债权人，并可根据民法典第 488 条第 1 款第 2 句向 A 请求偿还贷款。

（二）根据民法典第 1147 条，B 对 A 享有容忍强制执行的请求权

此外，根据民法典第 1147 条，B 可能对 A 享有容忍强制执行的请求权。其前提条件为，B 已取得抵押权，并且未因后来的转让行为丧失抵押权。

1. 根据民法典第 873 条第 1 款、第 1113 条第 1 款、第 1115 条第 1 款、第 1116 条第 1 款和第 2 款、第 1117 条第 1 款，B 取得抵押权

（1）合意（民法典第 873 条第 1 款、第 1113 条第 1 款）

抵押权的创设取得首先需要就抵押权之设定达成物权合意。本案中，A 与当时尚有行为能力的 B 达成合意，在 A 的土地上为 B 之利益设定如下负担：B 可就土地取得一定之金额，用以清偿自己的贷款债权。因此，双方已达成以民法典第 1113 条第 1 款为内容的物权合意。

（2）登记（民法典第 873 条第 1 款、第 1115 条第 1 款）

此外，抵押权与民法典第 1115 条第 1 款所要求的其他信息须已一并被登入了土地登记簿。本案中，这些都已经完成。

（3）在进行登记时仍存在物权合意（民法典第 873 条第 1 款）

在进行登记之时，A 与 B 之间的物权合意仍然存在：双方当事人都没有作出撤回合意的意思表示。

（4）交付抵押证书或排除抵押证书之出具（民法典第 1116 条第 1 款和第 2 款、第 1117 条第 1 款）

根据民法典第 1116 条第 1 款、第 1117 条第 1 款，抵押权的法定常规情形是证书式抵押权。如果被设定的是登记式抵押权，则双方需就排除抵押证书达成合意，并且将抵押证书被排除一事登入土地登记簿，民法典第 1116 条第 2 款。本案中，A 与 B 尽管在客观上已经就登记式抵押权达成一致，却未将抵押权登记为登记式抵押权。

所以，有疑问的是，双方设定应为哪一种抵押权：由于未将抵押权登记为登记式抵押权，故双方设定的可能是证书式抵押权。对此，通过解释查明的当事人之真意才具有决定性意义（民法典第 133 条、第 157 条）：A 与 B 虽然随时可以就“排除抵押证书”一事进行补充登记，却在十余年后仍不补充；并且双方在此情况下仍认可抵押权之存在。此外，[登记机关已经] 出具了抵押证书并完成交付。因此，通过解释双方之意思表示，可以得出：与其让抵押权胎死腹中，还不如接受证书式抵押权。

如上文所说，亦已完成根据民法典第 1116 条第 1 款、第 1117 条第 1 款所需要的出具和交付抵押证书。

（5）A 的处分权

A 是土地所有人，作为所有人 A 有权处分土地，申言之，他也有权在土地上设定抵押权。

（6）被担保的债权（民法典第 488 条第 1 款第 2 句）

因抵押权具有从属性，故设定抵押权要有被担保的债权，这一债权有效存在 [参见“一、（一）1.”]。

（7）中间结论

B 在 A 的土地上取得了一项证书式抵押权。

2. 根据民法典第 398 条第 1 句、第 1154 条第 1 款、第 401 条第 1 款、第 1153 条第 1 款，B 因向 C 进行转让而丧失抵押权

然而，根据民法典第 398 条第 1 句、第 1154 条第 1 款、第 401 条第 1 款、第 1153 条第 1 款，B 却可能已经将抵押权转让给了 C。如果 B 已经根据民法典第 398 条第 1 句、第 1154 条第 1 款将带抵押权的债权转让给了 C，就发生 [基于民法典第 401 条第 1 款、第 1153 条第 1 款的] 抵押权之转让。

在“一、（一）2.”部分已经讲到，因 B 为无行为能力人，债权让与无效。根据民法典第 892 条第 1 款、第 1138 条的善意取得亦无法完成：B 为无行为能力人，这导致债权让与无效，而这两条规范无法消除这一障碍。申言之，只有在债权本身不存在或让与人自己不享有受抵押权担保的债权的情况下，民法典第 892 条第 1 款和第 1138 条才可以协助克服权利欠缺。

因此，B 未丧失抵押权，C 亦未取得之。

3. 根据民法典第 398 条第 1 句、第 1154 条第 1 款、第 401 条第 1 款、第 1153 条第 1 款，因 C 向 D 进行转让，而导致 B 丧失抵押权

然而，根据民法典第 398 条第 1 句、第 1154 条第 1 款、第 401 条第 1 款、第 1153 条第 1 款，D 亦有可能已因“贷款债权之让与”取得抵押权。

（1）债权让与（民法典第 398 条第 1 句、第 1154 条第 1 款）

就债权之移转，C 与 D 已经达成合意。此外，C 让与债权的意思表示亦是以书面形式作出（民法典第 126 条），并且已经交付抵押证书，民法典第 1154 条第 1 款。但是，由于 C 尚未取得债权［参见“一、（一）2.”］，并且原则上不能善意取得债权［参见“一、（一）3.”］，故按照一般规则，D 无法取得抵押权。然而，根据民法典第 1138 条却可能会得出其他结论。根据这一规定，就债权而言（in Ansehung der Forderung），亦可适用民法典第 892 条第 1 款第 1 句。这意味着，就债权而言，如果民法典第 892 条第 1 款的其他要件都已具备，那么，在取得抵押权时，可将——在土地登记簿中被错误登记成了债权人的——让与人视为真正的债权人。

①交易行为

C 向 D 让与贷款债权的法律行为属于交易行为。

② C 因土地登记簿不正确而获得的权利外观

此外，在债权的权属问题上，土地登记簿须为不正确。根据民法典第 1115 条第 1 款，须将债权人登入土地登记簿。由于在登记簿中被登记为债权人的是 B 而不是 C，故这一登记是正确的。也就是说，C 其实未因土地登记簿而获得权利外观。

但是，如果通过一系列连续的公证文书形式的债权让与表示（Abtretungserklärungen）可以让人误以为抵押证书的占有人是抵押权人，那么根据民法典第 1155 条第 1 句，对抵押证书的占有人亦可适用民法典第 892 条第 1 款第 1 句，将其视为土地登记簿中的抵押权人。这一系列债权让与表示须最终能够回溯到土地登记簿中的被登记人。按照抵押证书上的记载，C 为债权人。此外，B 曾向 C 以公证文书的形式作出过债权让与表示，而 B 又在土地登记簿中被登记为抵押人，据此可以将 C 与土地登记簿中的 B 联系起来。因此，根据民法典第 1155 条第 1 句，债权让与人 C 可以通过抵押证书加公证文书式的债权让与表示而享有权利外观，C 与土地登记簿中被登记为抵押权人的债权人并无二致。

③ D 为善意

另外，D 还须在完成权利取得的最后一个要件时（此处是指抵押证书之交付），对 C 的债权人身份为善意。根据民法典第 892 条第 1 款第 1 句，只有积极知晓可以排除善意。对于 C 不是债权人这一情况，D 非为积极知晓，因为他没有相信有关 B 精神错乱的传言。因 D 未对 B 的精神状态进行查证，从而可能构成因（重大）过失而不知，但是这不能排除 D 的善意。至于 D 未去查阅土地登记簿，对此亦无影响：民法典第 892 条赋予［受让人］的是抽象的信赖保护，易言之，在确认受让人是否为善意时，并不要求受让人一定去查阅登记簿。

④根据民法典第 899 条，无异议登记

根据民法典第 899 条，在土地登记簿中对 C 的债权人身份不能存在异议登记，或者在抵押证书上不能有否定 C 之债权人身份的附记（Vermerk，参见民法典第 1140 条第 2 句）。然而，F 却已经作过这样的登记。需要加以考虑的是，非权利人所为之异议登记是否亦可对抗他人的权利取得。异议登记的目的在于保护真正的权利人，使其免因他人之善意取得而丧失权利。而非权利人却不需要这一保护。因此，只有为真正的权利人之利益计而将异议登记登入土地登记簿时，异议登记才能发挥阻却善意取得的作用。

F 所促成的异议登记表明 F 是债权人，然而，F 却并不是真正的债权人，故异议登记不能产生法律效果（wirkungslos）：无权利能力人 B 根本不能将债权有效地转让给 C。此外，即便 B 有行为能力，他也未曾与 F 达成民法典第 398 条第 1 句、第 1154 条第 1 款意义上的让与合意。原则上，清偿他人之债务亦不能导致债权让与（参见民法典第 267 条第 1 款第 1 句），因此，F 亦不能依法律规定取得债权。

因 F 不具备债权人身份，异议登记不能产生法律效果。

⑤中间结论

对于债权，由于民法典第 1138 条情形一、第 1155 条第 1 句、第 892 条第 1 款第 1 句的前提条件皆已具备，所以，在抵押权移转之时，为了 D 之利益计将 C 拟制为债权人。

（2）中间结论

由于民法典第 892 条第 1 款第 1 句、第 1155 条第 1 句亦可补正 C 之抵押权人身份瑕疵，故根据民法典第 398 条第 1 句、第 1154 条第 1 款、第 401 条、第 1153 条第 1 款、第 892 条第 1 款第 1 句、第 1138 条情形一、第 1155 条第 1 句，D 已成为 A 之土地的抵押权人。所以，因 B 不再是抵押权人，根据民法典第 1147 条，B 对 A 不享有容忍强制执行的请求权。

（三）暂时的结论

原则上，［如果暂不考虑其他情况的话，那么］根据民法典第 488 条第 1 款第 1 句，B 将会对 A 享有贷款偿还请求权，根据民法典第 1902 条，B 的照管人可以代替他行使这一请求权，但是，B 对 A 却不享有基于民法典第 1147 条的容忍强制执行的请求权。

二、D 对 A 的请求权

（一）根据民法典第 1147 条，D 对 A 的请求权

根据民法典第 1147 条，D 作为抵押权人对 A 享有容忍强制执行的请求权［参见上文之“一、（二）3.”］。

（二）根据民法典第 398 条第 2 句、第 488 条第 1 款第 2 句，D 对 A 的请求权

由于原则上无法善意取得债权，故不用考虑 D 对 A 基于民法典第 398 条第 2 句、第 488 条第 1 款第 2 句的贷款偿还请求权［参见上文之“一、（一）3.”］。

1. 依［民法典的］价值取向进行校正——D 善意取得债权

根据我们前面得出的结论，A 既有义务——应 D 之请求——根据民法典第 1147 条容忍对其土地的强制执行，又始终有义务根据民法典第 488 条第 1 款第 2 句向其债权人 B 偿还贷款。

（1）无须校正——“分离说”

有观点认为无须进行校正（“分离说”，Trennungstheorie），原因在于，即便债务人被两个人追债，亦能得到充分保护——只有同时满足

以下两个条件时，债务人才必须清偿个人债权：[1] 第一，清偿债务之后，债务人可取得抵押权（民法典第 1163 条及其下条）；第二，清偿债务之后，债务人根据民法典第 1160 条第 1 款、第 1161 条取得抵押证书之占有。如果债权人因自己不再是抵押权人或不再是抵押证书的占有人而无法返还［抵押权或抵押证书］时，[2] 则债务人针对债务享有持续性的抗辩权（Einrede），从而可以用它来对抗债权人的请求权主张。借助民法典第 1138 条情形一，亦无法真正完成债权的善意取得，该规定只是暂时拟制债权之存在［，以便完成抵押权的善意取得］。此外，根据民法典第 1153 条第 1 款，应该是债权先移转、抵押权随之移转，如果反过来，让抵押权“拖拽”债权，则会扭曲民法典第 1153 条第 1 款的规则。

如果赞同这一观点，则在本案中原则上由 B 享有对 A 的贷款偿还请求权。然而，A 却能够以抗辩权对抗之：只有 B 向 A 交付抵押证书时，A 才有义务偿还贷款，然而 B 却已经无法向 A 交付抵押证书。

（2）需要校正——“拖拽说”/“统一说”

所谓的“拖拽说”或“统一说”（„Mitreiß–“ bzw. „Einheitstheorie“）的支持者认为，因抵押权被受让人善意取得，债权应该一起被“拖拽”过去。因此，债权亦应归新的抵押权人。其理由为，应让债务人免遭不公正的双重追债。

如果接受这一观点，则在此处应该对前面的结论作如下校正：D——与“一、（一）3. 和 4.”部分所得出的结论不同——亦应取得债权。这样的话，B 对 A 不再享有贷款偿还请求权。

（3）我们的立场

我们认为，应采后一种观点。原因在于，债权与抵押权之分离非因土地所有人之过，故应保护所有人。尤其是，即便将抗辩权赋予土地所有

---

[1] 译者注：原文“die persönliche Forderung ......erfüllen”，直译为“清偿个人债权”。

[2] 译者注：在德国法中，清偿债务并不会当然导致抵押权消灭。按德国民法典第 1163 条第 1 款第 2 句，债权之消灭会导致抵押权回到土地所有人手中，成为所有人抵押权（Eigentümerhypothek）；根据德国民法典第 1177 条第 1 款，抵押权人与土地所有人为同一人时，抵押权转化为土地债务。作为例外，在债务人与土地所有人非为同一的情况下，若基于债务人与土地所有人的内部关系，后者应承担最终的清偿义务，则抵押权转移给已为清偿之债务人（德国民法典第 1164 条第 1 款）。Prütting, Sachenrecht（2017），C. H. Beck, S. 310 Rn. 713; MünchKommBGB/Lieder（2017），§ 1164 Rn. 1. 基于这一原因，债务人清偿债务时原则上须将抵押“交还”土地所有人。

人使其可以对抗他人的债权主张，仍然有必要保护土地所有人[对此参见“二、(二) 1.(1)”]：通常情况下，不谙法律的债务人不了解这一情况，两个债权人谁先证明自己的权利主张，债务人通常就会向谁履行，而不会行使自己的抗辩权。

此外，民法典第 1153 条第 2 款要求抵押权与债权共进退（从属性原则），这也不利于“分离说”。

2. 中间结论

因此，D 已善意取得债权（亦可主张其他观点）。

三、最终结论

D 既能根据民法典第 488 条第 1 款第 2 句也能根据民法典第 1147 条向 A 主张权利。而 B 对 A 不享有任何请求权。

补充说明

关于“一、(一) 3.”

这部分之所以使用限定词“原则上”，是因为至少在两种（如果赞同“拖拽说”或“统一说”的话，则在三种）情况下可以善意取得债权：民法典第 405 条（在出示债权证书的情况下善意取得债权）和民法典第 2366 条（因表见继承人持有继承证书而享有权利外观，可以自表见继承人处善意取得债权）。

关于“一、(二) 1.(4)”

证书式抵押权被规定为抵押权的常规情形，因为与登记式抵押权相比，它有更高的流通性：通过债权让与和抵押证书之交付即可转让证书式抵押权（民法典第 398 条第 1 句、第 1154 条第 1 款、第 401 条第 1 款、第 1153 条第 1 款）。关于债权让与的形式，适用民法典第 1154 条。除出具书面的债权让与表示外，也可以将债权让与登入土地登记簿（民法典第 1154 条第 2 款）。根据民法典第 398 条第 1 句、第 1154 条第 3 款、第 873 条第 1 款、第 1153 条第 1 款，登记式抵押权却只能通过让与合意并将债权让与登入土地登记簿而转让。这不仅浪费时间，也会带来更高的成本。

关于"一、（二）3.（1）"

应加以注意的是，在这一部分应该对民法典第 892 条进行"双重"检验：第一次是在债权让与结合民法典第 1138 条情形一的框架下，对债权之存在进行检验。第二次是就抵押权的处分权本身，在处分权的框架下进行检验（此处可直接适用民法典第 892 条——就物权而言，须已经具备民法典第 892 条的全部要件）。

关于"二、（二）1."

此处我们赞同"拖拽说"或"统一说"，这一观点成立的前提是：被"拖拽"过去的债权应该确实存在。[1]

在这里，反对我们观点的人亦可以下述理由为据反对"拖拽"：不谙法律的债务人如果已经向债权人偿还贷款，他可以根据民法典第 813 条基于不当得利请求返还所为之给付。美中不足之处在于，债务人需要承担债权人的破产风险。但是，考虑到债务人怠于让债权人交付抵押证书，［让他承担上述风险］似乎也没什么不妥。最后，根据民法典第 1138 条情形一、第 892 条之规定，抵押权和债权可以分离，也就是说民法典第 1153 条第 2 款规定的抵押权之从属性亦非必然，申言之，抵押权之从属性仅仅是为防止当事人随意分别处分债权和抵押权。

---

[1] 译者注：在债权未有效产生或已经消灭的情况下，基于土地登记簿公信力仍可善意取得一项无债权的抵押权［此为通说，*Vieweg/Werner*, Sachenrecht（2015）, Vahlen, S. 529 Rn. 41］或土地债务［Prütting, Sachenrecht（2017）, C. H. Beck, S.304 Rn. 693］。在这种情况下，抵押权的善意受让人不能以"无中生有"的方式取得债权。

案例三十六　土地债务与被担保债权的分离

案件事实

G向S提供了一笔贷款。为担保贷款，E为G设定了一项有效的证书式土地债务（Briefgrundschuld），在设定土地债务时，E与G在担保合同中将土地债务之到期与贷款偿还请求权之到期进行了关联。后来，G将贷款债权转让给了D。随后G又以书面形式的让与表示将土地债务转让给了Z，并将土地债务证书交付给Z，Z亦知悉土地债务的担保属性（Sicherungscharakter）。在贷款债务到期之后，D向S请求偿还贷款。Z却打算基于土地债务向E采取行动。

法律状况若何？

案例来源及深入学习的提示

Baur/Stürner SachenR § 45 Rn. 56 ff.; *Medicus/Petersen* BürgerlR Rn. 506 ff.; *Prütting* SachenR Rn. 766 ff.; *Wilhelm* SachenR Rn. 1784 ff.

Vieweg/Werner SachenR § 15 Rn. 89 f., 92 f., 98.

考点

- 土地债务的法律性质（基础）
- 土地债务的移转取得（基础）
- 在债权与土地债务分属两人的情况下，所有人和债务人的抗辩权（深化）

利益状况

E打算阻止Z的强制执行。S关心的是，能否不向D偿还贷款。

解答

一、根据民法典第 488 条第 1 款第 2 句、第 398 条第 2 句，D 对 S 的贷款偿还请求权

D 对 S 可能享有贷款偿还请求权。对此，D 须对 S 享有一项可执行的贷款债权。

（一）根据民法典第 398 条第 1 句，D 取得对 S 的债权

1. 债权之存在、让与合意

由于没有亲自跟 S 签订过合同，D 只能因 G 之债权让与而取得对 S 的贷款偿还请求权。

由于［G 与 S］已经签订贷款合同并且已经全额发放贷款，故基于民法典第 488 条第 1 款第 2 句的贷款偿还请求权有效存在。G 与 D 亦已达成民法典第 398 条第 1 句所需的让与合意。民法典第 1153 条亦不能阻止债权让与之完成，原因在于，这一条规定本来就不能适用于受土地债务担保的债权（民法典第 1192 条第 1 款）。对于债权让与而言，民法典第 1154 条第 1 款的形式要求亦无适用之余地：民法典第 1154 条体现的是抵押权的从属性，如果不作此规定的话，由于债权让与无须特定形式，这就会导致抵押权之转让亦不需要特定形式（参阅民法典第 1153 条第 1 款、第 398 条第 1 句），民法典第 1154 条唯一的目的就是要防止出现这种情况。由于土地债务之转让可独立于债权，故对于非从属性的土地债务并无此等需求，但是土地债务之转让仍应类推适用民法典第 1154 条，须以特定形式为之［参见下文之“二、（一）1.”］。因此，债权之让与不需要特定形式。[1]

2. 处分权

G 作为债权人原则上有权将债权转让给他人。

---

[1] 译者注：债权之让与不会导致土地债务随之移转，所以，不要式的债权让与不会导致土地债务之转让成为不要式行为。因此，受土地债务担保的债权之让与无须特定形式，但转让用于担保债权的土地债务，则应类推适用民法典第 1154 条，否则土地债务之转让将不能满足公示原则。

3. 债权让与未被禁止

然而在本案中，民法典第 399 条情形二的债权让与之禁止可能会导致债权让与无效：对于担保性土地债务（Sicherungsgrundschuld），在担保约定中双方常常会约定，在担保结束（Sicherungsfall[1]）之前，禁止单独转让土地债务或债权，以免在返还清算（Rückabwicklung）之时发生问题。有争议的是，对被担保的债权所作的这类约定，能否根据民法典第 399 条情形二发生物权效力，[2] 从而导致违反禁止让与之约定的债权让与无效。

有人持否定说，认为如果不这样，将会导致土地债务与被担保债权的相互独立性被规避。

文献中另有观点认为，如果在担保合同中有明确的约定，则应认可其物权效力。如果——如在本案中——没有作出明确约定，这一观点的支持者认为，应该通过对担保合同进行解释，从而得出默示的债权让与之禁止，但是，这一债权让与之禁止没有物权效力，只有债权效力。

双方未作出明确约定，因此，不管按照哪个观点，都不能认为存在民法典第 399 条情形二意义上的可发生物权效力的债权让与之禁止。因此，债权让与为有效。

（二）S 的抗辩权

S 基于债权性的担保合同享有一项请求权（民法典第 311 条第 1 款、第 241 条第 1 款），其内容为，在清偿债务之时，债权人应该“返还”土地债务；S 的这一请求权可能会导致债权不可执行。S 亦可根据民法典第 404 条、第 273 条第 1 款通过行使留置权，向债权的受让人 D 主张前述请求权。据此，只有在对方同时“返还”土地债务之时，S 才有义务向 D 进行清偿（参见民法典第 274 条第 1 款）。

但是，根据民法典第 404 条，债务人享有的抗辩权仅限于他之前对债权转让人享有的那些抗辩权。也就是说，S 须对 G 享有“返还”请求权。基于债权性的担保合同，虽然债务人通常会享有这样的请求权，但是，在

---

[1] 译者注：参见［德］鲍尔、施蒂尔纳：《德国物权法》（下），申卫星、王洪亮译，法律出版社 2006 年版，第 619 页。

[2] 译者注：原文为 dingliche Wirkung，直译即“物权效力”，此处指的是，能否对债权让与这一处分行为发生效力。下同。

本案中，只有 E 与 G 是合同当事人，因此，只有 E 享有这样的请求权，S 没有。亦无理由认为，E 已经将该请求权预先转让给了 S 或者 E 已经授权 S 代为行使该权利。因此，S 不能向 G 主张留置权。所以，S 对 D 也不享有留置权。

由于 S 不享有抗辩权，已经到期了的贷款偿还请求权亦具有可执行性。

（三）结论

根据民法典第 488 条第 1 款第 2 句、第 398 条第 2 句，D 可以向 S 请求偿还贷款。

二、根据民法典第 1147 条、第 1192 条第 1 款、第 1191 条第 1 款，Z 对 E 容忍强制执行的请求权

根据民法典第 1147 条、第 1192 条第 1 款、第 1191 条第 1 款，Z 或可请求 E 容忍强制执行。对此，须 Z 已经自 G 处取得土地债务并且该请求权具有可执行性。

（一）根据民法典第 1192 条第 1 款、第 1154 条第 1 款第 1 句、第 398 条第 1 句、第 413 条，Z 自 G 处取得土地债务

1. 符合民法典第 1192 条第 1 款、第 1154 条第 1 款第 1 句、第 398 条第 1 句、第 413 条之形式要求的让与合意

G 与 Z 根据民法典第 398 条第 1 句、第 413 条已就以下内容达成合意：在 E 之土地上为 G 有效设定的土地债务应该移转给 Z。民法典第 1192 条第 1 款、第 1154 条规定的形式要求，按照法条之文句并不能直接适用于（担保性）土地债务之转让，但是，由于土地债务制度中未设特殊规定，应将这一规定类推适用于土地债务之转让，不然的话，土地债务之转让将不能满足公示原则（也就是说，应按照以下方法读民法典第 1154 条第 1 款第 1 句：用“为了转让土地债务”替代“为了转让债权”[1]）。本案中，在转让土地债务时，民法典第 1154 条第 1 款第 1 句之要件——债权让与表示的书面形式以及土地债务证书之交付——已经得到满足。

---

[1]　译者注：原文如下：§ 1145 I 1 BGB ist also wie folgt zu lesen: „Zur Abtretung der Grundschuld“ anstatt „Zur Abtretung der Forderung“.

2. 处分权

根据民法典第 873 条第 1 款、第 1191 条、第 1192 条、第 1116 条第 1 款、第 1117 条第 1 款，G 已经通过与土地所有人 E 所达成的有效的让与合意、土地债务登记以及土地债务证书之交付，取得了土地债务，因此，G 享有处分权。

3. 债权让与之禁止

根据多数派观点，双方不能达成具有物权效力的禁止单独让与土地债务的约定，原因在于，这会与土地债务的非从属性（或曰，抽象性，Abstraktheit）冲突。

即便采纳相反的观点，在本案中亦不能认为，土地债务之转让不能发生物权效力，因为双方未明确约定［对此参见“一、（一）3.”部分——有关债权让与——的观点现状］。此外，禁止单独转让土地债务，根据民法典第 873 条第 1 款、第 877 条，属于对土地债务内容的变更需要登入土地登记簿。

4. 中间结论

Z 已经根据民法典第 1192 条第 1 款、第 1154 条第 1 款第 1 句、第 398 条第 1 句、第 413 条自 G 处有效取得土地债务。

（二）当他人基于土地债务提出权利主张之时，E 的抗辩权

有疑问的是，这一容忍强制执行的请求权是否也具有可执行性。本案中，只有 E 对 Z 基于担保合同的抗辩权可以用来对抗这一请求权。（根据通常之理解）在土地债务被让与之后，Z 仍未成为担保合同的当事人，不过，这一事实不能阻止 E 基于担保合同的抗辩权：根据民法典第 1192 条第 1a 款第 1 句，E 能够以基于担保合同或因担保合同而产生的抗辩权来对抗土地债务的受让人 Z。

1. 基于担保合同可能享有的抗辩权

因债权已到期，故基于担保合同的因变价条件未成就而生的抗辩权（die Einrede der fehlenden Verwertungsreife aus dem Sicherungsvertrag）不成立。

然而，根据民法典第 273 条第 1 款 E 可主张留置权，进而请求对方把担保合同中的贷款偿还请求权转让给自己：根据通说，如果债务人与土地所有人非为同一人，并且由土地所有人基于土地债务向债权人进行了清偿，那么土地所有人不能根据民法典第 1143 条自动取得对债务人的债权，

原因在于，这一规定体现的是抵押权的附随性，因而不能适用于土地债务（民法典第 1192 条第 1 款）。申言之，E 基于担保合同享有一项债权性的债权让与请求权，[1] 而 E 已经可以利用该请求权根据民法典第 273 条第 1 款结合民法典第 311 条第 1 款、第 241 条第 1 款通过留置权来对抗土地债务最初的债权人 G。有观点认为，此处的抗辩权是民法典第 1192 条第 1 款、第 1157 条第 1 句规定的在土地债务被转让之前就已经存在的抗辩权，因此 E 亦能以该抗辩权来对抗 Z。相反，若赞同前一种观点（可能算是今日之通说），则应认为在转让土地债务之时不存在抗辩权（参见对这一部分的补充说明），这样的话，民法典第 1192 条第 1 款、第 1157 条第 1 句就与此无关了。不过，E 仍可——按照现行的法律状况——通过民法典第 1192 条第 1a 款第 1 句前半句主张这一抗辩权，因为，根据这一规定，E 亦可向土地债务的受让人主张基于担保合同的抗辩权，也就是说，即便在转让土地债务之时抗辩权仅仅是有产生之可能，那么 E 仍可向土地债务的受让人主张这一抗辩权。Z 未取得债权，故无法将债权转让给 E，也就是说，E 享有一项持续性的抗辩权。

2. 善意无抗辩权取得（gutgläubiger einredefreier Erwerb）

然而，根据民法典第 1192 条第 1 款、第 1157 条第 2 句、第 892 条，亦可善意地取得无抗辩权的土地债务。该问题曾极具争议（参见对这一部分的补充说明），现在已经通过民法典第 1192 条第 1a 款第 1 句前半句得到了解决：所有人基于担保合同而享有的针对土地债务的抗辩权，已经无法再通过民法典第 1157 条第 2 句、第 892 条因受让人之善意无抗辩权取得而归于消灭了。此处的持续性抗辩权属于土地所有人基于担保合同而享有的抗辩权。也就是说，Z 无法善意取得无抗辩权的土地债务。

（三）结论

若 E 行使抗辩权，则 Z 就不能基于民法典第 1147 条、第 1192 条第 1 款、第 1191 条第 1 款向 E 请求容忍强制执行了。

---

[1] 译者注：指土地债务人不能因清偿债务而基于法律规定自动取得债权，而仅仅是取得一项请求权，请求债权人将债权转让给自己。

补充说明

关于案情：

跟债务人与土地所有人为同一人的情形（土地所有人 = 债务人）相比，债务人与土地所有人非为同一人并且土地债务被单独转让的情况很少成为法学论文的讨论对象或法学考试的考查对象。下面我们给债务人与土地所有人为同一人的情况提供一个解题大纲（假定案情的其他部分不变）。

在这种情况下，债权受让人（D）对土地所有人兼债务人（S）虽享有请求权，不过其可执行性仍有疑问。由于 S 是担保合同的当事人，因此他对 G 享有基于担保合同的内容为"回复转让土地债务"的请求权，根据民法典第 404 条、第 273 条结合民法典第 311 条第 1 款、第 241 条第 1 款，S 亦能以该请求权对抗 D。结果导致 S 享有一项持续性的抗辩权，因为，D 无法将土地债务回复转让给 S。因此，S 可以持续地拒绝清偿 D 的债权。

同样，Z 的容忍强制执行请求权亦面临着一项持续性的抗辩权，这一抗辩权亦不能因 Z 之善意无抗辩权取得而归于消灭：S 可以对抗 Z，从而使得 D 之债权持续地不可执行（所谓的担保未结束之抗辩权，Einrede des mangelnden Sicherungsfalls）。然而，须加以注意的是，基于担保合同所生之抗辩权仅应保护债务人免受一名债权人追债或两名债权人之双重追债。前述抗辩权所追求之目的，并不是让债务人在担保结束之后（变价条件之成就）仍无须偿还贷款。在变价条件成就之后，S 就不能再行使基于担保合同的抗辩权来对抗 Z。申言之，S 有义务容忍强制执行，但是，他却可以根据民法典第 1192 条第 1 款、第 1142 条第 1 款通过偿还贷款来避免土地被强制执行。

关于"二、（二）1."

用以支持通说的理由如下：民法典第 1157 条第 1 款——与民法典第 404 条相反——仅包括抗辩权，这些抗辩权之构成要件在土地债务被转让之前就已经全部得到满足了。E 会因向债权人进行清偿而获得一项请求权，其内容为，让债权人将债权让与给 E，然而，这一请求权只有在 E 因土地债务而［代 S］偿还贷款时才到期。

关于“二、（二）2.”

在引入民法典第 1192 条第 1a 款之后，如果担保性土地债务是在 2008 年 8 月 19 日当天或之前取得的，那么，仍有问题需要解决。民法典第 1192 条第 1a 款是在 2008 年 8 月 19 日随着《风险限制法》（Risikobegrenzungsgesetz）生效才被纳入民法典，根据《民法典施行法》第 229 节第 18 条第 2 款（Art. 229 § 18 Ⅱ EGBGB），民法典第 1192 条第 1a 款不适用于前述情况。然后应检验是否已经善意取得无抗辩权的土地债务。在本案中，其前提条件为：因土地所有人享有债权让与请求权（这与之前的通说不同），故可以认为，他的抗辩权已经被民法典第 1192 条第 1 款、第 1157 条第 1 句所涵盖。否则的话，E 可能就不能以这些抗辩权来对抗 Z 了，并因此而导致不必再考虑因善意无抗辩权取得而使抗辩权归于消灭了。

按照旧法，下列问题曾极富争议：如果一项土地债务基于担保合同而带有抗辩权，知悉这一抗辩权——如本案——会不会导致受让人为恶意，也就是说，会致使无法基于民法典第 1192 条第 1 款、第 1157 条第 2 句、第 892 条善意取得无抗辩权的土地债务。

有观点认为，在这一情形中，针对基于土地债务与债权的捆绑关系（以及因此而基于担保合同）通常会产生的全部抗辩权，受让人皆为恶意。至于受让人是否了解产生抗辩权的其他具体事实，在所不问。

根据多数派观点，只有在受让人恶意了解产生抗辩权的具体事实时，才可以认为受让人为恶意。通过这种方法，可以防止土地债务的债权人之地位劣于抵押权人。因为，根据民法典第 1138 条，抵押权人可以因善意无抗辩权取得而使未经登记的抗辩权归于消灭，除非受让人明知抗辩权之存在。如果土地债务的债权人之地位劣于抵押权人，将违反民法典的初衷：民法典本来打算赋予土地债务的权利人一项尽可能不受抗辩权干扰的权利。

如果担保性土地债务的土地所有人为避免他人基于土地债务请求强制执行而替债务人还款，那么土地所有人会享有一项请求权，让债权人将贷款债权让与给自己——这一事实源于土地债务作为担保性土地债务的特性，也就是说，这一请求权是土地债务所固有的。因此，为证立该抗辩权的构成要件，并不需要再提出其他的事实；根据前面的两种观点都无法得出善意取得不带抗辩权的土地债务的理由，其原因即在此。

关于抵押权的哪些规定可适用于土地债务（民法典第 1192 条第 1 款）

以抵押权从属于债权为基础的条文，不能准用于土地债务：民法典第 1115 条第 1 款后半句、第 1137 条至第 1139 条、第 1153 条、第 1161 条、第 1163 条第 1 款、第 1164 条至第 1166 条、第 1173 条第 1 款第 2 句、第 1174 条、第 1177 条、第 1184 条、第 1187 条及第 1190 条。

其他全部条文都可准用于土地债务，即便这些条文涉及被担保的债权，亦然。那些为被担保的债权所特设的规定可直接适用于土地债务。比如，民法典第 1115 条第 1 款前半句、第 1118 条、第 1142 条、第 1154 条。

案例三十七　针对土地债务和债权的抗辩权

案件事实

2010年8月，汽车爱好者S在老爷车商家G的停车场发现一部品相良好的旧法拉利。仔细观察之后，S确定这是一部——现在极为罕见——1963年出厂的老爷车。实际上，这辆法拉利是20世纪70年代出厂的，因出货量比较大，这一型号的法拉利在收藏圈里不太受重视，也就是说，价值较低。

由于S表现得很专业，G有理由相信S已了解实情，所以，在进行买卖磋商时，G和S都没有提及车辆的出厂年份。就这样，G与S签订了买卖合同，约定的价金为20万欧元。S之母E为价金债权提供担保，在E的房屋土地上设定抵押权；价金债权将于2011年4月1日到期。

随后，E与G取得了联系并表示，她将为G设定抵押权。2010年8月20日，G的抵押权连同其他所有必要信息被一并登入了土地登记簿，而且G取得了抵押证书。土地登记簿和抵押证书上均未记载延期还款事宜。S取得了老爷车。

2010年9月，S非常怀疑自己能否在2011年4月之前筹到20万欧元，并将这一疑虑告诉了E；于是E找到G并以书面形式与G约定：在2011年7月之前不能行使抵押权。

2010年年底，G的生意经营不善，于是G决定转让抵押权，以渡过财务难关。2010年12月10日，G以书面形式将“抵押权”转让给了D，并将抵押证书交付给了D。但是G却没有将这一情况告知S和E。G也没有将延期之约定告诉D。

2011年1月，S喜得意外之财，于是决定先向G清偿部分债务。因此，S于2011年1月15日向G的账户转账5万欧元，目的为“清偿价金之债”。G一言不发地接受了这笔贷款，以勉力维持日益恶化的经营状况。

2011年2月10日，D找到S和E，并请求二人支付20万欧元。情急之下，S立即赶往朋友的律师事务所，这位律师朋友也是老爷车收藏家，他立即发现这辆法拉利的出厂年份是20世纪70年代。于是，S将这一情况告知了母亲，并表示“考虑考虑再说”。

D对S和E享有哪些请求权？

案例变型

为担保债权，E设定的不是抵押权，而是担保性土地债务（Sicherungsgrundschuld）。G将这一债权转让给了D，并将土地债务以法定形式转让给了D。

案例来源及深入学习的提示

Prütting SachenR Rn. 694，766 ff.，773；*Westermann/Gursky/Eickmann* SachenR §§ 102，117；*Wilhelm* SachenR，Rn. 1668 ff.，1736 ff.，1824 ff.；*Klose* JA 2013，568；*v. Bismarck* JA 2011，652；*Weller* JuS 2009，969.

Vieweg/Werner SachenR § 15 Rn. 50 ff.，64，89，92，95 f.，100 ff.，106 ff.，110 f.

考点

- 在抵押权被转让之后，清偿债权的效果（基础、深化）
- 在抵押权被移转取得之后，针对抵押权和被担保债权的抗辩权（深化）
- 在担保性土地债务被转让之后，清偿债权的效果（深化）
- 在担保性土地债务被转让之后，针对担保性土地债务和被担保债权的抗辩权（深化）
- 民法典第1192条第1a款（基础）

利益状况

E欲阻止对她的土地进行强制执行。S关心的是，在债务到期之前能否不被他人追债。由于S已经向G转账5万欧元，所以他不想再向D支付5万欧元，这亦是S的关切之所在，原因在于，G已经陷入经济困难，对G的追索请求权似乎很难实现。基于同一原因，D也关心如下问题：能否向S或者E请求全额支付20万欧元。

案例原型的解答

一、D 向 S 请求支付 20 万欧元的请求权（民法典第 433 条第 2 款、第 398 条第 2 句）

根据民法典第 433 条第 2 款、第 398 条第 2 句，D 可能对 S 享有一项价金支付请求权。

（一）请求权之产生

由于 D 未与 S 缔结合同，所以，只有 S 和 G 已经缔结买卖合同并且 G 后来已将价金请求权让与给了 D 的情况下，才可考虑 D 对 S 基于民法典第 433 条第 2 款的请求权。

1. 根据民法典第 433 条，S 与 G 间有效的买卖合同

S 与 G 已经有效缔结买卖合同。由于 S 从未表示要撤销合同，故买卖合同亦未因民法典第 142 条第 1 款而无效。

2. 有效的债权让与（民法典第 398 条第 1 句）

尽管 G 与 D 仅明确表示转让“抵押权”，但是，由于不能脱离债权单独转让抵押权［民法典第 401 条、第 1153 条；对此参见案例三十五之“一、（二）2.”］，应将二人的意思表示作如下解释：他们同时亦打算让与债权。因此已经具备旨在让与债权的合意［关于“误载不害真意原则”（falsa-demonstratio-Grundsatz），尤其是在意思表示需要特定形式的情况下，参见案例二十六之“一”］。

根据民法典第 1154 条第 1 款第 1 句，在让与受抵押权担保的债权之时，债权让与人之让与表示须遵守特定形式，在本案中，这一形式要求已经得到满足。抵押证书之交付亦已完成。

因此，根据民法典第 398 条第 1 句，D 已经取得基于民法典第 433 条第 2 款的价金请求权。

（二）请求权之消灭

然而，该请求权可能已经根据民法典第 362 条第 1 款因清偿而部分消灭，已消灭的额度为 5 万欧元。在债权让与之后，S 向 G 支付了 5 万欧元。有证据证明，S 转账的目的在于清偿价金债权，而不是清偿土地债务（auf die Grundschuld)。债务虽被延期，但仍可清偿（Erfüllbarkeit）。然而，G 已因债权让与而不再是民法典第 362 条第 1 款意义上的债权人，所以，有疑问的是，S 可否以已向 G 进行清偿为由对抗新债权人 D。

因 G 未向 S 为债权让与通知，S 不知道债权已经被让与他人，所以，根据民法典第 407 条第 1 款、第 398 条第 2 句、第 362 条第 1 款，应认为 S 已经完成了部分清偿，也就是说，债权在已获清偿的额度内消灭。

（三）请求权可执行

剩余额度为 15 万欧元的债权须为可执行。

1. 因意思表示可撤销而生的抗辩权

由于对车辆的出厂年份陷入了错误认识，S 可能享有撤销权，并因此而对价金债权享有抗辩权。

但是，根据通说，在债务人可以通过撤销而摆脱合同的情况下，他不能仅以债权可撤销为由而行使抗辩权。申言之，他要么选择行使形成权以摆脱合同，要么不行使，从而让合同完全有效（也就是说，相对于债务人自己，合同亦为有效）。

因此，S 不能以合同可撤销为由而向 G 行使抗辩权，根据民法典第 404 条，S 也不能以这一潜在的撤销权对抗 D。

2. 延期约定

然而，S 与 G 已经约定价金债权推迟至 2011 年 4 月 1 日到期。根据民法典第 404 条，该抗辩权对 D 亦为有效，D 须接受之。

（四）中间结论

D 不能向 S 请求支付 20 万欧元。但是，D 却对 S 享有一项额度为 15 万欧元的请求权，该请求权于 2011 年 4 月 1 日到期。

二、D 对 E 容忍强制执行的请求权（民法典第 1113 条、第 1147 条）

民法典第 1113 条赋予抵押权人就土地获得清偿的权利。因此，根据民法典第 1147 条，D 对 E 的这项请求权，其内容仅仅是让 E 容忍强制执行。但是，根据民法典第 1142 条第 1 款，E 却能够以 S 已经（通过支付）进行过清偿为由，拒绝这一容忍义务。

（一）请求权之产生

对此，须 D 已经取得 E 之土地上额度为 20 万欧元的抵押权。此处可以考虑移转取得为 G 所设定的抵押权。因此，首先须为 G 有效设定抵押权，然后将该抵押权转让给 D。

1. G 的创设取得（民法典第 873 条第 1 款、第 1113 条、第 1115 条、第 1116 条、第 1117 条）

E 与 G 已经就设定抵押权达成合意（民法典第 873 条第 1 款、第 1113 条第 1 款）。抵押权连同其他必要的信息已经于 2010 年 8 月 20 日被登入土地登记簿（民法典第 873 条第 1 款、第 1115 条第 1 款），并且抵押证书亦已被交付给 G（民法典第 1116 条第 1 款、第 1117 条第 1 款）。在设定抵押权之时，由抵押权担保的 G 对 S 的价金债权亦已有效存在。最后，E 作为土地所有人亦享有处分权。因此，E 已为 G 有效设定抵押权。

2. D 的移转取得（民法典第 398 条第 1 句、第 1154 条第 1 款、第 401 条、第 1153 条第 1 款）

G 与 S 间的合意应作如下解释：应转让受抵押权担保的债权［参见上文之“一、（一）2.”］。债权让与之表示系以书面形式作出，并且抵押证书亦已被交付给 D（民法典第 1154 条第 1 款第 1 句）。也就是说，根据民法典第 401 条、第 1153 条第 1 款，抵押权和债权已被一并转让给了 D。

3. 中间结论

因此，D 对 E 容忍强制执行的请求权已经产生。

（二）针对请求权的抗辩（Einwendungen）

根据民法典第 1163 条第 1 款第 2 句，以 5 万欧元对债权进行部分清偿可能会导致额度为 5 万欧元的抵押权回到 E 处，也就是说，根据民法典第 1177 条第 1 款第 1 句已经产生所有人土地债务（Eigentümergrundschuld）。

但是，应予注意的是，本案中的清偿发生在抵押权被转让之后：根据民法典第 1156 条第 1 句之规定，对于抵押权，不适用民法典第 406 条至第 408 条，因此，亦不适用民法典第 407 条第 1 款。在抵押权被转让给 D 之后，S 再向 G 清偿（并因此而导致债权部分消灭），并不会让 E 取得任何可以用来对抗 D 之抵押权的法律后果。这进一步导致，民法典第 1163 条第 1 款第 2 句、第 1177 条第 1 款第 1 句无适用之余地，也就是说，E 不能取得额度为 5 万欧元的所有人土地债务，而是说，D 应取得一项“无受担保之债权的抵押权”（eine forderungsentkleidete Hypothek）。[1]

（三）请求权可执行

然而，E 对 D 的抗辩权却可能会导致请求权不可执行。

1. 与抵押权相关的抗辩权（民法典第 1157 条）

此处可以考虑的只有担保合同中的延期约定。E 与 G 已经约定，在 2011 年 7 月之前不能就抵押权采取行动。至于这些与抵押权相关的抗辩权能否用来对抗抵押权的受让人，应根据民法典第 1157 条进行判断：根据民法典第 1157 条第 1 款，如果未发生善意无抗辩权之取得（gutgläubig einredefreier Erwerb），则原则上可以通过行使抗辩权对抗受让人（民法典第 1157 条第 2 句、第 892 条第 1 款）。

然而，本案中，延期约定可登入土地登记簿，但是双方仅以书面形式作了约定，未将其登入土地登记簿。此外，根据民法典第 1140 条，基于土地登记簿的权利外观亦未因抵押证书上有附记（Vermerk）而被否定。因 G 未将此事告知 D，故 D 对延期一事亦非为明知。也就是说，根据民法典第 1157 条第 2 句、第 892 条第 1 款，D 可以取得不带抗辩权的抵押权。

所以，E 不能以跟 G 的延期约定作为抗辩理由来对抗 D 的请求权。

2. 针对债权的抗辩权（民法典第 1137 条）

然而，根据民法典第 1137 条第 1 款第 1 句，如果受抵押权担保的债权自身带有抗辩权，所有人可以以债权的抗辩权来对抗抵押权人。

（1）因意思表示可撤销而生的抗辩权

首先还是可以考虑因意思表示可撤销而生的抗辩权：债务人不能以意思表示可撤销为由针对债权人的权利主张提出抗辩［参见上文之“一、（三）1.”］；与债务人的情况不同，根据民法典第 1137 条第 1 款第 1 句、第 770 条第 1 款，土地所有人原则上却能够以债务人享有撤销权为由来对抗债权人基于抵押权的权利主张。

① S 根据民法典第 119 条第 2 款的撤销权

因此，须检验 S 缔结买卖合同的意思表示到底能不能撤销。可以考虑

[1] 译者注：然后 D 的抵押权分为两部分，一部分有受担保的债权，额度为 15 万欧元，另一部分无受担保的债权，额度为 5 万欧元。

基于民法典第 119 条第 2 款的撤销权。对此，须具备撤销事由——S 对老爷车在交易上具有重要性的性质（Eigenschaft）有错误认识，并且错误与意思表示之发出存在因果关系，这可以作为撤销事由。在交易中，可影响物的估值的性质都属于物在交易上具有重要性的性质。本案中，S 对老爷车的出厂年份产生了错误认识，而出厂年份又对老爷车的价值有重要影响。此外，这一错误与意思表示之发出亦存在因果关系，因此，根据民法典第 119 条第 2 款，已经具备撤销事由。此外，民法典第 121 条第 1 款第 1 句所规定的撤销期限亦未届满，原因在于，根据通说，即便经过短暂的考虑时间（kurze Bedenkzeit），亦属民法典第 121 条第 1 款第 1 句意义上的"毫不迟延"（Unverzüglichkeit）。

然而，绝对通说认为，如果意思表示涉及物的瑕疵并且可适用瑕疵担保的相关规定，那么应该排除基于民法典第 119 条第 2 款的撤销权。由于双方既未就出厂年份作出过明确约定（民法典第 434 条第 1 款第 1 句），亦不涉及民法典第 434 条第 1 款第 2 句，所以，在本案中不存在民法典第 434 条意义上的物的瑕疵（Sachmangel）。然而，另有常见观点认为，如果相关品质（Beschaffenheit）有被约定为民法典第 434 条第 1 款第 1 句意义上的性质（Eigenschaft）之可能，那么该可能性即足以导致成立物的瑕疵。双方是有可能对老爷车的出厂年份作出约定的。这一观点有说服力：不然的话，如果有人——比如 S——未及时将其所期望的性质约定为［债务人应］提供的品质，他还有可能通过撤销来摆脱合同。相反，如果一个细心的买受人做了这样的约定，那么他就只能通过买卖合同的瑕疵担保制度来摆脱合同了，其条件［比撤销］要苛刻一些。这导致粗心大意的买受人地位优于细心的买受人，这种结果难谓妥当（亦可主张其他观点）。

②辅助性鉴定：善意取得

如果赞同相反的观点，则 E 原则上可以将意思表示可撤销作为抗辩权。但是，基于民法典第 1137 条第 1 款第 1 句、第 770 条第 1 款的抗辩权亦有可能根据民法典第 1138 条情形二、第 892 条第 1 款因善意的无抗辩权之取得而归于消灭。

本案中，D 不知道债权可撤销，并且该撤销权既未被登入土地登记簿，也未被附记到（Vermerk）抵押证书上。也就是说，抗辩权可因 D 善意取得无负担的抵押权而归于消灭。

（2）延期约定

尽管，S与G已对债权作了延期约定：该债权在2011年4月1日之前不会到期。但根据民法典第1138条情形二、第892条第1款，D已经因善意无负担取得而使这项针对债权的抗辩权归于消灭，原因在于，这一抗辩权既未被登入土地登记簿亦未被附记到抵押证书上，而且D亦非明知这一抗辩权之存在。

3. 中间结论

因D之善意无负担取得，导致针对抵押权和债权的抗辩权都归于消灭，所以，请求权具有可执行性。

（四）中间结论

根据民法典第1113条、第1147条，D对E享有容忍强制执行的请求权。

三、结论

只有当债权于2011年4月1日到期之时，D才可以向S请求支付15万欧元。根据民法典第1142条，E可以向D进行清偿，如果E没有清偿，那么，在D提出通过强制执行来实现自己的债权之时，E有容忍义务。

案例变型的解答

一、D对S的请求权，内容为支付20万欧元（民法典第433条第2款、第398条第2句）

（一）请求权之产生

G与S已缔结有效的买卖合同［参见案例原型之“一、（一）1.”］。G与D已经达成合意，让与被担保的债权（民法典398条第1句）。与受抵押权担保的债权不同，受土地债务担保的债权之转让，可不以特定形式为之。根据民法典第1192条第1款，对于受土地债务担保的债权不适用民法典第1154条［对此参见案例三十六之“一、（一）1.”］。

（二）请求权之消灭

由于 S 已经向 G 支付了 5 万欧元，故根据民法典第 398 条第 2 款、第 407 条第 1 款、第 362 条第 1 款之规定，请求权已经部分消灭，消灭的额度为 5 万欧元［参见案例原型之“一、（二）”］

（三）请求权可执行

S 不能因债权可撤销而享有抗辩权，遑论以之对抗对剩余债权（额度为 15 万欧元）的执行［参见案例原型“一、（三）1.”］。然而，根据民法典第 404 条，S 与 G 在早些时候就已作出的延期约定，对 D 亦为有效。

（四）中间结论

只有在 2011 年 4 月 1 日债权到期之时，D 才可以向 S 请求支付 15 万欧元。

二、D 对 S 容忍强制执行的请求权（民法典第 1192 条第 1 款、第 1191 条第 1 款、第 1147 条）

根据民法典第 1192 条第 1 款、第 1191 条第 1 款、第 1147 条，D 对 S 可能享有容忍强制执行的请求权。

（一）请求权之产生

首先须 D 已经取得 E 之土地上的土地债务。本案中，可以考虑 D 移转取得原本为 G 设定的土地债务。因此，首先须为 G 设定土地债务，然后，该土地债务被转让给了 D。

1. G 之创设取得（民法典第 873 条第 1 款、第 1191 条第 1 款、第 1192 条第 1 款、第 1116 条、第 1117 条）

根据民法典第 873 条第 1 款、第 1191 条第 1 款、第 1192 条第 1 款、第 1116 条、第 1117 条，G 已经完成土地债务的创设取得（设定土地债务的合意、土地登记簿登记、登记之时仍存在物权合意、证书之交付以及 E 的处分权等条件都已经具备）。即便是担保性土地债务，在设定之时亦不需要存在被担保的债权！

2. D之移转取得（民法典第1192条第1款、第1154条结合民法典第398条第1句、第413条）

此外，须土地债务已被有效地转让给了D。转让非从属性的证书式土地债务，可以类推适用民法典第1192条第1款、第1154条结合民法典第398条第1句、第413条，此时，须具备与土地债务有关的每一个要件。

本案中，G之让与土地债务的意思表示系以书面形式作出的，并且已经向D交付土地债务证书。最后，G在处分之时是土地债务的债权人，因此G享有处分权。

所以，D已经取得了土地债务，因此，根据民法典第1192条第1款、第1191条第1款、第1147条，D享有请求权。

（二）针对土地债务的抗辩（Einwendungen）

有疑问的是，土地债务是否已经因债权获得部分清偿而部分消灭，或者，[部分]土地债务已经作为所有人土地债务回到了E的手中。

根据民法典第1163条第1款第2句、第1177条第1款第1句之规定，在对债权进行清偿之时会产生所有人土地债务，这些条文体现的是抵押权的从属性，因此并不能借助民法典第1192条第1款之参引而适用于土地债务：由于土地债务的产生和存续都不依赖于受担保的债权，所以，土地债务不会因受担保的债权之消灭而消灭或转化成其他形式。申言之，在这种情况下，土地债务仍然会以非所有人土地债务（Fremdgrundschuld）的形式存在。基于担保约定，E仅享有一项债权性的请求权，请求对方将土地债务转让给自己，或请求对方抛弃相应的额度。

土地债务继续存在且额度不变，因此，基于民法典第1192条第1款、第1191条第1款、第1147条的请求权亦继续存在且额度不变。

（三）请求权可执行

1. 基于对土地债务延期的抗辩权（Einrede）

首先，就土地债务所达成的延期约定须可对抗债权的可执行性。E与G曾约定，在2011年7月之前不能基于土地债务进行强制执行。

有疑问的是，这一延期约定是否亦能用来对抗D。民法典第1157条不涉及抵押权的从属性，因此，借助民法典第1192条第1款之参引，亦可适用于土地债务。这一延期约定——作为针对土地债务自身的抗辩权——

相对于 G 已经存在，也就是说，根据民法典第 1157 条第 1 句，原则上亦可用来对抗 D。

然而，却可以考虑基于民法典第 1192 条第 1 款、第 1157 条第 2 句、和第 892 条第 1 款善意无抗辩权取得，使土地债务上的抗辩权归于消灭。但是，根据民法典第 1192 条第 1a 款第 1 句前半句，民法典第 1157 条第 2 句不适用于土地债务（对此参见案例三十六中的详细论述）。不过，这一条规定所针对的对象仅限于基于债权性担保合同的抗辩权，而非那些针对土地担保物权（Grundpfandrecht）的抗辩权［所谓的“涉及土地担保物权的”（抗辩权）］。所以，不能因善意无抗辩权之取得而让基于延期约定的抗辩权归于消灭。

本案中，土地债务之延期既未被登入土地登记簿亦未被记入土地债务证书。D 亦非民法典第 892 条第 1 款所称的“积极知悉”。所以，D 可以因善意无抗辩权之取得而让基于延期约定的抗辩权归于消灭。

2. 对债权的部分清偿（基于担保合同的抗辩权）

E 可能因清偿了部分债权而取得了抗辩权。在土地债务为担保性土地债务的情况下，通过 E 与 G 所达成的担保约定——债权性约定——土地债务与受担保的债权建立了关联。从这一约定可以得出的结论之一是，土地债务仅应用于担保对 S 的价金债权。因此，因债权之消灭会相应地导致产生以抛弃、废止或回复让与土地债务为内容的请求权。E 亦能够以这一请求权作为抗辩权来对抗 D 基于土地债务的权利主张（额度为 5 万欧元）：尽管这一抗辩权是在土地债务被转让后才产生的，也就是说，不能根据民法典第 1192 条第 1 款、第 1157 条第 1 句以该抗辩权来对抗基于土地债务的权利主张；然而，转让土地债务之时，基于担保合同的潜在的抗辩权，亦被民法典第 1192 条第 1a 款第 1 句前半句囊括在内。因嗣后清偿债权而生的抗辩权亦属此类［有关潜在的抗辩权，参见案例三十六关于“二、（一）1.”部分的补充说明］。

由于抗辩权的额度只有 5 万欧元，所以，抗辩权不能完全阻止以容忍强制执行为内容的请求权。

3. 因债权可撤销而生的抗辩权（基于担保合同的抗辩权）

有疑问的是，E 是否可以向 D 主张因债权可撤销而生的抗辩权。抵押权的从属性是民法典第 1137 条第 1 款、第 770 条第 2 款的基础，尽管这两句规定不适用于土地债务，但是，却可以从担保约定中导出“担保未结束之抗辩权”（Einrede des mangelnden Sicherungsfalls）：可以认为，如果土地所有人根据民法典第1137条第1款享有可以对抗抵押权的抗辩权，那么，对于土地债务的情况，土地所有人通常情况下亦可借助担保约定而享有前面所称之全部抗辩权，也就是说，E亦享有因债权可撤销而生的抗辩权［参见案例原型之“二、（三）2.（1）”］。

这一抗辩权须在转让土地债务之时就已存在。也就是说，根据民法典第1192条第1款、第1157条第1句，E原则上亦能以该抗辩权对抗D。此外，根据民法典第1192条第1a款第1句后半句，不能通过善意无抗辩权取得而使该抗辩权归于消灭。

我们认为，通说具有说服力，据此，在本案中，S却不享有基于民法典第119条第2款的撤销权［参见案例原型之“二、（三）2.（1）①”］。相反，要是认为这一撤销权成立且E能够以这一撤销权作为抗辩权来对抗D的话，则容忍强制执行的请求权早就因为这项基于债权可撤销而生的抗辩权而不可执行。

4. 就债权所达成的延期约定

最后，或许可以以价金债权已被延期至2011年4月1日来对抗基于土地债务的权利主张。根据民法典第1192条第1款、第1157条第1句，E可以以该抗辩权（作为“担保未结束之抗辩权”）对抗D，原因在于，在转让土地债务之时，该抗辩权就已经存在了。根据民法典第1192条第1a款第1句后半句之规定，即便D善意相信不存在延期约定，亦不会产生什么影响［参见案例变型之“二、（三）3.”］。

（四）中间结论

D暂时不能向D请求容忍强制执行。此外，E对D还享有一项请求权，其内容为：以受担保的债权经获清偿的额度为限，回复转让、抛弃或者废止部分土地债务。

三、结论

在债权于2011年4月1日到期之时，D才可向S请求支付15万欧元。E暂时亦无义务容忍强制执行，而是得等债权到期［之时才有义务］。但是，E却可以请求D回复让与、抛弃或废止额度为5万欧元的土地债务。

补充说明

本案例旨在说明，自从引入民法典第 1192 条第 1a 款之后，较之于抵押权，非从属性的土地债务可为土地所有人提供更强的保护。

根据民法典第 1137 条，抵押人能够以基于债权的抗辩权来对抗基于抵押权的权利主张，而对于土地债务，尽管在引入这一规定之前土地所有人亦能主张前述抗辩权——可以从担保约定中导出这些抗辩权（作为根据民法典第 1157 条针对土地债务的抗辩权）；但是，在引入民法典第 1192 条第 1a 款之后，根据该款第 1 句后半句之规定，不能再因善意无抗辩权取得而使这些抗辩权归于消灭了（这与抵押权正好相反）。

此外，根据民法典第 407 条，在债权嗣后消灭的情况下，土地所有人基于担保合同享有回复让与请求权，他可以将这一请求权作为［留置］抗辩权对抗基于土地债务的权利主张。就此而言，与抵押人相比，［设定土地债务的］土地所有人更受优待［对此参见案例变形之“二、（三）2.”］。

在设定了抵押权或土地债务的情况下，清偿的后果（非常重要！）：

抵押权

1. 土地所有人与债务人同一：

通常同时清偿抵押权和债权［若有清偿决定（Tilgungsbestimmung），另当别论］：

——据民法典第 362 条第 1 款，债权消灭

——根据民法典第 1163 条第 1 款第 2 句、第 1177 条第 1 款，产生所有人土地债务

2. 土地所有人与债务人非为同一：

a）债务人之清偿：在有疑义的情况下，认为是清偿债权

——根据民法典第 362 条第 1 款，债权消灭

——根据民法典第 1163 条第 1 款第 2 句、第 1177 条第 1 款，产生所有人土地债务［根据土地所有人与债务人的内部关系（基于合同或法律规定），如果土地所有人对债务人有补偿义务，另当别论；根据民法典第 1164 条第 1 款第 1 句，土地债务移转给债务人——这样的话，补偿请求权就成为有担保的债权了（债权更替，Forderungswechselung）］

b）土地所有人之清偿：在有疑义的情况下，认为是清偿抵押权（基于

民法典第 1142 条第 1 款，土地所有人的销除权，Berechtigung zur Ablösung）

——根据民法典第 1143 条第 1 款第 1 句，取得债权（如果土地所有人有义务向债务人进行清偿，另当别论，此时，根据民法典第 362 条第 1 款，债权消灭）

——根据民法典第 421 条、第 401 条第 1 款、第 1153 条第 1 款，抵押权先是回到土地所有人手上，然后再根据民法典第 1177 条第 2 款转为所有人土地债务（前提为，债权未消灭）

民法典第 1192 条第 1a 款意义上的担保性土地债务

1. 土地所有人与债务人同一：

清偿：可以清偿债权和土地债务，可以单独清偿土地债务，亦可单独清偿债权——这取决于担保合同之约定

a）同时清偿土地债务和债权：

——土地债务：一般认为，土地债务转化为所有人土地债务。只对于土地债务是如何转化为所有人土地债务的，存在争议。（观点一，类推适用民法典第 1163 条第 1 款第 2 句；观点二，类推适用债权人抛弃抵押权，民法典第 1168 条、第 1179 条；观点三，也是通说，类推适用民法典第 1142 条、第 1143 条、第 413 条、第 401 条、第 1153 条第 1 款）

——根据民法典第 362 条第 1 款，债权消灭

b）清偿土地债务：

——产生所有人土地债务（参见上文）

——根据民法典第 362 条第 1 款，债权消灭。理由：土地债务仅仅是不能实现债权时的“替代品”。清偿替代品就相当于清偿了基础债权

c）清偿债权：

——根据民法典第 362 条第 1 款，债权消灭

——因不具有从属性，土地债务作为非所有人土地债务（Fremdgrundschuld）继续存在。然而，基于担保合同会产生债权性的返还请求权——因为担保之目的已不存在

2. 土地所有人与债务人非为同一：

a）在有疑义的情况下，土地所有人之清偿为清偿土地债务

——产生所有人土地债务（参见上文）

——一般认为，债权不消灭

观点一：根据民法典第 1143 条，自动移转

观点二：通说：不会自动移转（民法典第 1142 条、第 1143 条以债权之存在为前提，故体现了抵押权的从属性，所以，根据民法典第 1192 条第 1 款不适用于土地债务），而是产生对债权人的回复让与请求权

b）债务人之清偿统统是清偿债权

——根据民法典第 362 条第 1 款，债权消灭

——土地债务作为非所有人土地债务（Fremdgrundschuld）继续存在。但是，所有人享有债权性的返还请求权（参见上文）

案例三十八　先买权及其行使

案件事实

E是一宗土地的单独所有人。邻地的所有人是N，他于1989年自父亲V处继承了该土地。1975年10月1日，E按照法定形式赋予了各个邻地所有人一项对自己土地的物权性先买权。E于2002年10月去世，继承人为女儿T和儿子S。由于S对土地没有什么兴趣，S与T达成了符合法律形式的约定，由T接手全部土地，并向S支付11万欧元。2003年1月7日，T被作为所有人登入了土地登记簿。

2003年1月15日，T又按照法定形式将土地卖给了D，价格为29万欧元。2003年2月20日，D在花园的篱笆旁边详细地向N讲述了前前后后的经过。

问题一：N想取得土地所有权，他应该怎么做？

问题二：在1975年时，E与V是否可以有效地为先买权之行使设定一个两星期的期限？

案例来源及深入学习的提示

Baur/Stürner SachenR § 21，Rn. 23 ff.；*Brehm/Berger* SachenR § 15；*Westermann/Gursky/Eickmann* SachenR § 124；*Schreiber* JURA 2012，114.

Vieweg/Werner SachenR § 16 Rn. 84 ff.

考点

- 物权性先买权（基础）
- 民法典第1098条第1款、第463条意义上的先买权行使事由（深化）
- 民法典第1098条第1款、第459条意义上的行使期限（深化）

利益状况

N 欲按照有关先买权之规定，取得土地。对此，N 需要 T（必要时，也需要 S）的配合。

解答

问题一：N 取得所有权的可能性

N 或许享有一项基于先买权的土地转让请求权。

一、在继承开始之时，N 对 S 和 T 基于民法典第 1094 条第 2 款、第 1098 条第 1 款第 1 句结合民法典第 463 条、第 464 条第 2 款、第 433 条第 1 款第 1 句的所有权转让请求权

基于 E 曾赋予邻地所有人的先买权，N 可能对 S 和 T 享有转让土地所有权的请求权。对此，须 S 和 T 的所有权取得属于民法典第 1098 条第 1 款第 1 句、第 463 条意义上的先买权行使事由（Vorkaufsfall）。

S 与 T 通过概括继承的方式（民法典第 1922 条第 1 款、第 1924 条第 1 款和第 4 款、第 2032 条第 1 款）成了土地的共同共有人（Gesamthandseigentümer）。根据民法典第 463 条，只有就附先买权之标的物缔结买卖合同时，才能构成先买权行使事由。也就是说，通过继承取得共同共有不属于先买权行使事由。

二、在向 T 出让所有权份额之时，N 对 S 和 T 基于民法典第 1094 条第 2 款、第 1098 条第 1 款第 1 句结合民法典第 463 条、第 464 条第 2 款、第 433 条第 1 款第 1 句、第 311b 条第 1 款第 1 句的所有权转让请求权

然而，S 与 T 达成的由 T “接手土地”之约定却有可能构成先买权行使事由。这样的话，N 就可以——需要存在先买权——通过按时行使先买权，促使 N 与共同继承人 S 和 T 之间的买卖合同成立。

（一）民法典第 1094 条第 2 款、第 1098 条第 1 款第 1 句结合民法典第 463 条意义上的先买权行使事由

T 与 S 签订了一份双务合同，据此，T 通过支付 11 万欧元接手土地。这一债权性约定属于共同继承人之间针对遗产标的物的（部分）遗产分割

合同（Auseinandersetzungsvertrag）。根据民法典第 2032 条、第 2040 条第 1 款，S 最终有义务实施某一行为（转让土地所有权），但是，若无 T 之配合 S 将因不具有所有人之地位而无法实施该行为；然而按照文献中的通说，上述情况将不会影响把［S 与 T 之遗产分割合同］归为民法典第 463 条、第 433 条意义上的买卖合同。

然而，有疑问的是，T 在什么程度上算是民法典第 1098 条第 1 款第 1 句、第 463 条意义上的第三人。一般情况下，我们不认为各个共同继承人就等于共同继承人共同体（Miterbengemeinschaft）。此外，T 与潜在的——下文将详细展开——先买权人亦非属同一。

但是，根据通说，如果只想完成遗产分割，则不属先买权行使事由。我们主要是从民法典第 1097 条之思想推出这一结论。

（二）中间结论

N 未因 T 接手土地而对 S 和 T 享有土地转让请求权，原因在于，共同继承人之间的（部分）遗产分割不属于民法典第 1098 条第 1 款、第 463 条意义上的先买权行使事由。

三、在向 D 出卖土地之时，N 对 T 基于民法典第 1094 条第 2 款、第 1098 条第 1 款第 1 句结合民法典第 463 条、第 464 条第 2 款、第 433 条第 1 款第 1 句、第 311b 条第 1 款第 1 句的所有权转让请求权

然而，T 将土地卖与 D 的行为却可能属于先买权行使事由。

（一）民法典第 1094 条第 2 款、第 1098 条第 1 款第 1 句结合民法典第 463 条意义上的先买权行使事由

T 与 D 以法定形式缔结了民法典第 463 条、第 433 条、第 311b 条第 1 款第 1 句意义上的买卖合同。在 T 与 N 的关系中，D 属于第三人。因此，已经具备民法典第 1098 条第 1 款第 1 句、第 463 条意义上的先买权行使事由。

（二）先买权之产生及 N 的先买权限（Vorkaufsberechtigung）

此外，N 须具有先买权限，也就是说，N 须已经有效取得物权性的先买权，并且先买权未消灭。

根据民法典第 873 条第 1 款之规定，民法典第 1094 条以下意义上的物

权性先买权之设定需要达成物权合意并登入土地登记簿。本案中，这些条件都已经得到满足。因此，在原所有人 E 的张罗之下，于 1975 年 10 月 1 日设定了一项物权性先买权。

E 非为特定人之利益设定先买权（所谓的主观的个人先买权，subjektiv-persönliches Vorkaufsrecht，民法典第 1094 条第 1 款），而是为了邻地的各个所有人（所谓的主观的物权性先买权，subjektiv-dingliches Vorkaufsrecht，民法典第 1094 条第 2 款）而设定。根据民法典第 1922 条，N 自 V 处继承了邻地的所有权，因此，N 享有先买权。

先买权须未消灭。如果先买权非为出卖土地的数种或全部情形[1]而设定，那么，根据民法典第 1097 条先买权原则上限于设定人或其继承人的第一次出卖土地。也就是说，N 的先买权可能已经因 S 向 T 转让其所有权份额而被排除。然而，由于不能将（部分）遗产分割认定为先买权行使事由［参见上文之“二、(一)”］，所以，N 的先买权亦未因此而消灭。

（三）先买权之行使

N 须按照期限行使先买权。

1. 行使先买权之表示

须向义务人表示要行使先买权（民法典第 1098 条第 1 款第 1 句、第 464 条第 1 款）。这一表示是单方、需受领的意思表示，无须以特定形式为之（第 464 条第 1 款第 2 句），这不同于先买权之设定。

2. 行使期限

在买卖土地时，义务人应将与第三人缔结的买卖合同的内容告知先买权人，先买权人须在收到通知后的两个月内行使先买权（民法典第 1098 条第 1 款第 1 句、第 469 条第 1 款和第 2 款）。

当时的所有人 T 负有通知义务。本案中，N 直到 2003 年 2 月 20 日才从 D 处得知土地已经被卖给了 D。根据民法典第 1098 条第 1 款、第 469 条第 1 款第 2 句，第三人之通知亦可代替义务人之通知。也有就是说，行使期限自 2003 年 2 月 20 日的次日起算，其结果是，N 根据民法典第 187 条第 1 款、第 188 条第 2 款情形一最晚须于 2003 年 4 月 20 日向 D 表示行

[1] 译者注：原文为“mehrere oder alle Vorkaufsfälle”，经与原作者沟通确认，Vorkaufsfälle 为 Verkaufsfälle 之误植。

使先买权。

（四）行使先买权的效果

通过行使先买权，N 与 T 之间会成立买卖合同，合同的条款即为 T 与 D 约定的条款（民法典第 1098 条第 1 款第 1 句结合民法典第 464 条第 2 款）。据此，T 将负有让 N 取得土地所有权和占有的义务，N 须向 T 支付 T 与 D 约定的价款（29 万欧元）。

四、结论

若 N 最晚于 2003 年 4 月 20 日向 T 表示行使先买权，那么 N 对 T 享有土地所有权转让请求权。作为对待给付，N 有义务向 T 支付 29 万欧元。

问题二：通过 E 与 V 的约定，可否有效缩短行使期限？

在买卖土地时，根据民法典第 1098 条第 1 款结合民法典第 469 条第 2 款，行使期限原则上为两个月，在义务人或第三人通知先买权人后起算。此外，如果民法典第 1098 条第 1 款所参引的条文自己未设例外规定，那么双方就不得约定排除适用被参引之条文。然而，由于民法典第 469 条第 2 款［注：民法典第 1098 条第 1 款参引了第 469 条］允许对行使期限另作约定，所以亦可对物权性先买权的行使期限另作约定。但是，另行约定期限属于对先买权内容的变更，须登入土地登记簿。本案中 E 与 V 所达成的约定对 V 的权利继承人 N 亦有效。

补充说明

关于“二、（一）”

联邦最高法院（至少在以前）不认为共同继承人之间的遗产分割属于土地买卖。在后来的判决中，联邦最高法院虽未修正其观点，却说明了理由：遗产分割不关“第三人”什么事。

关于“三、（四）”

如果 D 已经取得了土地之占有（这一点在案情中交代的不是太清

楚——“在花园的篱笆旁”)，则N对D享有基于民法典第1100条的返还请求权。这一观点流传甚广：在第三人取得所有权之前，先买权人即可向占有土地的第三人主张该请求权，[我们赞同该观点，但]它与民法典第1100条之文句不一致。

如果D已经取得了所有权，那么，行使先买权的效果会有如下变化：

在债法层面，由于T已经不再是所有人从而也不再享有处分权，所以，根据民法典第275条第1款，T本来可以以给付不能为由对抗N对T基于民法典第311b条第1款、第433条第1款的所有权让与请求权。但是，根据民法典第1098条第2款，物权性先买权可以给权利人提供与预告登记相同的保护，其结果为，D的所有权取得对N不发生效力(相对无效)，因此，在与N的关系中，T始终被视为享有处分权(民法典第1098条第2款、第883条第2款)[有关预告登记之效力的一般情况，参见案例三十二之“一、(二)2.”]。

在物权法层面，在将N登入土地登记簿之前(也就是说，在N完成所有权取得之前)，须将D从土地登记簿中涂销。根据土地登记法第19条、第39条，欲将D从土地登记簿中涂销，亦须征得D之同意；根据民法典第1098条第2款、第888条，N可向D提请同意涂销，从而使N获得与预告登记相同的效果(亦参见案例第三十二之“二”和“三”)。

然而，根据民法典第1100条第1句，如果D已经向T支付了价金，那么，D作为所有人对N享有价金偿还请求权。D可以以该请求权为由行使留置权，以对抗N的同意请求权(Zustimmungsanspruch)(如果N为了行使其对D的同意请求权而向D偿还价金，那么，可以免除N向T支付价金的义务；类推适用民法典第1101条)。只有在N已经成了所有人的情况下，也就是说，只有在D已同意涂销土地登记簿中的登记且未行使留置权的情况下，D才可以根据民法典第1101条第2句单独诉请执行对N的偿还请求权。在这种情况下，根据民法典第1100条第2句、第1101条，要免除N向T支付价金的义务——至于N是否已经向D支付价款，在所不问。

内容索引

续表

续表

Eigentumsbeeinträchtigung Fälle 5, 19, 20, 26 –Beseitigungsanspruch –Unterlassungsanspruch	所有权侵害　案例五、十九、二十、二十六 ——排除妨害请求权 ——不作为请求权
Eigentumserwerb, bewegliche Sachen Fälle 4, 5, 7, 8, 9, 10, 11, 12, 13, 14, 15, 22, 23, 24, 25 –auflösend bedingt –aufschiebend bedingt (*Eigentumsvorbehalt*) –Direkterwerb des Anwartschaftsrechtsinhabers –Direkt–und Durchgangserwerb bei Einschaltung von Hilfspersonen –durch Verfügung eines Nichtberechtigten gem. § 185 BGB –gesetzlicher –gutgläubiger gem. § 932 BGB –und gem. §§ 933, 934 BGB –mittels Abtretung des Herausgabeanspruchs –mittels Besitzkonstituts –mittels Hilfspersonen –mittels (Schein–)Geheißpersonen	所有权取得，动产　案例四、五、七、八、九、十、十一、十二、十三、十四、十五、二十二、二十三、二十四、二十五 ——附解除条件 ——附延缓条件（*所有权保留*） ——期待权人的直接取得 ——辅助人参与的情况下直接取得和过手取得 ——根据民法典第 185 条通过非权利人的处分 ——法定的 ——根据民法典第 932 条善意取得 ——以及根据民法典第 933 条、第 934 条 ——通过让与返还请求权 ——通过占有改定 ——通过辅助人 ——通过（表见）被指令人
Eigentumserwerb, Grundstück Fälle 26, 27, 28, 30, 31, 33 –durch Verfügung eines Nichtberechtigten gem.§ 185 BGB –gutgläubig lastenfreier –gutgläubiger	所有权取得，土地　案例二十六、案例二十七、二十八、三十、三十一、三十三 ——根据民法典第 185 条通过非权利人的处分 ——善意无负担的 ——善意
Eigentumsschutz, deliktischer	所有权保护，侵权的
Eigentumsvorbehalt Fälle 9, 11, 22, 23, 24 –Anwartschaftsrecht –Bedingungseintritt –einseitige Erklärung –Vermutung des § 449 I BGB	所有权保留　案例九、十一、二十二、二十三、二十四 ——期待权 ——条件成就 ——单方表示 ——民法典第 449 条第 1 款的推定
Einigsein bei Übertragung von Grundstücksrechten/beweglichen Sachen	转让土地权利 / 动产时合意仍然存在
Einigung Fälle 4, 5, 7, 11, 24, 25, 26, 27, 31, 35 –Auseinanderfallen mit Eintragung –Auslegung –Insichgeschäft –Umdeutung in eine Anwartschaftsrechtsübertragung bei Fehlschlagen der Übereignung –Vertretung	合意　案例四、五、七、十一、二十四、二十五、二十六、二十七、三十一、三十五 ——与登记的分离 ——解释 ——自我交易 ——在让与所有权失败的情况下转换为让与期待权 ——代理

续表

续表

Gutgläubiger Erwerb –Anwartschaftsrecht –Eigentum –Hypothek –Pfandrecht –Vormerkung	善意取得 ——期待权 ——所有权 ——抵押权 ——质权 ——预告登记
Herausgabeanspruch Fälle 6, 10, 11, 22, 28 –bereicherungsrechtlicher –deliktischer –des mittelbaren Besitzers –petitorischer –possessorischer –Vindikationsanspruch	返还请求权　案例六、十、十一、二十二、二十八 ——不当得利法上的 ——侵权法上的 ——间接占有人的 ——基于本权的 ——基于占有的 ——所有物返还请求权
Herstellerklausel	加工人条款
Hypothek Fälle 35, 37 –Auseinanderfallen mit gesicherter Forderung –Doppelmangel –Einreden gegen Hypothek und gesicherte Forderung nach Zweiterwerb –Erst–und Zweiterwerb –gutgläubig einredefreier Erwerb –gutgläubiger Zweiterwerb –Mitreißtheorie –Tilgungsfolgen –Zahlung an den Zedenten	抵押权　案例三十五、三十七 ——与被担保的债权分离 ——双重瑕疵 ——在移转取得之后对抵押权和被担保债权的抗辩权 ——创设与移转取得 ——善意无抗辩权取得 ——善意移转取得 ——拖拽说 ——清偿的后果 ——向债权的让与人还款
Immissionen	不可量物侵入
Innenverkehrsgeschäft (*Verkehrsgeschäft*)	内部交易行为（*交易行为*）
Insichgeschäft	自我交易
Miteigentum nach Bruchteilen	按份共有
Mitreißtheorie (*Hypothek*)	拖拽说（*抵押权*）
Mittelbarer Besitz (*Besitz*)	间接占有（*占有*）
Nachbarrechtlicher Ausgleichsanspruch (*Entschädigungsanspruch*)	相邻关系中的补偿请求权（*补偿请求权*）
Nebenbesitz (*Besitz*)	并存占有（*占有*）
Nichtleistungskondiktion (*Herausgabeanspruch; Subsidiarität der Nichtleistungskondiktion*)	非给付不当得利（*返还请求权；非给付不当得利的辅助性*）

续表

续表

Sicherungsübereignung Fälle 11, 25 –Auswirkung der Forderungstilgung	让与担保　案例十一、二十五 ——清偿债权的影响
Subsidiarität der Nichtleistungskondiktion	非给付不当得利的辅助性
Surrogationsprinzip	代位原则
Übereignung (*Eigentumserwerb*)	所有权让与（*所有权取得*）
Übergabe i.S. v. § 929 1 BGB	民法典第 929 条第 1 句意义上的交付
Übergabesurrogat Fälle 4, 7, 8, 9, 11, 22, 25 –§ 930 BGB –§ 931 BGB	交付替代　案例四、七、九、十一、二十二、二十五 ——民法典第 930 条 ——民法典第 931 条
Unterlassungsanspruch	不作为请求权
Verarbeitung	加工
Veräußerungskette	连环转让
Verbindung	附合
Verbotene Eigenmacht Fälle 2, 3, 6, 22 –Besitzentziehung –Besitzstörung	法律禁止的私力　案例二、三、六、二十二 ——侵夺占有 ——妨害占有
Verfügung eines Nichtberechtigten (*Eigentumserwerb*)	非权利人的处分（*所有权取得*）
Verfügungsbeschränkung	处分限制
Verkehrsgeschäft Fälle 12, 30 –Auseinandersetzung unter Ehegatten –Innenverkehrsgeschäft –Übertragung eines Miteigentumsanteils	交易行为　案例十二、三十 ——夫妻分割财产 ——内部交易行为 ——转让共有份额
Verpflichtungsermächtigung	负担授权
Verwendung Fälle 17, 34 –Ersatzanspruch –Notwendige –Unternehmer als Verwender	费用　案例十七、三十四 ——补偿请求权 ——必要的 ——承揽人作为费用支出人
Vindikationsanspruch	所有物返还请求权
Vollstreckungsabwehrklage	执行异议之诉
Vorkaufsrecht, dingliches Fall 38 –Ausübungsfrist	先买权，物权性的　案例三十八 ——行使期限

续表

参考文献

Baur/Stürner, Sachenrecht, 18. Aufl. 2009 (zit.: *Baur/Stürner* SachenR)

Brehm/Berger, Sachenrecht, 2. Aufl. 2006 (zit.: *Brehm/Berger* SachenR)

Gursky, Klausurenkurs im Sachenrecht. Fälle und Lösungen, 12. Aufl. 2008 (zit.: *Gursky* Klausurenkurs SachenR)

Gursky, 20 Probleme aus dem Sachenrecht, 8. Aufl. 2014 (zit.: *Gursky* 20 Probleme SachenR)

Medicus/Petersen, Bürgerliches Recht, 24. Aufl. 2013 (zit.: *Medicus/Petersen* BürgerlR)

Prütting, Sachenrecht, 35. Aufl. 2014 (zit.: *Prütting* SachenR)

Westermann/Gursky/Eickmann, Sachenrecht, 8. Aufl. 2011 (zit.: *Westermann/Gursky/Eickmann* SachenR)

Wilhelm, Sachenrecht, 4. Aufl. 2010 (zit.: *Wilhelm* SachenR)

Vieweg/Werner, Sachenrecht, 6. Aufl. 2013 (zit.: *Vieweg/Werner* SachenR)

著作权合同登记号：图字 01-2017-1047 号

图书在版编目 (CIP) 数据

德国物权法案例研习 /（德）克劳斯·菲韦格，（德）安娜·勒特尔著；王立栋，任倩霄译. —北京：中国法制出版社，2019.10

ISBN 978-7-5216-0535-8

Ⅰ.①德… Ⅱ.①克… ②安… ③王… ④任… Ⅲ.①物权法－案例－德国 Ⅳ.① D951.632.5

中国版本图书馆 CIP 数据核字（2019）第 200765 号

项目策划：马　颖　　策划 / 责任编辑：王雯汀　　封面设计：李　宁

德国物权法案例研习

DEGUO WUQUANFA ANLI YANXI

著者 /［德］克劳斯·菲韦格 ［德］安娜·勒特尔

译者 / 王立栋　任倩霄

经销 / 新华书店

印刷 / 廊坊一二〇六印刷厂

开本 / 710 毫米 ×1000 毫米　16 开　　印张 / 21.5　字数 / 348 千

版次 / 2019 年 10 月第 1 版　　2019 年 10 月第 1 次印刷

中国法制出版社出版

书号 ISBN 978-7-5216-0535-8　　定价：79.00 元

北京西单横二条 2 号　邮政编码 100031　　传真：010-66031119

网址：http://www.zgfzs.com　　**编辑部电话：010-66060794**

市场营销部电话：010-66033393　　**邮购部电话：010-66033288**

（如有印装质量问题，请与本社印务部联系调换。电话：010-66032926）